ISA
Istituto di storia e teoria dell'arte e dell'architettura
collana diretta da
Christoph Frank, Sonja Hildebrand, Daniela Mondini

CW01085774

Questo libro è stato realizzato nell'ambito del progetto di ricerca *Da Ravenna a Vals. Luce e oscurità in architettura dal Medioevo al presente / From Ravenna to Vals. Light and Darkness in Architecture from the Middle Ages to the Present*, diretto da Daniela Mondini (Istituto di storia e teoria dell'arte e dell'architettura, Accademia di architettura, Università della Svizzera italiana), promosso dal Fondo Nazionale Svizzero per la Ricerca Scientifica.
Il libro è stato presentato in occasione del Convegno omonimo tenutosi presso l'Accademia di architettura dell'Università della Svizzera italiana (Mendrisio, 24-25 ottobre 2014).

Da Ravenna a Vals. Luce e oscurità in architettura dal Medioevo al presente
Volume 1
Manipolare la luce in epoca premoderna
Manipulating Light in Premodern Times
Volume 2
«Le jeu savant»
Luce e oscurità nell'architettura del XX secolo
Light and Darkness in 20th Century Architecture

Coordinamento editoriale
Tiziano Casartelli

Cura redazionale
Fabio Cani, Paolo Conti

Progetto grafico
Andrea Lancellotti

Impaginazione
Tarmac Publishing Mendrisio

In copertina
Le Corbusier, Chiesa di / Church Saint-Pierre, Firminy, 1971-2006
(foto / photo by Hélène Binet, 2007, © FLC / 2014, ProLitteris, Zurich)

Il progetto e la pubblicazione hanno avuto il sostegno
del Fondo Nazionale Svizzero per la Ricerca Scientifica

della Ernst Göhner Stiftung e della Velux Stiftung
ERNST GÖHNER STIFTUNG   VELUX STIFTUNG

«Le jeu savant»
Luce e oscurità nell'architettura del XX secolo

Light and Darkness
in 20th Century Architecture

a cura di / edited by
Silvia Berselli, Matthias Brunner, Daniela Mondini

Mendrisio Academy Press / SilvanaEditoriale

Sommario
Table of contents

Introduzione

Fig. 1 «A light soft enough for the youngest eyes!»: si promuoveva così, in una pagina della rivista "Illuminating Engineering" del 1957, la riduzione dell'effetto di abbagliamento, resa possibile dai nuovi pannelli diafani Honeylite in grado di schermare e diffondere la luce.[1] Davanti alla parete luminosa pubblicizzata, una bambina posa seduta e apparentemente assorta nella lettura di un volume; potrebbe essere una sorella minore di Nancy, la giovane lettrice di fiabe protagonista del popolare cortometraggio della General Electric *The Light in Your Life*, del 1949.[2] Secondo la didascalia della réclame Honeylite, un imparziale rilievo illuminotecnico ha registrato 50 footlamberts (circa 170 cd/m^2) sulle pagine del libro retto dalla bambina, dimostrando l'efficacia dei pannelli promossi. La parete funziona come un filtro e permette di frazionare per un coefficiente di 400 il flusso di luce dei potenti spotlights collocati dietro di essa, creando una luce delicata quanto gli occhi del soggetto illuminato.

Fig. 2

Perché il grande pubblico potesse godere dei benefici effetti del "jeu savant", è stata necessaria la collaborazione di professionisti come medici, fisici, ingegneri, *lighting designers* e architetti. La ricerca era volta al miglioramento dell'ergonomia, del rendimento e del design dell'illuminazione e i risultati ottenuti venivano pubblicati e discussi su riviste specializzate come "Illuminating Engineering" (1906),[3] "Licht und Lampe" (1912) e "Lux" (1928). Nel corso degli anni Venti la luce elettrica, sinonimo di modernità, diventa quasi un materiale da costruzione e costituisce parte integrante del progetto architettonico. Sono gli anni in cui l'industria inizia a offrire ai progettisti nuove tecnologie per il potenziamento e la modulazione della luce artificiale, inaugurando una nuova fase di fertile sperimentazione nell'ambito dell'illuminazione notturna interna ed esterna degli edifici. Nasce così un'architettura nuova, che trasformerà il panorama notturno fino ai nostri giorni; prende il nome di *Lichtarchitektur*,[4] dal titolo di un opuscolo programmatico del 1927 dell'ingegnere Joachim Teichmüller, oppure di *Architecture of the Night*,[5] secondo la locuzione coniata dall'architetto americano Raymond Hood nel 1930.

Parallelamente all'entusiastica diffusione della luce elettrica, si assiste a una sempre maggiore sensibilizzazione, da parte dell'architetto moderno, nei confronti della

_Figura 1.
Pubblicità / Advertisement
Honeylite Eliminates Glare,
1957 (in "Illuminating
Engineering", 52, 1957,
n. 6, p. 6A).

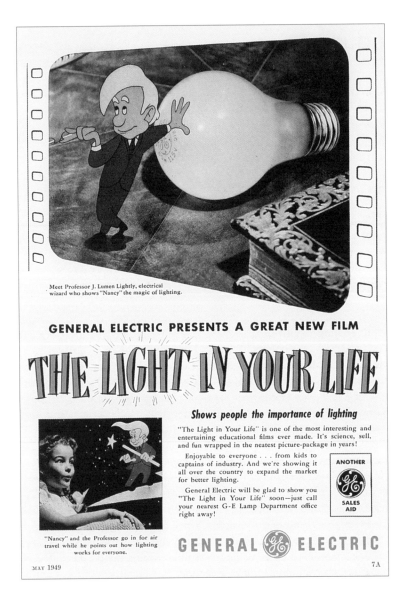

_ Figura 2.
General Electric, pubblicità
del film / advertisement
for the film *The Light in Your
Life*, 1949 (in "Illuminating
Engineering", 44, 1949,
n. 5, p. 7A).

luce naturale in quanto portatrice di benefici sia sul piano estetico che su quello della salute fisica. «L'architecture est le jeu savant, correct et magnifique des volumes assemblés sous la lumière»:[6] con questa celeberrima affermazione del 1923, Le Corbusier ribadisce il ruolo della luce in quanto rivelatrice dell'architettura. Dal contesto della frase è evidente che Le Corbusier non allude alle nuove seduzioni offerte dal potenziamento tecnologico dell'illuminazione elettrica, bensì alla luce "arcaica", quella solare, in grado di illuminare e plasmare i volumi nello spazio. D'altro canto sulla scia delle teorie igieniste si riscontra una crescente attenzione all'orientamento e all'esposizione degli edifici al sole, ma anche all'ottimizzazione della quantità e della qualità di luce naturale che entra nell'edificio attraverso le sue aperture.

Fig. 3, p. 14
Una fotografia di Hélène Binet, scattata all'interno del monumentale guscio di calcestruzzo della chiesa di Saint-Pierre di Firminy, registra un altro tipo di "jeu savant" in cui la luce assume un ruolo dominante, anche se diverso da quello descritto da Le Corbusier nel 1923 con riferimento a un fascio di luce uniforme che rende visibili i volumi primari. Nella chiesa di Firminy, realizzata dopo la morte di Le Corbusier, tra il 1971 e il 2006, l'architettura si trasforma in un gigantesco dispositivo atto a creare, all'interno di una cavità, giochi di luce suggestivi. Secondo Le Corbusier, determinate soluzioni spaziali possono suscitare emozioni estetiche, specialmente attraverso la modulazione del buio e della luce. Lo spazio che genera le emozioni più elevate, comparabili, pur con innumerevoli distinzioni, al sentimento religioso, viene definito dall'architetto, per la sua ineffabilità, «espace indicible, couronnement de l'émotion plastique».[7] Questo atteggiamento si avvicina al pensiero di Étienne-Louis Boullée, che già alla fine del Settecento sottolineava la forza emotiva degli effetti di luce e d'ombra, strumenti che l'architetto dovrebbe saper manipolare come un pittore: «L'art de nous émouvoir par les effets de la lumière appartient à l'architecture, car dans tous les monuments susceptibles de porter l'âme à éprouver l'horreur des ténèbres ou bien, par ses effets éclatants, à la porter à une sensation délicieuse, l'artiste, qui doit connaître les moyens de s'en rendre maître, peut oser dire: je fais la lumière».[8] L'idea dell'architetto demiurgo che sapientemente "crea" la luce nello spazio architettonico riecheggia in parte nella citata frase di Le Corbusier e in quella, di qualche anno più tarda, «*Je compose avec la lumière*».[9]

Luce e ombra evidenziano la texture dei materiali impiegati e la loro lavorazione, portando talvolta questi elementi ad assumere un ruolo decorativo. In questa chiave si possono rileggere le opere del tardo Le Corbusier, come Ronchamp o La Tourette, e comprendere come esse abbiano preparato il terreno per lo sviluppo, negli ultimi decenni del XX secolo, di una nuova sensibilità progettuale che prende le distanze dalla prassi modernista della sostituzione della parete con la vetrata continua per riconferire valore alla plasticità del materiale da costruzione grezzo e opaco, caratterizzato da una superficie aspra che viene accarezzata dalla luce e dagli occhi quasi come da una mano. Nel suo saggio *The Eyes of the Skin* del 1996,[10] Juhani Pallasmaa critica l'egemonia della visione nelle culture occidentali e rivaluta il corpo nella sua integrità sensoriale, mettendolo al centro della percezione dello spazio, attività che coinvolge pienamente tutti i sensi. In questo contesto, Pallasmaa rivaluta anche la funzione del buio: «The eye is the organ of distance and separation, whereas touch is the sense of nearness, intimacy and affection. ... Deep shadows and darkness are essential, because they dim the sharpness of vision, make depth and distance ambiguous, and invite unconscious peripheral vision and tactile fantasy».[11] Le opere di Peter Zumthor, insieme ai suoi testi teorici, evidenziano un'affinità con le ricerche di Pallasmaa, in quanto entrambi sviluppano una fenomenologia tattile dello spazio architettonico.[12] Pertanto non sorprende che, riguardo il tema della luce, si registri una propensione alla riduzione dell'illuminazione, sia naturale che artificiale, in modo da sottolineare con il contrasto chiaroscurale le qualità dei materiali e creare atmosfere intime, spazi di silenzio e sospensione temporale.

Fig. 4, p. 17
La cultura dell'illuminazione artificiale, rispetto a quella naturale più legata a fattori commerciali, evolve e si rinnova continuamente, in un processo caratterizzato da momenti di trasformazione, segnati dall'introduzione di nuove tecnologie,

9

a cui seguono fasi di consolidamento. Le attuali politiche di risparmio energetico hanno portato alla "morte" della lampadina elettrica a incandescenza, che nella forma di *ampoule nue* è stata per quasi un secolo un simbolo della purificazione degli interni moderni. Anche l'alogena vive un'ultima impennata in attesa della sua morte annunciata, mentre sembra purtroppo godere di ottima salute la lampadina a risparmio energetico a fluorescenza, la quale, come l'illuminazione LED e OLED, cancella definitivamente dagli interni domestici l'ultima traccia del fuoco, legame antropologico con la luce arcaica del focolare degli antenati. Di pari passo procede un'altra progressiva perdita, quella dell'oscurità sul pianeta. La generale presa di coscienza, a cui questo volume contribuisce, delle trasformazioni in atto sta producendo una vivace stagione di mostre molto visitate, dedicate alla storia della luce artificiale e del design dei dispositivi che la producono.[13]

La luce diurna non sembra aver ricevuto da parte degli studiosi di storia dell'architettura l'attenzione che meriterebbe. Alcuni contributi, però, hanno indagato il rapporto tra la vista, le aperture e la luce;[14] altri, la storia dell'energia solare e del controllo climatico;[15] altri ancora hanno riconsiderato il dibattito sull'orientamento delle strade, degli edifici e delle stanze anche in relazione alle teorie su luce e igiene.[16] Studi recenti uniscono un approccio fenomenologico e fotografico al tema dell'illuminazione naturale a una storia culturale e antropologica, valorizzando l'assenza della luce, l'oscurità.[17]

L'impiego della luce artificiale nel XIX e XX secolo è stato studiato più approfonditamente:[18] sono stati indagati temi specifici, come ad esempio l'illuminazione artificiale, prima a gas e in seguito elettrica, dei monumenti storici,[19] o come la nascita della nuova figura del *lighting designer* e il suo apporto nella redazione del progetto, specialmente nel caso dell'opera di Richard Kelly.[20]

Il progetto di ricerca *Da Ravenna a Vals. Luce e oscurità nell'architettura dal Medioevo al presente*,[21] all'interno del quale si è sviluppato questo volume, è strutturato secondo una prospettiva ampia e diacronica. Analizzando i contesti culturali di regioni ed epoche diverse, questo progetto identifica strategie generali e specifiche di "economia della luce",[22] un concetto che si riferisce alle pratiche di illuminazione sia premoderne che moderne e riguarda la qualità e la quantità di luce diffusa all'interno di un edificio, considerando il valore estetico, simbolico ed economico di ogni dispositivo di illuminazione.

Le jeu savant è il secondo di due volumi che raccolgono saggi redatti da studiosi affermati e ricercatori esordienti, provenienti da diversi campi di ricerca. In entrambi i libri, gli autori prendono in considerazione aspetti relativi all'"economia della luce"; in particolare, il primo raccoglie gli atti del convegno internazionale *Manipolare la luce in epoca premoderna. Aspetti architettonici, artistici e filosofici*,[23] tenutosi a Mendrisio il 3 e 4 novembre 2011 e organizzato nell'ambito del progetto *Da Ravenna a Vals*. Data la scarsità delle fonti e l'ampiezza dell'arco cronologico considerato, il primo volume si concentra su edifici e manufatti artistici religiosi; al contrario, il secondo è dedicato a varie tipologie di edifici e stili dell'architettura del XX secolo, dunque considera un periodo più breve, ma caratterizzato da un'ipertrofia di fonti primarie e secondarie. I due volumi intendono sviluppare il dibattito su di un tema emergente nell'attuale ricerca accademica, vale a dire la storicizzazione dell'uso della luce come fattore dinamico nello spazio architettonico, prima e dopo l'introduzione dell'illuminazione elettrica. I saggi raccolti in questo volume vogliono contribuire alla crescita di una consapevolezza della rilevanza delle condizioni storiche della luce, della storicità delle tecnologie di illuminazione e dell'esistenza di sofisticate tecniche di modulazione del buio.

Il presente volume si suddivide in quattro sezioni, corrispondenti ad altrettanti nuclei tematici; la prima parte si occupa del problema di *Rappresentare la luce e i suoi effetti nello spazio architettonico*. Alla raffigurazione generalmente statica ottenuta attraverso il disegno tecnico, la pittura e la fotografia, si contrappongono altre tecniche di rappresentazione che permettono di apprezzare le qualità dinamiche del fenomeno, come la misurazione e la descrizione della luce nei testi e la sua presenza nei filmati. Nella seconda sezione, dedicata all'*Esposizione e orientamento dell'edificio*, si considerano le conclusioni tratte dall'osservazione di come la luce interviene nella costruzione del benessere fisico e climatico, sia nel campo dell'urbanistica che in quello dell'architettura. La riflessione si concentra quindi sui *Dispositivi per la regia della luce naturale* (vetrate, finestre, filtri, sistemi di oscuramento e di filtro solare), con contributi che analizzano il modo in cui questi elementi permettono di regolare il rapporto tra ambiente esterno e interno, sia in termini di visibilità, che di esposizione solare o di comfort termico. L'ultima sezione affronta il tema dell'*Illuminazione artificiale* e indaga le diverse forme e applicazioni dei sistemi di illuminazione. Dato il fatto che il tema coinvolge protagonisti di diversa formazione, oltre al vasto pubblico dei fruitori, si considerano con particolare attenzione le collaborazioni professionali, la pubblicistica di settore e le réclames promozionali.

11

Un sentito ringraziamento va a quanti, come persone singole o istituzioni, hanno contribuito alla realizzazione di questo libro: prima di tutto gli autori e i partecipanti al simposio internazionale *"Le jeu savant": Luce e oscurità nell'architettura del XX secolo*, tenutosi a Mendrisio il 24-25 ottobre 2014, per i loro stimolanti saggi, la curiosità intellettuale e l'apertura allo scambio interdisciplinare ed Hélène Binet, che ci ha fatto dono di alcune delle sue fotografie. Vogliamo ringraziare inoltre Fabio Cani, Paolo Conti, Matthew Culler, Cristina e Vladimir Ivanovici e Mathilde Pinon per il loro scrupoloso lavoro di traduzione e di redazione, Stefano Milan per l'accurata impaginazione e Tiziano Casartelli, che ha curato la pubblicazione per la Mendrisio Academy Press.

Esprimiamo la nostra più sentita gratitudine alla Ernst Göhner Stiftung per il generoso sostegno alla pubblicazione del presente volume e alla Fondazione Velux per il cospicuo contributo al finanziamento del simposio internazionale *Le jeu savant*. Senza il supporto del Fondo nazionale svizzero e dell'Istituto di storia e teoria dell'arte e dell'architettura, nato negli ultimi anni in seno all'Accademia di architettura di Mendrisio, questa ricerca non avrebbe potuto essere realizzata. Esprimiamo pertanto tutta la nostra gratitudine nei confronti di queste generose istituzioni.

Silvia Berselli, Matthias Brunner, Daniela Mondini

_ 1. "Illuminating Engineering", 52, 1957, n. 6, p. 6A.

_ 2. *The Light in Your Life*, 1949; cortometraggio promozionale del Lamp Department della General Electric, durata 29 minuti, film sonoro a colori; regia: M. MacPherson; produzione: R.G. Wolff Studios, Inc. Cfr. https://archive.org/details/0518_Light_in_Your_Life_The_02_01_03_14 e https://www.youtube.com/watch?feature=player_detailpage&v=7sRlVWzUUWg (Consultati il 2.09.2014).

_ 3. Nel 1906, il titolo ufficiale della rivista era "Transactions of the Illuminating Engineering Society"; solo più tardi è stato abbreviato in "Illuminating Engineering".

_ 4. J. Teichmüller, *Lichtarchitektur*, "Licht und Lampe", 1927, n. 13, pp. 421-422; n. 14, pp. 449-458 (ristampa fuori collana: Union Deutsche Verlagsgesellschaft, Berlin 1927); cfr. W. Oechslin, *Lichtarchitektur*, in V. M. Lampugnani, R. Schneider (a cura di), *Expressionismus und Neue Sachlichkeit* (Moderne Architektur in Deutschland 1900 bis 1950, vol. 2), Hatje, Stuttgart 1994, pp. 116-131; W. Oechslin, *Light Architecture. A New Term's Genesis*, in D. Neumann (a cura di), *Architecture of the Night. The Illuminated Building*, Prestel, Munich-Berlin-London-New York 2002, pp. 28-35.

_ 5. *Raymond M. Hood Predicts "Architecture of the Night"*, intervista, in *Architecture of the Night* (A.I.A. File No. 31-F-24), General Electric Company, Schenectady, NY, Feb. 1930, s.p.; cfr. D. Neumann, *"Architecture of the Night" in the U.S.A.*, in id. (a cura di), *Architecture of the Night*, cit. alla nota 4, pp. 54-67.

_ 6. Le Corbusier-Saugnier, *Vers une architecture*, Collection de "L'Esprit Nouveau", Crès, Paris 1923, p. 16.

_ 7. Le Corbusier, *L'espace indicible*, "L'architecture d'aujourd'hui", 1946, numero speciale *Art*, pp. 9-10, p. 10; K. Cavarra Britton, *The Case for Sacred Architecture*, in ead. (a cura di), *Constructing the Ineffable. Contemporary Sacred Architecture*, Yale University Press, New Haven 2010, pp. 13-23.

_ 8. É.-L. Boullée, *Considérations sur l'importance et l'utilité de l'architecture, suivies de vues tendant aux progrès des beaux-arts*, in *Étienne-Louis Boullée. L'architecte visionnaire et néoclassique*, a cura di J.-M. Pérouse de Montclos, Hermann, Paris 1993² (prima ed.: Louis Boullée, *Architecture, essai sur l'art*, a cura di J.-M. Pérouse de Montclos, Hermann, Paris 1968), p. 31 (fol. 54 r-v).

_ 9. Le Corbusier, *Précisions sur un état présent de l'architecture et de l'urbanisme*, Collection de "L'Esprit Nouveau", Crès, Paris 1930, p. 132 (in corsivo nel testo originale); W. Oechslin, *Licht. Ein Gestaltungsmittel zwischen Vernunft und Gefühl / Light. A Means of Creation between Reason and Emotion*, "Daidalos", 1988, n. 27, pp. 22-38; id., *Émouvoir. Boullée und Le Corbusier / Émouvoir. Boullée and Le Corbusier*, "Daidalos", 1988, n. 30, pp. 42-55.

_ 10. J. Pallasmaa, *The Eyes of the Skin. Architecture and the Senses*, John Wiley & Sons, Chicester 2005² (ed. orig. London 1996).

_ 11. *Ibidem*, p. 46.

_ 12. P. Zumthor et al., *Di quanta luce ha bisogno l'uomo per vivere e di quanta oscurità?*, Accademia di Architettura dell'Università della Svizzera italiana, vdf Hochschulverlag der ETH Zürich, Zurigo 2006; idem, *Atmospheres. Architectural Environments – Surrounding Objects*, Birkhäuser, Basel-Boston-Berlin 2006 (spec. "The Light on Things", pp. 56-61).

_ 13. M. Ackermann, D. Neumann (a cura di), *Leuchtende Bauten. Architektur der Nacht / Luminous Buildings. Architecture of the Night*, catalogo della mostra (Kunstmuseum, Stuttgart, 9 giugno-1 ottobre 2006), Hatje Cantz, Ostfildern 2006; M. Kries, J. Kugler (a cura di), *Lightopia*, catalogo della mostra (Vitra Design Museum, Weil am Rhein, 28 settembre 2013-16 marzo 2014), 3 voll., Vitra Design Museum, Weil am Rhein 2013.

_ 14. B. Reichlin, *Für und wider das Langfenster. Die Kontroverse Perret – Le Corbusier / The Pros and Cons of the Horizontal Window. The Perret – Le Corbusier Controversy*, "Daidalos", 1984, n. 13, pp. 64-78; B. Colomina, *Privacy and Publicity. Modern Architecture as Mass Media*, MIT Press, Cambridge (Mass.) 1994; M. Corrodi, K. Spechtenhauser, *Illuminating. Natural Light in Residential Architecture*, Birkhäuser, Basel-Boston-Berlin 2008.

_ 15. D. Siret, *Généalogie du brise-soleil dans l'œuvre de Le Corbusier. Carthage, Marseille, Chandigarh*, "Cahiers thématiques", 2004, n. 4, pp. 169-181; D.A. Barber, *The Modern Solar House. Architecture, Energy, and the Emergence of Environmentalism, 1938-1959*, Ph.D. diss., Columbia University, New York 2010; A. Denzer, *The Solar House. Pioneering Sustainable Design*, Rizzoli, New York 2013.

_ 16. N. Aschenbeck, *Die Moderne, die aus den Sanatorien kam. Reformarchitektur und Reformkultur um 1900*, Diss. Universität Bremen, Aschenbeck & Hohlstein, Delmenhorst 1997; S. Descat, E. Monin, D. Siret, *Introduction à une histoire du soleil dans la ville*, in id. (a cura di), *La ville durable au risque de l'histoire*, ENSA Lille, Jean-Michel Place, Paris 2006, pp. 101-118, P. Overy, *Light, Air & Openness. Modern Architecture between the Wars*, Thames & Hudson, London 2007; Ph. Grandvoinnet, *Architecture thérapeutique. Histoire des sanatoriums en France, 1900-1945*, MētisPresses, Genève 2014.

_ 17. H. Binet et al. (a cura di), *Das Geheimnis des Schattens. Licht und Schatten in der Architektur / The Secret of the Shadow. Light and Shadow in Architecture*, catalogo della mostra (Deutsches Architekturmuseum, Frankfurt, 22 marzo-16 giugno 2002), Wasmuth, Tübingen-Berlin 2002. Ingeborg

Flagge, direttrice della DAM e curatrice della mostra, ha prodotto diverse, importanti pubblicazioni sul tema e su argomenti simili. I. Flagge (a cura di), *Architektur Licht Architektur*, Karl Krämer, Stuttgart 1991; ead., *Jahrbuch für Licht und Architektur*, Ernst & Sohn, Berlin 1992-1995; *Das Beispiel*, Darmstadt 1998-2003.

_ 18. W. Schivelbusch, *Lichtblicke. Zur Geschichte der künstlichen Helligkeit im 19. Jahrhundert*, Hanser, München-Wien 1983; id., *Licht, Schein und Wahn. Auftritte der elektrischen Beleuchtung im 20. Jahrhundert*, Ernst & Sohn, Berlin 1992. Oltre ai già citati studi di Werner Oechslin e Dietrich Neumann, due nuove monografie affrontano il tema della luce artificiale nel XIX e XX secolo a livello internazionale: D.L. DiLaura, *A History of Light and Lighting. In Celebration of the Centenary of the Illuminating Engineering Society of North America*, Illuminating Engineering Society of North America, New York 2006; E. Monin, N. Simonnot, *L'architecture lumineuse au XXe siècle*, Snoeck, Gand-Courtrai 2012.

_ 19. B. Volk-Nägele, *Das Freiburger Münster unter Strom. Über die Aufnahme der Technik in die Kirche*, Karl Alber, München 2009.

_ 20. M. Maile Petty, *Illuminating the Glass Box. The Lighting Designs of Richard Kelly*, "Journal of the Society of Architectural Historians", 66, 2007, n. 2, pp. 194-219; D. Neumann, (a cura di), *The Structure of Light. Richard Kelly and the Illumination of Modern Architecture*, Yale University Press, New Haven 2010.

_ 21. Finanziato dal Fondo nazionale svizzero per la ricerca scientifica 2010-2014 (SNSF-Professorship) e diretto da Daniela Mondini, Università della Svizzera italiana, Accademia di architettura, Mendrisio.

_ 22. "Economia della luce/Economy of Light" è un'espressione coniata da Otto Demus per indicare, nelle chiese bizantine, l'impiego coordinato dell'architettura e della decorazione per creare effetti luminosi. Ampliando il campo di applicazione della locuzione, la si impiega qui per descrivere le strategie di controllo e di regia dell'illuminazione, sia naturale che artificiale, attraverso i secoli. O. Demus, *Byzantine Mosaic Decoration. Aspects of Monumental Art in Byzantium*, Routledge & Kegan Paul, London 1976² (1948), p. 35.

_ 23. D. Mondini, V. Ivanovici (a cura di), *Manipolare la luce in epoca premoderna. Aspetti architettonici, artistici e filosofici / Manipulating Light in Premodern Times. Architectural, Artistic and Philosophical Aspects*, Mendrisio Academy Press-Silvana Editoriale, Mendrisio-Cinisello Balsamo 2014.

13

Introduction

Fig. 1, p. 6

"A light soft enough for the youngest eyes!": these words, on a page from the magazine "Illuminating Engineering" from 1957, promote the reduction of glare, made possible by Honeylite's new diaphanous panels shielding light sources and diffusing their light.[1] In the advertisement, a little girl is posed seated in front of a bright wall apparently absorbed in the reading of a volume; she could be the little sister of Nancy, another young reader of fairy tales and the protagonist of General Electric's

Fig. 2, p. 8

popular short film *The Light in Your Life* from 1949.[2] According to the caption of Honeylite's advertisement, an impartial measurement of the surface brightness on the page of the book held by the girl registered 50 footlamberts (about 170 cd/m²), demonstrating the efficiency of the promoted panels. They function as a filter, permitting the division of the strong spotlights' luminance by a factor of 400, and creating a light as delicate as the eyes of the illuminated subject.

To ensure that the general public could enjoy the benefits of the "jeu savant", the collaboration of professionals from diverse fields – physiologists, physicists, engineers, lighting designers, and architects – was a necessity. Research intended to improve the ergonomics, efficacy, and design of lighting, and its findings were published and discussed in specialized journals like "Illuminating Engineering" (1906),[3] "Licht und Lampe" (1912), and "Lux" (1928). Over the course of the Twenties, electric light became synonymous with modernity, and was recognised as a building material and as an integral part of architectural projects. In these years, industry offered designers new technologies for the strengthening and modulation of artificial light, inaugurating a new phase of fertile experimentation in the area of nocturnal illumination both inside and outside of buildings. Thus, a new architecture was born. Called *Lichtarchitektur*,[4] like the title of a programmatic article from 1927 by the engineer Joachim Teichmüller, or *Architecture of the Night*,[5] according to the phrase coined by the architect Raymond Hood in 1930, it transformed the nocturnal panorama.

Concurrent with the enthusiastic diffusion of electric light, one witnesses an ever-growing awareness on the part of the modern architect to natural light's im-

_ Figure 3.
Le Corbusier, Chiesa / Church Saint-Pierre, Firminy, 1970-2006 (foto di / photo by Hélène Binet, 2007, © FLC / 2014, ProLitteris, Zurich).

15

portance as a carrier of benefits in terms of both aesthetics and physical health. "L'architecture est le jeu savant, correct et magnifique des volumes assemblés sous la lumière".[6] With this famous statement of 1923, Le Corbusier reiterates the role of light as the revealer of architecture. It is evident from the context of the quotation that Le Corbusier is not alluding to the new seductions offered by the technological improvement of electric illumination, but rather to the "archaic", that is, solar light, capable of illuminating and shaping volumes in space. On the other hand, in the wake of theories concerning hygiene, one finds increasing attention to the orientation and exposure of buildings to the sun, and also to the optimization of the quantity and quality of natural light that enters buildings through their apertures.

A photograph by Hélène Binet taken inside the monumental concrete shell of Saint-Pierre at Firminy shows another "jeu savant" where light plays a major role. However, it is not exactly the same play as in 1923, when Le Corbusier described how a uniform stream of light rendered visible primary volumes. At Firminy, realized after the death of Le Corbusier, between 1970 and 2006, architecture becomes a gigantic device made to create, in the inside of its cavity, suggestive plays of light. According to Le Corbusier, characteristic spatial constellations give rise to aesthetic emotions, particularly by the modulation of light and dark. The space that causes the highest possible emotion, comparable to religious emotions, but yet different, he calls ineffable space, "espace indicible, couronnement de l'émotion plastique".[7] This attitude approaches the thoughts of Étienne-Louis Boullée, who already at the end of the 18th century stressed the emotive force of the effects of light and shadow, resources which the architect should manipulate like a painter: "L'art de nous émouvoir par les effets de la lumière appartient à l'architecture, car dans tous les monuments susceptibles de porter l'âme à éprouver l'horreur des ténèbres ou bien, par ses effets éclatants, à la porter à une sensation délicieuse, l'artiste, qui doit connaître les moyens de s'en rendre maître, peut oser dire: je fais la lumière".[8] This idea of the architect as demiurge who wisely "creates" the light in the architectural space finds a partial echo in the aforementioned phrase of Le Corbusier, and in another from a few years later: "*Je compose avec la lumière*".[9]

Light and shadows show the texture and treatment of employed materials, and thus sometimes assume decorative roles. With this in mind, one can reread the late works of Le Corbusier, such as Ronchamp or La Tourette, and understand how they have prepared the ground for the development, in the last decades of the twentieth century, of a new design sensibility distancing itself from the modernist practice of substituting walls with continuous glass in order to revalue the plasticity of raw and opaque construction materials caressed by light and eyes almost as if by hand. In his essay *The Eyes of the Skin* of 1996,[10] Juhani Pallasmaa criticizes the hegemony of vision in western cultures and re-evaluates the body in its sensorial integrity, placing it at the center of the perception of space, an activity involving all the senses. In this context, he also reconsiders the function of darkness: "The eye is the organ of distance and separation, whereas touch is the sense of nearness, intimacy and affection. ... Deep shadows and darkness are essential, because they dim the sharpness of vision, make depth and distance ambiguous, and invite unconscious peripheral vision and tactile fantasy".[11] Peter Zumthor's architecture and his theoretical texts show an affinity to the research of Pallasmaa, oriented so as to define a tactile phenomenology

Fig. 3

16

_ Figure 4.
Peter Zumthor, Terme di / Therme Vals, 1993-1996 (foto di / photo by Hélène Binet, 2006).

of architectural space.[12] So it is not surprising that one finds a propensity for reducing illumination, both natural and artificial, so as to be able to work with contrasts in light to emphasize, for example, textures and to create intimate atmospheres, spaces of silence and temporal suspension.

Fig. 4

The culture of artificial illumination, more closely linked to commercial factors than the culture of daylighting, evolves and continually renews itself in a process characterized by moments of transformation, marked by the introduction of new technologies, followed by phases of consolidation. Current politics of energy conservation have led to the "death" of the incandescent light bulb, which in the form of "ampoule nue" was for almost a century a symbol of the purity of modern interiors. Even the halogen enjoys a final surge in advance of its own anticipated death, while the energy-saving fluorescent lamp currently enjoys the limelight. Together with LED and OLED lamps, it definitively removes from domestic interiors the last traces of fire, the anthropological link to the archaic light of ancestral hearths. At the same time, another loss is felt, that of darkness on the planet. The general awareness of ongoing transformations, to which the present volume and conference contribute, continues to produce a lively season of well-attended exhibitions, dedicated to the history of artificial light and to the design of systems that produce it.[13]

18

Daylight in architectural theory and practice has not received as much scholarly attention as it should. However, some researchers turned their attention to the relationship between vision, openings and light,[14] others to the history of solar energy and climate control;[15] still others reconsidered the debates about the insolation of streets, buildings, and rooms, and how they are related to theories about light and health.[16] Some recent contributions combined a phenomenological and photographic approach to natural light with cultural and anthropological history, and stressed the value of the absence of light, darkness.[17]

The use of artificial light in the 19th and the 20th century has been studied in more detail.[18] Specific themes are addressed such as the introduction of gas and then electric lighting in historical monuments[19] or the birth of the new figure of the lighting designer and his contribution to the design of projects, especially with regard to the work of Richard Kelly.[20]

The research project *From Ravenna to Vals. Light and Darkness in Architecture from the Middle Ages to the Present*,[21] out of which this volume developed, is structured according to a wide perspective of the *longue durée*. Analysing the cultural contexts of diverse regions and epochs, this project identifies general and specific strategies of the "economy of light",[22] a concept which refers to the practices of illumination both premodern and modern, and re-examines the quality and quantity of light in buildings, considering the aesthetic, symbolic, and economic values of each lighting arrangement.

Le jeu savant is the second of two volumes of collected essays written by established scholars and young researchers from diverse fields of scholarly interest. In both volumes, the authors take into consideration aspects related to the "economy of light"; in particular, the first collects the proceedings of the international conference *Manipulating Light in Premodern Times. Architectural, Artistic, and Philosophical Aspects*,[23] held in Mendrisio on November 3-4, 2011, and organized within the scope of the project *From Ravenna to Vals*. Given the scarcity of sources and the width of the chronological arc considered, the first volume concentrates on religious buildings and artefacts. In contrast, the second volume addresses the architecture of the 20th century in various building types and styles, thus considering a briefer period of time, but characterized by an intense wealth of sources both primary and secondary. The two volumes intend to contribute to the debate on a theme emerging within current academic research, namely the historicization of the use of light as a dynamic factor in architectural space, before and after the introduction of electric illumination. The essays collected in this volume aim at contributing to the growing awareness of the relevance of the historical conditions of light, of the historicity of technologies of illumination, and of the existence of sophisticated techniques for the modulation of darkness.

The present volume is subdivided into four sections, in line with corresponding thematic nuclei. The first concerns the problem of *Representing light and its effects within architectural space.* Against the generally static representation obtained through drawing, painting, and photography, other techniques of representation are contrasted, specifically those which permit the appreciation of the dynamic quality of light, such as measurement, textual description, and film recording. The second section, dedicated to the *Exposure and orientation of buildings,* considers conclusions for both urbanism and architecture drawn from observations of how light affects health and climate. The deliberations concentrate, then, on *Devices for the manipulation of natural light* (glass, windows, screens, systems of dimming and sun-protection), with contributions that analyse the way in which these devices allow the regulation of the relationship between external and internal environments, whether in terms of visibility, daylighting, or thermal comfort. The last section addresses the theme of *Artificial illumination*, exploring the various forms and applications of artificial lighting systems. Given the fact that the theme involves protagonists from diverse disciplines and the general public, professional collaboration, trade magazines and advertising are considered with particular attention.

19

A heartfelt thank you goes to those who, as individuals or institutions, contributed to the realization of this book: first to all the authors and participants in the international symposium *"Le jeu savant". Light and Darkness in 20th Century Architecture,* held in Mendrisio, October 24-25, 2014, for their stimulating papers, intellectual curiosity and openness to interdisciplinary exchange, and to Hélène Binet, who made some of her photographs available to us. Additionally, we thank Fabio Cani, Paolo Conti, Matthew Culler, Cristina and Vladimir Ivanovici and Mathilde Pinon for their scrupulous work in translation and editing, Stefano Milan for his accurate layout, and Tiziano Casartelli who curated the publication for the Mendrisio Academy Press.

We express our most sincere gratitude to the Ernst Göhner Foundation for its generous support for the publication of this volume and to the Velux Foundation for its important contribution to the financing of the international symposium *"Le jeu savant".* Without the support of the Swiss National Science Foundation and of the Istituto di storia e teoria dell'arte e dell'architettura, born in recent years from the bosom of the Accademia di architettura di Mendrisio, this project would not have been realized. Consequently, we express all our gratitude to these generous institutions as well.

Silvia Berselli, Matthias Brunner, Daniela Mondini

_ 1. "Illuminating Engineering", 52, 1957, n. 6, p. 6A.

_ 2. *The Light in Your Life*, 1949. Promotional short film from the Lamp Department of General Electric. Duration 29 minutes, sound film in color. Director: M. MacPherson; producer: R. G. Wolff Studios, Inc. Cf. https://archive.org/details/0518_Light_in_ Your_Life_The_02_01_03_14 and https:// www.youtube.com/watch?feature=player_ detailpage&v=7sRlVWzUUWg (retrieved September 2, 2014).

_ 3. In 1906, the official title of the journal was "Transactions of the Illuminating Engineering Society"; only later was it renamed "Illuminating Engineering".

_ 4. J. Teichmüller, *Lichtarchitektur*, "Licht und Lampe", 1927, n. 13, pp. 421-422; n. 14, pp. 449-458 (republished as offprint: Union Deutsche Verlagsgesellschaft, Berlin 1927); cf. W. Oechslin, *Lichtarchitektur*, in V. M. Lampugnani, R. Schneider (eds.), *Expressionismus und Neue Sachlichkeit* (Moderne Architektur in Deutschland 1900 bis 1950, vol. 2), Hatje, Stuttgart 1994, pp. 116-131; W. Oechslin, *Light Architecture. A New Term's Genesis*, in D. Neumann (ed.), *Architecture of the Night. The Illuminated Building*, Prestel, Munich-Berlin-London-New York 2002, pp. 28-35.

_ 5. *Raymond M. Hood Predicts "Architecture of the Night"*, interview, in *Architecture of the Night* (A.I.A. File No. 31-F-24), General Electric Company, Schenectady, NY, Feb. 1930, s.p.; cf. D. Neumann, *"Architecture of the Night" in the U.S.A.*, in id. (ed.), *Architecture of the Night*, see footnote 4, pp. 54-67.

_ 6. Le Corbusier-Saugnier, *Vers une architecture*, Collection de "L'Esprit Nouveau", Crès, Paris 1923, p. 16.

_ 7. Le Corbusier, *L'espace indicible*, "L'architecture d'aujourd'hui", 1946, special issue *Art*, pp. 9-10, p. 10; K. Cavarra Britton, *The Case for Sacred Architecture*, in ead. (ed.), *Constructing the Ineffable. Contemporary Sacred Architecture*, Yale University Press, New Haven 2010, pp. 13-23.

_ 8. É.-L. Boullée, *Considérations sur l'importance et l'utilité de l'architecture, suivies de vues tendant aux progrès des beaux-arts*, in *Étienne-Louis Boullée. L'architecte visionnaire et néoclassique*, ed. by J.-M. Pérouse de Montclos, Hermann, Paris 1993² (first ed.: Louis Boullée, *Architecture, essai sur l'art*, ed. by J.-M. Pérouse de Montclos, Hermann, Paris 1968) p. 31 (fol. 54r-v).

_ 9. Le Corbusier, *Précisions sur un état présent de l'architecture et de l'urbanisme*, Collection de "L'Esprit Nouveau", Crès, Paris 1930, p. 132 (in the original set in italics); W. Oechslin, *Licht. Ein Gestaltungsmittel zwischen Vernunft und Gefühl / Light. A Means of Creation between Reason and Emotion*, "Daidalos", 1988, n. 27, pp. 22-38; id., *Émouvoir. Boullée und Le Corbusier / Émouvoir. Boullée and Le Corbusier*, "Daidalos", 1988, n. 30, pp. 42-55.

_ 10. J. Pallasmaa, *The Eyes of the Skin. Architecture and the Senses*, John Wiley & Sons, Chicester 2005² (original ed. London 1996).

_ 11. *Ibidem*, p. 46.

_ 12. P. Zumthor et al., *Di quanta luce ha bisogno l'uomo per vivere e di quanta oscurità?*, Accademia di architettura dell'Università della Svizzera italiana, vdf Hochschulverlag der ETH Zürich, Zurigo 2006; idem, *Atmospheres. Architectural Environments – Surrounding Objects*, Birkhäuser, Basel-Boston-Berlin 2006 (esp. "The Light on Things", pp. 56-61).

_ 13. M. Ackermann, D. Neumann (eds.), *Leuchtende Bauten. Architektur der Nacht / Luminous Buildings. Architecture of the Night*, Exhibition catalogue (Stuttgart, Kunstmuseum, June 9-October 1 2006), Hatje Cantz, Ostfildern 2006; M. Kries, J. Kugler (eds.), *Lightopia*, Exhibition catalogue (Weil am Rhein, Vitra Design Museum, September 28 2013-March 16 2014), 3 vols., Vitra Design Museum, Weil am Rhein 2013.

_ 14. B. Reichlin, *Für und wider das Langfenster. Die Kontroverse Perret – Le Corbusier / The Pros and Cons of the Horizontal Window. The Perret – Le Corbusier Controversy*, "Daidalos", 1984, n. 13, pp. 64-78; B. Colomina, *Privacy and Publicity. Modern Architecture as Mass Media*, MIT Press, Cambridge (Mass.) 1994; M. Corrodi, K. Spechtenhauser, *Illuminating. Natural Light in Residential Architecture*, Birkhäuser, Basel-Boston-Berlin 2008.

_ 15. D. Siret, *Généalogie du brise-soleil dans l'œuvre de Le Corbusier. Carthage, Marseille, Chandigarh*, "Cahiers thématiques", 2004, n. 4, pp. 169-181; D.A. Barber, *The Modern Solar House. Architecture, Energy, and the Emergence of Environmentalism, 1938-1959*, Ph.D. diss., Columbia University, New York 2010; A. Denzer, *The Solar House. Pioneering Sustainable Design*, Rizzoli, New York 2013.

_ 16. N. Aschenbeck, *Die Moderne, die aus den Sanatorien kam. Reformarchitektur und Reformkultur um 1900*, Diss. Universität Bremen, Aschenbeck & Hohlstein, Delmenhorst 1997; S. Descat, E. Monin, D. Siret, *Introduction à une histoire du soleil dans la ville*, in id. (eds.), *La ville durable au risque de l'histoire*, ENSA Lille, Jean-Michel Place, Paris 2006, pp. 101-118; P. Overy, *Light, Air & Openness. Modern Architecture between the Wars*, Thames & Hudson, London 2007; Ph. Grandvoinnet, *Architecture thérapeutique. Histoire des sanatoriums en France, 1900-1945*, MētisPresses, Genève 2014.

_ 17. H. Binet et al. (eds.), *Das Geheimnis des Schattens. Licht und Schatten in der Architektur / The Secret of the Shadow. Light and Shadow in Architecture*, Exhibition catalogue (Frankfurt, Deutsches Architekturmuseum, March 22-June 16 2002), Wasmuth, Tübingen-Berlin 2002. Ingeborg Flagge, director of DAM and promotor of the exhibition, curated diverse, important publi-

20

cations on the theme and related topics. I. Flagge (ed.), *Architektur Licht Architektur*, Karl Krämer, Stuttgart 1991; ead., *Jahrbuch für Licht und Architektur*, Ernst & Sohn, Berlin 1992-1995; *Das Beispiel*, Darmstadt 1998-2003.

_ 18. W. Schivelbusch, *Lichtblicke. Zur Geschichte der künstlichen Helligkeit im 19. Jahrhundert*, Hanser, München-Wien 1983; id., *Licht, Schein und Wahn. Auftritte der elektrischen Beleuchtung im 20. Jahrhundert*, Ernst & Sohn, Berlin 1992. In addition to the studies by Werner Oechslin and Dietrich Neumann already cited, two new monographs treat the theme of artificial light in the 19th and 20th century within an international ambient, D.L. DiLaura, *A History of Light and Lighting. In Celebration of the Centenary of the Illuminating Engineering Society of North America*, Illuminating Engineering Society of North America, New York 2006; E. Monin, N. Simonnot, *L'architecture lumineuse au XXe siècle*, Snoeck, Gand-Courtrai 2012.

_ 19. B. Volk-Nägele, *Das Freiburger Münster unter Strom. Über die Aufnahme der Technik in die Kirche*, Karl Alber, München 2009.

_ 20. M. Maile Petty, *Illuminating the Glass Box. The Lighting Designs of Richard Kelly*, "Journal of the Society of Architectural Historians", 66, 2007, n. 2, pp. 194-219; D. Neumann, (ed.), *The Structure of Light. Richard Kelly and the Illumination of Modern Architecture*, Yale University Press, New Haven 2010.

_ 21. Financed by the Swiss National Science Foundation 2010-2014 (FSNSF-Professorship) and directed by Daniela Mondini, Università della Svizzera italiana, Accademia di architettura, Mendrisio.

_ 22. "Economy of Light" is an expression coined by Otto Demus to indicate, in Byzantine churches, the coordinated use of architecture and decoration to create luminous effects. Expanding the field of application for this term, it is used here to describe the strategies of control and direction of illumination, whether natural or artificial, throughout time. O. Demus, *Byzantine Mosaic Decoration. Aspects of Monumental Art in Byzantium*, Routledge & Kegan Paul, London 1976[2] (1948), p. 35.

_ 23. D. Mondini, V. Ivanovici (eds.), *Manipolare la luce in epoca premoderna. Aspetti architettonici, artistici e filosofici / Manipulating Light in Premodern Times. Architectural, Artistic and Philosophical Aspects*, Mendrisio Academy Press-Silvana Editoriale, Mendrisio-Cinisello Balsamo 2014.

21

Rappresentare la luce e i suoi effetti nello spazio architettonico

Representing Light and its Effects within Architectural Space

Silvia Berselli

Le Corbusier l'éblouissant

Tra slogan e ricerca, indagine sul rapporto mutevole dell'architetto con la luce

Tra i tanti e fortunati slogan coniati da Le Corbusier nel corso della sua vita, il più noto è quello con cui nel 1923 definisce l'architettura «le jeu savant, correct et magnifique des volumes assemblés sous la lumière». Il testo continua portando argomentazioni a sostegno di questa asserzione: «I nostri occhi sono fatti per vedere le forme nella luce: le ombre e le luci rivelano le forme; i cubi, i coni, le sfere, i cilindri o le piramidi sono le grandi forme primarie che la luce esalta; l'immagine ci appare netta e tangibile, senza ambiguità. È per questo che sono *belle forme, le più belle forme*. Tutti sono d'accordo, il bambino, il selvaggio e il metafisico. Condizione stessa delle arti plastiche».[1] Meravigliosa la selezione del pubblico corbusiano in grado di apprezzare lo spettacolo delle forme primarie nella luce: il bambino in quanto intatto e non ancora corrotto dall'educazione, il selvaggio perché estraneo alla civilizzazione, dunque anch'egli puro, e il metafisico in quanto in grado di astrarsi dai condizionamenti contingenti e di recuperare una purezza adamitica altrimenti perduta. E ancor più curioso è il fatto che questi tre individui eccezionali siano "tutti": «tutti sono d'accordo». E gli altri? Gli altri sono "occhi che non vedono": il purismo è una dimensione ascetica adatta a pochi e lo spettacolo delle forme primarie nella luce si presenta fin dall'inizio come destinato a un pubblico estremamente selezionato.

Nel suo *Vers une architecture*, Le Corbusier ripete questa definizione di architettura con la frequenza di un mantra, anche quando introduce argomenti molto diversi tra loro, conferendo a questo refrain il valore di un *fil rouge* in grado di cucire insieme i temi di una nuova poetica. La ripetizione di uno slogan accattivante è destinata a veicolare un concetto e a promuovere un prodotto, in questo caso lo stesso Le Corbusier e la sua opera. La produzione da parte di Le Corbusier di slogan dal grande impatto mediatico plasma la sua prosa, rendendola incisiva. Nel 1918 scrive: «Le circostanze particolari della luce su un oggetto costituiscono "l'effetto". Questo agisce come una deformazione naturale. Converrebbe bandirlo e preferirgli una luce più rispettosa dell'integrità delle forme. Tuttavia capita che l'effetto rinforzi la forma invece di alterarla: in questo caso è ammesso allo stesso modo di una deformazione volontaria. Come del resto avviene per alcuni effetti prospettici».[2] Ecco svelato il meccanismo del "jeu savant": l'architettura deve essere disposta sotto la luce in modo che questa «rinforzi la forma invece di alterarla» e il progettista deve trattare la luce come un elemento deformante da piegare alla propria intenzione espressiva.

Oltre allo slogan che dà il titolo a questo volume, in *Vers une architecture* ne vengono pubblicati altri, con numerose variazioni sul tema, del tipo «*Gli elementi architettonici sono la luce, l'ombra, il muro e lo spazio*».[3] La luce è sempre al primo posto dell'equazione; essa produce l'ombra così come il muro, circoscrivendolo, genera lo spazio. Entra in gioco il corsivo, a sottolineare le frasi più incisive del testo, che assumono un ruolo imprecisato, in equilibrio tra aforisma, versetto biblico, proverbio e comma di legge. Ancora in corsivo: «*Le finestre servono a rischiarare un po', molto o niente, e a guardare fuori*».[4] Alcuni anni più tardi Le Corbusier propone una delle tante variazioni sul tema: «*L'architettura significa solai illuminati*».[5] Il presente saggio si propone di indagare quale ruolo ha la luce nel pensiero di Le Corbusier sull'architettura, come si forma e come si esplicita nei suoi testi e in alcune delle sue opere. La sapiente costruzione del testo corbusiano conquista il lettore con un gioco di riflessi che, per quanto possibile, qui si è cercato di smontare per distinguere le componenti poetiche, costruttive, tecniche, simboliche, etiche e retoriche del suo discorso sulla luce.

26

Prospettive critiche diverse: abbagliati dal maestro?

L'atteggiamento di Le Corbusier nei confronti della luce naturale muta radicalmente nel corso della sua lunga attività; in due articoli, Harris Sobin nel 2004 e Daniel Siret nel 2005 hanno proposto, pur con qualche differenza, una periodizzazione in tre fasi utile e condivisibile.[6] Il primo periodo interessa la produzione di Le Corbusier fino alla fine degli anni Venti e viene descritto da Siret come una fase «più luminosa che solare»: il sole e lo studio dei suoi effetti sono assenti, le ombre sono disegnate a 45° e servono a rivelare i volumi, ma non rappresentano una condizione di insolazione realistica. Il *pan de verre* e i primi *brise-soleil* vengono realizzati non tanto sulla base di considerazioni tecniche, ma secondo Siret costituiscono altrettanti strumenti retorici. Aggiungiamo noi: sono l'espressione architettonica dell'opera pittorica del Le Corbusier di quegli anni e devono essere letti nel quadro dell'estetica purista.[7] L'analisi di Siret è sostenuta dalla verifica dell'insolazione dei progetti di Le Corbusier attraverso software di modellazione tridimensionale che riproducono il moto apparente del sole, in modo da rivelare la proiezione delle ombre.

Il saggio di Sobin si basa invece principalmente sull'analisi dei testi e delle architetture; aderisce maggiormente alla retorica corbusiana e riporta numerosi slogan del maestro, tra i quali «La lumière est à [*sic*] la clef de notre régime vital»[8] e ancora «Une fenêtre est faite pour éclairer, non pour ventiler!».[9] Secondo Sobin, nel primo periodo della produzione corbusiana, ogni finestra diventa una parola del nuovo linguaggio dell'architettura; le finestre si combinano a formare una facciata, ovvero una frase, e questo "vocabolario della luce purista"[10] è completamente codificato già nel 1922-1923. La lettura di Sobin, centrata sull'analisi delle aperture del periodo purista, si connette tematicamente al filone inaugurato dal saggio sulla finestra a nastro corbusiana di Bruno Reichlin.[11]

Nel secondo periodo, dalla fine degli anni Venti[12] alla fine degli anni Quaranta, Le Corbusier orienta la propria ricerca verso due obiettivi: alla scala della progettazione urbanistica si propone di applicare correttamente i principi dell'igienismo, e in particolare la teoria dell'asse eliotermico, per migliorare l'insolazione degli alloggi: il risultato si riflette nella *Carta di Atene* del 1933. Alla scala della progettazione architettonica, egli realizza negli stessi anni la propria casa alla Porte Molitor e sperimenta (o meglio subisce) in prima persona i limiti del *pan de verre*, la grande superficie vetrata promossa negli anni Venti. Le difficoltà tecniche riscontrate nella messa a punto dei meccanismi di ventilazione meccanica, di isolamento e di raffrescamento degli ambienti lo portano a riconsiderare il principio dell'*air exact* e il tema progettuale del *mur neutralisant*, esaltati ancora ne *La Ville Radieuse* del 1935, dichiarandone il fallimento. Le esperienze progettuali maturate in Russia, America Latina e in Nordafrica, regioni climaticamente molto distanti fra loro e da Parigi, rafforzano la sua presa di coscienza, e la ricerca si muove da questo momento in poi verso la definizione di strumenti di gestione passiva dell'insolazione e della ventilazione degli edifici.

Nel terzo e ultimo periodo, dalla fine degli anni Quaranta in poi, Le Corbusier si circonda di collaboratori specializzati in diversi settori, che gli permettono di applicare in maniera scientifica alla progettazione quelle teorie che precedentemente erano state utilizzate forse più come stratagemma retorico che come strumento dell'architettura: dall'asse eliotermico al *brise-soleil*, dal Modulor ai pannelli "Ondulatoires", fino alla composizione di un "poema elettronico" di luce artificiale. La scansione cronologica proposta da Siret è condivisibile, anche se la sua lettura è forse un po' troppo finalistica nella direzione della messa a punto del *brise-soleil*, oggetto di studio caro al team diretto dal ricercatore del Cerma di Nantes.[13] Si è scelto di adottare questa periodizzazione, indicando la prima fase come "purista", la seconda come "igienista" e la terza come "brutalista".

Si è fino ad ora considerata la luce naturale in quanto fonte di illuminazione e calore; Flora Samuel affronta invece il tema dei significati simbolici che Le Corbusier le attribuisce in un capitolo del suo *Le Corbusier in Detail* e nel saggio *La cité orphique de La Saint-Baume*, che anticipa alcuni contenuti del libro.[14] Secondo l'autrice, Le Corbusier sarebbe stato influenzato da alcuni autori che ammirava, come André Gide e Guillaume Apollinaire, i quali proponevano una rivisitazione del mito del viaggio di Orfeo agli inferi. Il passaggio dall'ombra alla luce costituisce una metafora del percorso di iniziazione alla conoscenza e rappresenta la continua ricerca condotta dall'artista, tanto che, a nostro avviso, si potrebbe leggere in questa "quête" un antesignano della *recherche patiente* corbusiana. Il contatto con l'orfismo avviene leggendo, su consiglio di Charles l'Éplattenier, il libro *Les Grands Initiés* di Édouard Schuré,[15] testo sincretico intriso di misticismo che lega le principali figure della religione e della filosofia presentando un misto di rituali dionisiaci e ascetismo manicheo, retto dal dualismo luce/ombra. Quello che sembra interessare il giovane Le Corbusier è la natura sotterranea di questi rituali nascosti e la ricerca di un percorso iniziatico nella direzione della luce e della conoscenza. Citando Ivan Zaknic,[16] Flora Samuel osserva che, verso la fine della sua vita, Le Corbusier attribuisce un valore morale al binomio giorno-notte, magistralmente rappresentato dallo schema della *journée solaire*, attribuendo alla luce i valori superiori di amore, amicizia, fraternità e relegando nell'oscurità gli interessi materiali e l'egoismo. A La Saint-Baume il percorso ipogeo si conclude in modo da «sortir de la roche et avoir une vision éblouissante du soleil et de la mer, la Méditerranée, point focal vénéré par

Fig. 1

Le Corbusier».[17] In questo progetto, Le Corbusier illumina l'altare sotterraneo con un sistema di specchi che riflettono i raggi solari, un dispositivo che Flora Samuel paragona ad altri utilizzati già nell'antico Egitto.[18] L'autrice evidenzia inoltre l'importanza della luce riflessa, sia naturale che artificiale, nella regia corbusiana dell'illuminazione.

Portata agli estremi, la compresenza di luce diretta e riflessa può generare una situazione di abbagliamento; in un suo saggio molto suggestivo Rémi Papillault[19] ipotizza che Le Corbusier abbia voluto sovrailluminare gli ambienti del suo atelier per ricreare l'effetto di *éblouissement* prodotto dal riflesso della luce solare sulla superficie specchiante del mare. Nel suo atelier parigino in rue Nungesser et Coli, Le Corbusier stravolge la consuetudine progettuale legata alla tipologia del laboratorio artistico, che tradizionalmente viene illuminato da finestre rivolte a settentrione. I pittori generalmente prediligono la luce proveniente da nord in quanto la sua natura diffusa e costante evita la formazione di fastidiose macchie di luce e mutevoli ombre nette nel corso della giornata, mentre in questo progetto le finestre si trovano a est e a ovest e generano effetti di luce radente, controluce, riflessi, abbagliamento (fig. 3). La luce del Mediterraneo, ispiratrice di numerosi artisti francesi affascinati dalle coste meridionali del paese, è stata amata dallo stesso Le Corbusier prima nelle letture sull'antichità classica, poi nei viaggi giovanili e in seguito nei soggiorni presso il Cabanon, tanto da portarlo a scrivere: «Nel corso degli anni, sono divenuto sempre più un cittadino del mondo, sia pure con un punto di radicamento molto forte: il Mediterraneo, regno delle forme inondate dalla luce; sono dominato dagli imperativi dell'armonia, della bellezza, della plastica».[20] Alle argomentazioni di Papillault bisogna obiettare che l'atmosfera sospesa dell'atelier inondato dalla luce si stempera con l'introduzione degli arredi e soprattutto con la presenza dell'artista all'opera, ma l'effetto di abbagliamento resta in ogni caso percepibile.

Ben diverso è l'approccio di Mary Ann Steane:[21] nel suo *The Architecture of Light. Recent Approaches to Designing with Natural Light* indaga l'utilizzo della luce naturale da parte di una selezione di architetti del XX secolo in relazione ai materiali impiegati e allo spazio. Il primo capitolo, dedicato a Le Corbusier, analizza la Petite Maison al Lac Léman e la Cappella di Ronchamp, evidenziando nella differenza tra i due progetti i segni di una evoluzione nella maniera di trattare la luce. Nelle architetture del periodo purista, Le Corbusier dispone una armonia bilanciata nelle sequenze di spazi e luci, mentre nei progetti del secondo dopoguerra l'orchestrazione del chiaroscuro si presenta più aggressiva, coerentemente con l'estetica brutalista.[22]

28

_ Figura 1.
Le Corbusier, *La journée solaire* (in Le Corbusier, *Œuvre Complète*, vol. 3, 1934-1938, vol. 3, a cura di W. Boesiger, Girsberger, Zürich 1953, p. 25. © FLC / 2014, ProLitteris, Zurich).

_ Figura 2.
Charles Henri, Curve schematiche dell'evoluzione della memoria, dell'abitudine e dell'adattamento (da Ch. Henri, *Mémoire et habitude*, Paris 1911, p. 35).

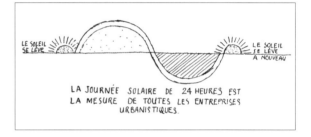

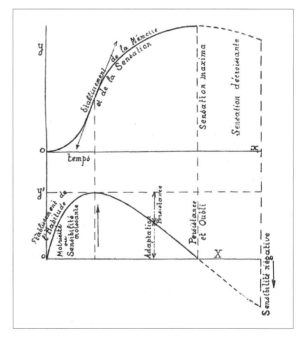

Venire alla luce: la formazione luministica e le fonti di Le Corbusier

Considerata la datazione delle fonti corbusiane, uno dei primi autori a contribuire alla formazione della sensibilità dell'architetto nei confronti della luce è il fisico Charles Henri (1859-1926),[23] autore di un testo pubblicato su "L'Esprit Nouveau" nel 1921[24] e direttore del Laboratoire de Physiologie des Sensations della Sorbonne. La relazione tra Charles Henri e l'architetto non è stata fino ad oggi analizzata, anche perché negli archivi di Le Corbusier non sono presenti documenti al riguardo, se si eccettuano gli articoli pubblicati.[25] Solo Roberto Gabetti e Carlo Olmo hanno giustamente segnalato la pubblicazione su "L'Esprit Nouveau" di quattro saggi di Charles Henri, «particolarmente rilevanti, per la definizione di quella "fisiologia della sensazione" che, nelle intenzioni di Ozenfant e Jeanneret, doveva rappresentare la base del nuovo rapporto tra artista e fruitore. Gli interventi sono dedicati agli studi di fisica sperimentale, e il loro interesse, nell'ambito della rivista, consiste proprio nel tentativo, che vi è compiuto, di oggettivare, quantificare le sensazioni».[26] L'interesse di Le Corbusier per Henri è generato dalla possibilità di misurare le reazioni agli stimoli, specie quelli visivi e luminosi; Henri introduce funzioni che rappresentano, ad esempio, le curve di adattamento dell'occhio a un fascio luminoso di intensità costante, acceso e spento a intervalli regolari. Il grafico permetterebbe in teoria di prevedere la risposta a un tempo X e le diverse curve al variare dell'intensità del raggio, oltre al tempo necessario per dimenticare un'esperienza, ovvero per rimuovere l'adattamento allo stimolo (fig. 2).

Per illustrare il funzionamento di un eccitante luminoso, dipendente da intensità e tempo, Henri lo paragona al meccanismo di impressione di un negativo fotografico, che diventa, nella sua trattazione, la cartina al tornasole dell'oggettività dello studio condotto. Allo stesso modo Le Corbusier utilizza più volte il parallelo con la fotografia: prima per legittimare la finestra a nastro[27] e in seguito per paragonare la schermatura delle finestre alla regolazione variabile di un diaframma,[28] con un ragionamento che lo porterà a concepire il *brise-soleil*. Il ricorso alla fotografia è per entrambi un espediente per "oggettivare" la percezione visiva della luce, altrimenti soggettiva: la pellicola che si impressiona permette di misurare scientificamente la quantità di luce presente in un interno.

Anche Henri, come Le Corbusier, ama passare dalla trattazione teorica alla sua applicazione pratica, arrivando a scrivere alcuni passaggi molto suggestivi con le indicazioni per creare delle "armonie di luci": «On peut réaliser des harmonies de lumières,

29

_Figura 3.
Le Corbusier, Edificio al 24 N.C., Le Corbusier al lavoro nel suo atelier, Paris, 1931-1934 (© FLC / 2014, ProLitteris, Zurich).

dans les intensités faibles, avec des étoffes peintes au sulfure de zinc phosphorescent, et dans les intensités quelconques, avec des lampes à incandescence, par interposition de résistances convenables».[29]

Il giovane Jeanneret potrebbe essere venuto a contatto con i testi di Henri già a La Chaux-de-Fonds, quando tra le sue letture, spesso orientate da L'Éplattenier, si contavano il già citato *Les Grands Initiés*[30] di Édouard Schuré e *L'Art de demain* di Henry Provensal. Quest'ultimo scrive a proposito dell'architettura: «I contrasti di ombra e di luce, di pieno e di vuoto, le conclusioni cubiche delle sue tre dimensioni costituiscono uno dei più bei drammi plastici del mondo»;[31] e ancora: «il dramma plastico si cristallizzerà sotto l'azione benefica della luce».[32] L'influenza di Provensal sul lessico corbusiano è stata evidenziata da Paul V. Turner, che ha studiato il periodo della formazione dell'architetto di origine svizzera.[33]

Negli anni Dieci e Venti, le cognizioni possedute da Le Corbusier in relazione ai meccanismi scientifici della visione sono vaghe e spesso vengono da lui strumentalizzate: «Poniamo che l'occhio sia un risonatore: possiede un coefficiente individuale come qualsiasi risonatore e sarà sensibile alle onde comprese all'interno di determinate quantità. (Sappiamo già che l'occhio è sensibile alle sensazioni luminose solo entro i limiti compresi fra certe grandezze.) Sosteniamo che il senso del bello, dell'indifferente o del brutto provenga dall'accordo, dalla coincidenza o dal disaccordo delle grandezze di vibrazione dell'oggetto e di quelle dell'organo di percezione. I risonatori più sensibili frequentemente sono gli artisti, è questo il motivo per cui spesso precedono il loro tempo: iniziatori».[34] Con una serie di asserzioni discutibili, relative alla possibilità di individuare gamme cromatiche universalmente ritenute "belle" e alla limitatezza della percezione dei colori ai tempi di Omero, Le Corbusier arriva persino a dimostrare che il progresso scientifico e quello artistico procedono di pari passo.[35] Da un punto di vista prettamente scientifico, anche le trattazioni di Henri sono a volte discutibili: partono dal presupposto che esista e sia univocamente riconoscibile la bellezza assoluta e armonica e proseguono con calcoli e funzioni che però, poggiando su questa fragile (ma all'epoca solidissima) base, appaiono oggi difficilmente sostenibili.

Se si scorrono i titoli dei libri posseduti da Le Corbusier,[36] si registrano alcune lacune: mancano completamente i testi fondamentali della letteratura igienista.[37] Si può supporre che l'imprinting igienista fosse talmente forte nei primi decenni del secolo da poter essere considerato un sapere imprescindibile, parte dello Zeitgeist, dunque noto al di là della conoscenza diretta delle fonti; ma non è da escludere che alcuni testi siano stati alienati. Sono assenti le opere di Adolphe-Augustin Rey (1864-1934), pubblicate a Parigi e molto diffuse e discusse all'epoca, soprattutto *Une révolution dans l'art de bâtir: l'orientation solaire des habitations*, del 1921, e *La science des plans de villes*, del 1928.[38] Eppure l'influenza delle teorie igieniste sulla produzione corbusiana è evidente nei suoi libri; in *La ville radieuse* del 1935, egli scrive: «L'axe héliothermique est l'armature du tracé urbain»[39] e aggiunge «chaque ville devrait avoir son axe vital fixé par le soleil. Ce tracé devrait être le premier geste de l'urbaniste et le premier acte de l'autorité. C'est la clef».[40]

La volontà di ottenere il maggior numero di informazioni possibili, di dati e suggerimenti, sui temi dell'illuminazione naturale e artificiale, dell'isolamento, della ventilazione, è dettata dal desiderio di disegnare scientificamente il *cadre de vie*

Fig. 4

30

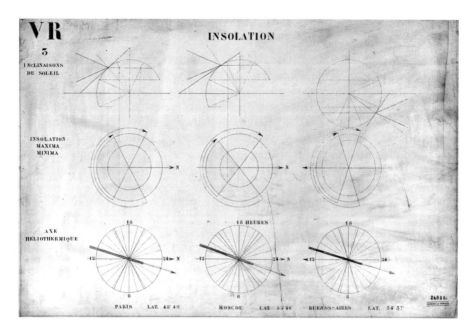

degli uomini. Oltre ai testi pubblicati, Le Corbusier va alla ricerca di nuove fonti di informazioni promuovendo un questionario in più parti, indirizzato agli specialisti di diversi settori: medici, impiantisti, fisici e architetti. Il questionario *Air-Son-Lumière* viene distribuito in occasione del CIAM di Bruxelles del 1930 e suscita reazioni negative; nonostante questo, Le Corbusier lo pubblica cinque anni dopo su *La Ville Radieuse*.[41] Inoltre la conferenza di apertura del CIAM di Atene del 1933 si intitola sempre *Air-Son-Lumière*;[42] nel suo discorso, Le Corbusier esordisce con un tributo alla storia (potere del *genius loci*), evocando le forme pure del Partenone, ammirato in gioventù, come ispiratrici della sua continua ricerca architettonica. Considerato il titolo della conferenza, ci si aspetterebbe un'esposizione dei risultati del questionario, che invece non viene menzionato: forse l'indagine non ha sortito i risultati auspicati. Tutta la prima parte della conferenza ripropone, in forma sintetica ma non meno retorica, la storia dell'origine della finestra a nastro e del *pan de verre* come punto d'arrivo nella ricerca di «plus de soleil sur son corps» e di un «maximum de lumière».[43] Il passaggio all'architettura moderna avviene dunque sotto l'impulso dato dalla continua ricerca di migliori e più salubri condizioni di vita, secondo parametri di ascendenza igienista. «Dès ce moment, la lumière entrait dans la maison par la totalité des façades et c'était, par rapport aux usages millénaires, une immense révolution. S'éveillant le matin, l'homme moderne pouvait recevoir en pleine figure l'éclat du soleil, voir s'étendre devant lui des espaces pleins d'harmonie. Il avait gagné une grande bataille».[44] Le tecniche costruttive moderne permettono di costruire facciate trasparenti, ma rendono necessario un elemento di filtro, o un eccessivo apporto di luce potrebbe risultare sgradevole: nel momento stesso in cui ripropone i temi della cultura igienista, Le Corbusier li supera. Il questionario non avrà raccolto risposte, ma le domande, ben poste, lo hanno spinto alla ricerca di nuove fonti.

Il primo testo igienista presente nella biblioteca di Le Corbusier è molto tardo, del 1937. Si tratta di un libro dell'ingegnere André Missenard (1901-1989)[45] intitolato *L'Homme et le Climat*,[46] con prefazione di Alexis Carrel, premio Nobel per la medicina; a giudicare dalle numerose note a margine, Le Corbusier deve aver studiato il libro con attenzione. Sulle pagine di apertura Le Corbusier scrive a matita un indice degli argomenti che lo interessano, spesso seguiti dalla sigla VR, che indica *La Ville Radieuse* (il libro di Le Corbusier è del 1935, dunque precede di due anni quello di Missenard): gli appunti «culture physique VR», «Soleil en VR» e addirittura «microbes en VR» testimoniano il fatto che Le Corbusier ha fatto proprio il programma proposto da Missenard, integrandolo al suo progetto. Il comportamento di lettura di Le Corbusier sembra riflettere la ricerca di una sintonia di idee e la necessità di "ritrovare il proprio pensiero"; le annotazioni riguardano inoltre la natura dei materiali, la luce, il colore, l'abbigliamento nei paesi con una forte insolazione e l'influenza dell'esposizione al sole sull'assimilazione dei cibi, in particolare delle vitamine. Campi elettrici, ionizzazione, qualità dell'aria, potere germicida della «lumière destructrice» sono altri temi trattati nel volume a cui Le Corbusier è interessato.

Nella prefazione al libro, Carrel sostiene a più riprese che l'ambiente influenza lo sviluppo psicofisico dei bambini e scrive: «la carence lumineuse est en partie à l'origine des déficiences infantiles».[47] Tra i danni causati ai bambini da una scarsa esposizione al sole, Missenard annovera il rachitismo e in generale le malattie delle ossa, mentre le cure elioterapiche sono considerate fautrici di un migliore sviluppo di muscoli, ghiandole e di tutti i ritmi metabolici. Le Corbusier sottolinea questi passaggi del testo, alla cui luce si possono rileggere le celeberrime fotografie scat-

_ Figura 5.
Le Corbusier, Unité d'Habitation, girotondo di bambini sul tetto dell'edificio, Marseille, 1945-1952 (foto Louis Sciarli, © FLC / 2014, ProLitteris, Zurich).

_ Figura 6.
Le Corbusier, Couvent
Sainte-Marie de la Tourette,
ombre prodotte dai pannelli
"Ondulatoires", Eveux, 1953
(foto Hélène Binet, 2007,
© FLC / 2014, ProLitteris,
Zurich).

33

Fig. 5   tate sul tetto dell'Unité di Marsiglia. I bambini che giocano al sole completano la loro formazione nell'ambiente ottimale: elioterapia per il corpo ed educazione degli occhi alle forme disposte dall'architetto nella luce. Il valore poetico e retorico di queste immagini è innegabile, eppure non bisogna dimenticare che Le Corbusier doveva leggervi anche il risultato dell'applicazione di un programma definito su basi scientifiche e mediche.

Nel dicembre 1951, Le Corbusier coinvolge Missenard, conosciuto di persona tramite Alexis Carrel,[48] come consulente nella gestazione di Chandigarh,[49] chiedendogli di verificare gli studi preliminari prodotti, tra i quali la *grille climatique* elabo-

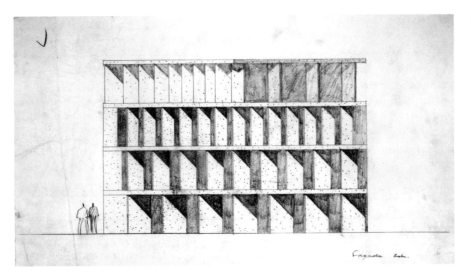

_ Figura 7.
Le Corbusier, Tour d'ombres, prospetto est, Chandigarh, 1950-1965 (FLC 5727, © FLC / 2014, ProLitteris, Zurich).

34

rata da Iannis Xenakis. Abbandonata l'idea di una soluzione progettuale universalmente applicabile, come l'*air exact*, Le Corbusier si fa sostenitore di un'architettura "georeferenziata" e promuove l'elaborazione di una serie di dati che confluiscono nella *grille climatique*, strumento imprescindibile per determinare l'orientamento ottimale dell'edificio e dei *brise-soleil*. Il rapporto di Le Corbusier con le sue fonti è in questo caso estremamente diretto: dal libro passa alla conoscenza personale e alla collaborazione professionale, a testimonianza della sua volontà di acquisire informazioni il più possibile aggiornate, specifiche e funzionali al progetto.

Per quanto concerne la letteratura igienista, nella biblioteca di Le Corbusier è presente il manuale *Hygiène de l'Habitation*, scritto nel 1947 dal medico Albert Besson.[50] Il libro ha lo stesso titolo del volume di Rey pubblicato postumo l'anno precedente, nel 1946. A differenza del testo di Missenard non presenta tracce d'uso, ma appartiene allo stesso filone letterario di manualistica per il miglioramento delle condizioni di salubrità della residenza e della qualità di vita dei suoi abitanti.

Nel secondo dopoguerra, il più importante e innovativo collaboratore di Le Corbusier per quanto concerne il disegno della luce è Iannis Xenakis. Ingegnere e compositore di origine greca, dal 1948 al 1958 egli mette a disposizione di Le Corbusier competenze approfondite di natura sia scientifica che artistica, coniugate con un atteggiamento profondamente umanista. Il primo risultato di questo nuovo metodo progettuale è il disegno degli Ondulatoires per il convento della Tourette: si tratta di un'evoluzione del *pan de verre*, con una partizione flessibile della superficie vetrata, secondo quanto scrive Le Corbusier in un documento che doveva accompagnare la richiesta di rilascio di un brevetto a protezione di questa invenzione.[51] In una nota di Le Corbusier per Wogenscky si legge: «Je pense que l'on devrait prendre un brevet pour les pans de verre "harmoniques" … Voyez ce qui est arrivé pour les brise-soleil! Si nous les avions protégés nous serions des types de la catégorie Rockefeller!!!».[52] I documenti per depositare il brevetto sono pronti dopo poco più di un mese, ma non vengono mai consegnati, nonostante le insistenze di Le Corbusier.[53]

La partizione degli Ondulatoires è il risultato dell'applicazione combinata delle due serie del Modulor, la blu e la rossa, e la proiezione a terra delle luci e delle ombre muta a seconda delle ore e delle stagioni, generando l'equivalente di una fuga bachiana, realizzata impiegando variazioni sul tema principale, che è appunto quello costruito in vetro e cemento. Come in una partitura musicale, la facciata è composta utilizzando tre variabili: melodia e armonia (rispettivamente l'elemento orizzontale e quello verticale) e ritmo (ovvero l'alternanza tra pieni e vuoti). Le variazioni sul tema, cioè le proiezioni a terra, sono potenzialmente infinite ma, essendo generate da una composizione armonica, sono luci e ombre eufoniche, sempre consonanti e, come si nota osservando gli scatti di Hélène Binet, anche estremamente fotogeniche.

Fig. 6

Le competenze raggiunte a questo punto dall'atelier di rue de Sèvres sono tali da poter coordinare *brise-soleil* disposti secondo la *grille climatique* e Ondulatoires in modo da poter realizzare un'utopia: costruire ai tropici uno spazio ventilato ma al riparo dal sole, la Tour d'Ombres. È Xenakis a occuparsi del progetto, una scultura abitabile disegnata in modo tale da precludere sempre, a ogni ora e giorno dell'anno, l'ingresso dei raggi solari. Lo stesso Le Corbusier, che nel 1929 aveva scritto «Non v'è dubbio che io faccio uso abbondante della luce; la luce è, a mio avviso, l'alimento basilare dell'architettura. *Io compongo con la luce*»,[54] si ritrova a scolpire lo spazio dell'ombra.

Fig. 7

In questa ultima fase della produzione corbusiana, la regia della luce è delegata a specialisti come Missenard e Xenakis, coinvolti direttamente nel progetto: è la capitolazione dell'"architetto generalista".[55]

Conclusioni

Alla luce delle considerazioni proposte, si ritiene riduttivo proporre una lettura finalistica delle mutazioni che interessano il pensiero sulla luce di Le Corbusier nel corso della sua lunga ed eterogenea avventura nel mondo dell'arte e dell'architettura. Sia quando si trova a plasmarla come progettista, sia quando nei suoi testi le conferisce il ruolo di generatrice dell'architettura, Le Corbusier procede in modo analitico, cercando la soluzione a un problema specifico del progetto, sia esso di natura estetica o funzionale. Anche nei confronti di temi ed elementi progettuali che sono costantemente al centro della sua riflessione, egli è in grado di mutare radicalmente il proprio punto di vista, alla ricerca di un continuo miglioramento nella risposta al programma progettuale. La capacità evolutiva dimostrata nei confronti del progetto si riscontra anche nella selezione delle fonti e nella capacità di manipolarle a seconda degli obiettivi fissati.

La poetica della luce, legata a doppio filo con l'estetica purista, è un discorso diverso e non per questo più limitato o riduttivo rispetto all'etica (divenuta poi retorica) della *journée solaire*. E non bisogna dimenticare che, se gli sporti degli anni Venti hanno principalmente un valore formale, anche i *brise-soleil* del periodo maturo vengono concepiti all'interno dell'estetica brutalista. Nell'opera di Le Corbusier i significati sono molteplici e l'intreccio di principi etici ed estetici costruisce sempre una forma di retorica autocelebrativa, sia essa quella del purismo, dell'igienismo o del brutalismo.

_ 1. Le Corbusier, *Verso una Architettura*, a cura di P. L. Cerri, P. Nicolin, Milano 2003 (1923), p. 16.

_ 2. Le Corbusier, A. Ozenfant, *Oltre il Cubismo*, Christian Marinotti, Milano 2011 (1918), p. 65.

_ 3. Le Corbusier, *Verso una Architettura*, cit. alla nota 1, p. 95.

_ 4. Le Corbusier, *Verso una Architettura*, cit. alla nota 1, p. 92.

_ 5. Le Corbusier, *Precisazioni sullo stato attuale dell'architettura e dell'urbanistica*, a cura di F. Tentori, Laterza, Roma-Bari 1979 (1930), pp. 52, 54, 67, 69.

_ 6. H. Sobin, *De la science à la poésie: l'utilisation de la lumière naturelle dans l'œuvre de Le Corbusier*, in *Le Corbusier et la nature*, IIIᵉ Rencontre de la Fondation Le Corbusier, Éditions de La Villette, Paris 2004, pp. 74-81. D. Siret, *Ensoleillement (première partie)*, in *Le Corbusier – Plans*, DVD n. 7 (coffret 2), Ed. Echelle-1 C/o Codex Images International, 2005.

_ 7. Infatti il Purismo si propone come obiettivo l'espressione chiara e sintetica dell'invariante attraverso la ricerca dell'ordine compositivo e l'impiego delle leggi dell'armonia.

_ 8. Le Corbusier, *Une maison, un palais*, Crès, Paris 1928, p. 125. Citato da H. Sobin, *De la science à la poésie*, cit. alla nota 6, p. 75.

_ 9. Le Corbusier, *Précisions sur un état présent de l'architecture et de l'urbanisme*, Crès, Paris 1930, p. 56. Citato da H. Sobin, *De la science à la poésie*, cit. alla nota 6, p. 75.

_ 10. H. Sobin, *De la science à la poésie*, cit. alla nota 6, pp. 75-77.

_ 11. B. Reichlin, *The Pros and Cons of the Horizontal Window. The Perret - Le Corbusier Controversy*, "Daidalos", 13, 1984, pp. 65-78.

_ 12. Secondo la periodizzazione di Sobin, mentre Siret indica come apertura del secondo periodo l'inizio degli anni Trenta.

_ 13. D. Siret, *Généalogie du brise-soleil dans l'œuvre de Le Corbusier: Carthage, Marseille, Chandigarh*, in *Filiation(s)*, Cahiers Thématiques, n. 4, École d'Architecture de Lille, Jean-Michel Place, ottobre 2004, pp. 169-181. A proposito dei *brise-soleil* corbusiani, cfr. C. Mackenzie, *Le Corbusier in the sun*, "The Architectural Review", vol. 192, n. 1152, febbraio 1993, pp. 71-74.

_ 14. F. Samuel, *La cité orphique de La Saint-Baume*, in *Le symbolique, le sacré, la spiritualité dans l'œuvre de Le Corbusier*, Rencontres de la Fondation Le Corbusier, Éditions de la Villette, Paris 2004, pp. 121-138; F. Samuel, *Le Corbusier in Detail*, Elsevier-Architectural Press, Oxford 2007, pp. 73-126.

_ 15. É. Schuré, *Les Grands Initiés. Esquisse de l'histoire secrète des religions. Rama, Krishna, Hermès, Moïse, Orphée, Pythagore, Platon, Jésus*, Perrin, Paris 1889.

_ 16. I. Zaknic, *The Final Testament of Père Corbu: A Translation and Interpretation of Mise Au Point*, Yale University Press, New Haven, CT 1997, p. 97.

_ 17. F. Samuel, *La cité orphique*, cit. alla nota 14, p. 135.

_ 18. F. Samuel, *Le Corbusier in Detail*, cit. alla nota 14, p. 91.

_ 19. R. Papillault, *L'éblouissement et le contre-jour dans l'atelier du 24 N.C.*, in *Le Corbusier. L'œuvre plastique*, Fondation Le Corbusier-Éditions de la Villette, Paris 2005, pp. 203-215.

_ 20. Le Corbusier, *Quando le cattedrali erano bianche. Viaggio nel paese dei timidi*, Marinotti, Milano 2003 (1937), pp. 47-48.

_ 21. M.A. Steane, *The Architecture of Light. Recent Approaches to Designing with Natural Light*, Routledge, New York 2011, pp. 9-34.

_ 22. M.A. Steane, *The Architecture of Light*, cit. alla nota 21, p. 25.

_ 23. Scritti di Ch. Henri: *Rapporteur esthétique*, Seguin, Paris 1888; *Cercle cromatique*, Verdin, Paris 1888; *Esthétique et psychophysique*, "Revue philosophique", n. 29, 1890; *Harmonies de formes et de couleurs*, Hermann, Paris 1891; *L'esthétique des formes*, "La Revue blanche", n. 7, 1894; *Sensation et énergie*, Hermann, Paris 1910; *Mémoire et habitude*, Paris 1911; *La lumière, la couleur et la forme*, "L'esprit nouveau", 1921. Su Ch. Henri: R. Mirabaud, *Charles Henri et l'idéalisme scientifique*, Fischbacher, Paris 1926; C. Andry-Bourgeois, *L'œuvre de C. Henri et le problème de la survie*, Meyer, Paris 1931; F. Warrain, *L'œuvre psychobiophysique de Charles Henri*, Gallimard, Paris 1931; J.F. Revel, *Henri et la science des arts*, in "L'œil", 1964; J.A. Arguelles, *C. Henri and the Formation of a Psychophysical Aesthetic*, University of Chicago Press, Chicago 1972.

_ 24. Ch. Henri, *La Lumière, la Couleur et la Forme*, "L'Esprit Nouveau", 6, marzo 1921, pp. 605-623; id., *La Lumière, la Couleur et la Forme II*, "L'Esprit Nouveau" 7, aprile 1921, pp. 729-776; id., *La Lumière, la Couleur et la Forme (suite)*, "L'Esprit Nouveau", 8, maggio 1921, pp. 946 e sgg.; id., *La Lumière, la Couleur et la Forme (fin)*, "L'Esprit Nouveau", 9, giugno 1921, pp. 1068 e sgg.

_ 25. Ci riserviamo di tornare sull'argomento in altra sede.

_ 26. R. Gabetti, C. Olmo, *Le Corbusier e "L'Esprit Nouveau"*, Einaudi, Torino 1975, p. 121.

_ 27. Le Corbusier, *Precisazioni*, cit. alla nota 5, p. 73.

_ 28. «Un appareil photographique dispose d'un objectif dont la lentille totale permet de travailler dans les régions arctiques; pour travailler au Sahara, on invente le diaphragme. Telle est pour notre façade de verre, le problème à résoudre; c'est un simple problème technique» (Le Corbusier, *Air-Son-Lumière*, conferenza tenuta in occasione del IV CIAM ad Atene, nel giardino della scuola politecnica, 4 agosto 1933. Stenografia della conferenza conservata alla Fondation Le Corbusier, documenti FLC B3-5-113/120, qui 116).

_ 29. Ch. Henri, *La Lumière*, cit. alla nota 24, p. 616.

_ 30. É. Schuré, *Les Grands Initiés*, cit. alla nota 15.

_ 31. H. Provensal, *L'Art de demain: vers l'harmonie intégrale*, Perrin, Paris 1904, p. 159.

_ 32. *Ibidem*, p. 312.

_ 33. P.V. Turner, *La formazione di Le Corbusier. Idealismo e movimento moderno*, Jaca Book, Milano 2001, p. 44.

_ 34. Le Corbusier, A. Ozenfant, *Oltre il Cubismo*, cit. alla nota 2, p. 46.

_ 35. *Ibidem*, p. 48.

_ 36. Il catalogo completo della sua biblioteca, con l'annotazione delle edizioni possedute, è pubblicato in: A. Dercelles, *Catalogue de la bibliothèque personnelle de Le Corbusier*, in *Le Corbusier et le livre. Les livres de Le Corbusier dans leurs éditions originales*, catalogo della mostra, Col·legi d'Arquitectes de Catalunya, Barcelona 2005.

_ 37. Cfr. S. Descat, E. Monin, D. Siret, *Introduction à une histoire du soleil dans la ville*, in S. Descat, E. Monin, D. Siret (a cura di), *La ville durable au risque de l'histoire*, ENSA Lille, Ed. Jean-Michel Place, Paris 2006.

_ 38. A.-A. Rey, *Une révolution dans l'art de bâtir: l'orientation solaire des habitations,* J. Meynial, Paris 1921; A.-A. Rey, J. Pidoux, C. Barde, *La science des plans de villes, ses applications à la construction, à l'extension, à l'hygiène et à la beauté des villes, orientation solaire des habitations*, Payot et Cie, Lausanne; Dunod, Paris 1928.

_ 39. Le Corbusier, *La Ville Radieuse*, Éditions de l'Architecture d'Aujourd'hui, Boulogne-sur-Seine 1935, p. 159.

_ 40. *Ibidem*.

_ 41. *Ibidem*, pp. 47-50.

_ 42. Le Corbusier, *Air-Son-Lumière*, cit. alla nota 28.

_ 43. *Ibidem*, FLC B3-5-115 e 116.

_ 44. *Ibidem*, FLC B3-5-113/114.

_ 45. Presso la Fondation Le Corbusier è in corso la ricerca *Le Corbusier et André Missenard: du climat artificiel à l'architecture bioclimatique (1937-1965)*, condotta da Ignacio Requena Ruiz.

_ 46. A. Missenard, *L'Homme et le Climat*, prefazione di A. Carrel, Plon, Paris 1937.

_ 47. *Ibidem*, p. II.

_ 48. Il nome di Le Corbusier non compare nei ringraziamenti del libro di Missenard, dunque probabilmente i due si conoscono successivamente, nel periodo compreso tra il 1937, data di pubblicazione del libro, e il 1944, anno della morte di Carrel. Cfr. A. Missenard, *L'Homme et le Climat*, cit. alla nota 50, p. XI. «J'espère qu'il *[le livre]* vous rappellera le temps où nous nous rencontrions rue de la Baume, dans le voisinage de Carrel» (lettera di André Missenard a Le Corbusier dell'11.04.1954 (FLC E2-16-21)).

_ 49. Lettere di Le Corbusier a André Missenard del 3 dicembre 1951 (FLC E2-16-14) e del 6 dicembre 1951 (FLC E2-16-15); lettera di André Missenard a Le Corbusier del 12 dicembre 1951 (FLC E2-16-16); lettera di Iannis Xenakis a André Missenard del 29 dicembre 1951 (FLC E2-16-17).

_ 50. A. Besson, *Hygiène de l'Habitation*, Baillière et fils, Paris 1947.

_ 51. Le Corbusier, *Brevet ou Modèle déposé pour les pans de verre dénommés "Ondulatoires"*, 12 luglio 1955. FLC T2-7-252.

_ 52. Nota per André Wogensky dettata da Le Corbusier l'8 giugno 1955. FLC T2-7-250.

_ 53. Nota per Iannis Xenakis dettata da Le Corbusier il 6 ottobre 1955. FLC K3-7-781. Per i brevetti depositati da Le Corbusier cfr. J. Petit, *Le Corbusier BSGDG. Breveté sans garantie du gouvernement*, Fidia, Lugano 1996.

_ 54. Le Corbusier, *Precisazioni*, cit. alla nota 5, p. 152.

_ 55. Ch. Frank, B. Pedretti (a cura di), *L'architetto generalista*, Mendrisio Academy press / Silvana Editoriale, Mendrisio / Cinisello Balsamo 2013.

37

Marcel Bächtiger

From the Dark Chamber of the Lumière Brothers

Le Corbusier in the Reflection of Cinematic Light

Last night I was in the kingdom of shadows. If you only knew how strange it is to be there!
Maxim Gorki, *Lumière's Cinematograph*, 1896.

Dark Beginnings

The birth of cinema is commonly dated to the 28th of December 1895, when the Lumière brothers first projected moving images for a paying audience in Paris.[1] In the Lumière's *cinématographe*, which in a few steps could transform from a camera into a projector, film found both a manageable apparatus and – more importantly – its homeland. When the early French film theorist Ricciotto Canudo stated in 1922 that the *seventh art* was born from the "chambre noire des frères Lumière",[2] the term "dark chamber" obviously referred to the *camera obscura*. But it meant not only the technologically advanced recording device (the film camera), but also – on a larger scale, so to speak – the basement of the Grand Café in Paris, where from 1895 onwards more and more curious people gathered to watch the one-minute films that were projected by a bright beam of light onto a screen (the cinema).[3]

It is worth knowing that this basement on the Boulevard des Capucines was a modest establishment: a narrow staircase led down to an entrance hall with toilets and then to a low room without natural light, for which, until then, the director of the Grand Café had found no use. For the film presentations, the room was filled with a hundred chairs, a turnstile was mounted to monitor attendance, and a ventilator was installed as there was no supply of fresh air.[4] As if history anticipated Jean-Louis Baudry's famous analogy of 1975 between the film-experience and Plato's parable of the cave,[5] already in its first realization the cinema manifested itself as an underground cavern without reference to the external world, a bleak space in whose darkness the only visible thing was a fleeting projection of flickering light.

"Last night I was in the kingdom of shadows...": It remains provisionally to be noted, that the first steps of cinematography literally took place in the dark – a necessary condition for film, which in and of itself was for Canudo nothing other

_ Figure 1.
Le Corbusier, La Chapelle
du Notre-Dame-du-Haut,
Ronchamp, 1955 (in E. Nagy,
Le Corbusier, Akadémiai
Kiadó, Budapest 1977, p. 24,
© FLC / 2014, ProLitteris,
Zurich).

40

than light: "the play of lights, harmonization of the conditions of lights ...".[6] At least until the advent of television, which at once ushered in a different kind of image production and an altered receptive behavior, the act of seeing a film must therefore be understood as a genuine experience of light.

"The only two Arts of our Time"

When Charles-Edouard Jeanneret set out in 1911 on his *voyage d'orient*, the intense play of light on the *Blumentag* (flower day) in Vienna did not remind him of an impressionist painting, but – not so surprisingly in view of the previously noted observations – of the cinema. In his notes, Jeanneret described the streets decorated with flowers as "a stunning procession that passes between the black colonnade of tree trunks bearing an immense barrel vault that recedes as far as the eye can see ... The eye becomes confused, a little perturbed by this kaleidoscopic cinema where dance the most dizzying combination of colors".[7]

Treated here as a casually interjected metaphor, film later took a much more prominent place in Jeanneret's thinking, once he had reinvented himself under the name Le Corbusier. The Parisian avant-garde of the 1920s considered cinematography as holding a "messianic promise",[8] and, each with its own focus, the varying artistic currents of the epoch all laid claim to this new medium.[9] Modern architecture was no exception. In 1928, Le Corbusier stated: "Cinema and architecture are the only two arts of our time".[10] And Sigfried Giedion wrote with view to the buildings of the former: "Still photography does not capture them clearly. One would have to accompany the eye as it moves: only film can make the new architecture intelligible!"[11] That of all the arts it is architecture which stands closest to film, was on the other hand the opinion of the filmmaker René Clair, because – and this was not meant as a contradiction – "film's aesthetic ... comprises only one word: movement".[12] Comparing such statements with Jeanneret's note of 1911, two alterations are remarkable: first, the shift from *cinema* to *film*, and second, the explicit emphasis on the aspect of *movement*.

Obviously, the mobilization of the gaze, the penetration of space or the fluid montage of sequences of images are all phenomena which apply both to film and to the spatial conceptions of modern architecture, in particular to Le Corbusier's *promenade architecturale*, the higher goal of which was always the *réaction poétique* induced by the perception of space and volume *en mouvement*.

However, this parallelism is also an over-simplification. When Giedion associates the movement of filmic images with modernity's conception of space, he does so by deliberately focusing on an especially "applicable" aspect of cinematography, which was then intended to broadly demonstrate the close relationship between the two disciplines. Other aspects, whose integration into the ideology of modern architecture would have been more problematic or would have even contradicted it, were excluded from the interpretation – a process that re-resonates in current architectural research, which at the latest since the 1990s is concerned with the rediscovered topic of "film and architecture". The affinity to the "filmic gaze" affirmes – then as now – architecture's modernity.[13]

By merely shifting one's focus from film to the cinema (which, in view of the fact that film and cinema until the middle of the century formed an inseparable perceptive entity, is more than legitimate) a far more ambiguous picture emerges. In fact, it is almost impossible to imagine a type of space that contradicts the modernist paradigm of "light, air and openness"[14] as decidedly as the movie theatre – a dark vessel, completely isolated from the outside world, in whose sometimes stuffy atmosphere people are condemned to on-going passivity. Only thanks to the darkness of the cinema, however, could film become that "mysterious art"[15] which was related to hypnosis, dreaming and the occult by the French film theory of the 1920s – a discourse which was even reflected in Ozenfant's and Le Corbusiers's Purist journal "L'Esprit Nouveau",[16] but was largely ignored when the parallel between film and architecture was constructed.

As soon as we reposition film back into its concrete spatial context, the much-asserted affinity between the two disciplines emerges as a contradictory and sometimes problematic relationship, which – especially with regard to the themes of light and darkness – raises new and unexpected questions. If film really is the "modernist art par excellence"[17] that influenced the culture of the 20th century like no other, and if Le Corbusier's work truly was "filmic from the beginning" and "unthinkable without photography and film",[18] then what role did the darkness of the cinema play, a darkness without which it was impossible to show the film?

41

Seeing and Insight

Le Corbusier ascribed a spiritual dimension to light far beyond hygienic concerns. For him, nothing less than the clarity of thought, the repeatedly invoked *esprit de vérité*,[19] depended on the presence of light. This spirit of truth can not flourish in semi-darkness – in black corners, one can not think clearly.[20] Instead it appears only in the building's precise contours, in forms raised to the status of pure ideas. It can be easily shown that Le Corbusier's buildings from the 1920s, from the Atelier Ozenfant to the Villa Savoye, serve this double objective of seeing and insight: the visibility of *forms in light* enables the beholder to grasp their underlying ideas (provided, of course, he has eyes to see).[21]

If André Delpeuch, one of the first chroniclers of French cinema, declared "visibilité" the "grande principe"[22] of cinematography, or if the director Henri Chomette claimed that film is entirely made up of "light, rhythm and form",[23] this appears at first glance to be related to Le Corbusier's conception of architecture. But while Le Corbusier reflected on an aesthetic ideal, Delpeuch's "principle of visibility" was above all a response to a practical problem in filmmaking. Because the representation of movement in film required a rapid sequence of images, which in turn required shorter exposure times than were previously known in photography, in order to make anything *visible* the film rolls needed to be exposed to a maximum intensity of light. Under an armada of floodlights, however, the contrasts disappeared; and to render the forms recognizable the set designers were obliged to artificially paint in the shadows onto the scenery.[24]

Thus, when in one of the many metaphors of light that can be found in the film theories of the time, the filmmaker is identified as a "peintre des lumières",[25] what is meant is less the painterly lighting arrangement of the setting (for this purpose, the artistic possibilities were too limited), but rather the way in which the film appears to the spectator in the cinema. The image is no longer material, but exists only as a projection of light. This confirms the initially formulated observation that film and cinema form a dichotomous whole: the visibility of the images in the cinema owes as much to the light of the projector as to the darkness of the hall.

Far away from Reality

One would certainly not do justice to cinematography if one were to understand the darkness of the cinema merely as an optical necessity. Quite apart from the fact that the darkness of the hall cloaked latent desires (for example, some of the Parisian *cinéma-palaces* were infamous for the erotic goings-on in their dim aisles), the specific mode of perception contributed decisively to the fact that the moving image was not only perceived as a mere technical achievement, but equally as a magical and wonderful phenomenon – as a "merveille"[26] or as "magie blanche et noire".[27]

In fact, a conspicuous number of texts from early French film theory are concerned more with the cinematic experience as such than with the aesthetic finesse of the films themselves. This experience is often described as mythical, whereby the regime of light plays a central role. "The lights go out", reports for example the young Luis Buñuel in 1927 in the Spanish journal "Gaceta literaria", and he goes on to ask:

_ Figure 2.
Fernando Jacopozzi,
movie theater Cinéma des
Nouvautés – Aubert-Palace,
entrance façade, Paris, 1915,
illumination around 1920
(photo 1925).

43

"Spiritism? Rusty shadows glow anew in a second existence…".[28] Jean Goudal in turn builds his analysis of cinema as "hallucination consciente" on the description of the mental state into which the spectator is transposed by the "purring" of the perforated celluloid in the darkness. "Life in the street outside no longer exists", he writes in 1925: "Our problems evaporate, our neighbors disappear. Our body itself submits to a sort of temporary depersonalization which takes away the feeling of its own existence. We are nothing but two eyes riveted to ten square meters of white canvas".[29] When the light in the hall comes back on, according to René Clair in 1923, one rises: "Moments ago, people were sitting in a trance".[30]

Cinematography's power of suggestion rests, on one hand, on the phenomenon that the film historian Klaus Kreimeier has described as the actual "novelty, which film brings to cultural history", namely the "dialectic of visual richness (of the image) and limited freedom (of the recipient)".[31] On the other hand, however, this suggestive power feeds on the fact that despite its undoubted novelty the cinematic experience repeats the ritual mythical "journey", which already in the distant past was meant to foster what Goudal described as a "depersonalisation", and with it a change in consciousness.[32] The threshold between light and gloom appears in the initiation rites in human history in many different forms, but always refers to that "mythical sense of space", which according to Ernst Cassirer "everywhere emanates from the contrast between day and night, light and darkness".[33] These correlations are unlikely to have escaped Le Corbusier, who remained throughout his life influenced by the esoteric writings of the turn of the century.[34]

The transition from the street to the cinema, the slow darkening of the hall at the beginning of the show, the brief moment in complete darkness before the events run their course on the canvas, then, at the end, the abrupt flare of the hall lights and the return to reality – all this puts film in a context, which not only assists the optical illusion, but also raises visiting the cinema to the level of a revelatory experience.[35] At this, also the illuminated façade of the cinema plays its part, giving spectators a faint hint of those unseen worlds into which the light of the projector will transport them. Le Corbusier was well aware of the hypnotic quality of the cinematic experience and the shock of the subsequent return to sober reality. The sudden withdrawal from the world of film to the "pavement of everyday and banal life" was for him a dismal experience: "There's nothing left! Nothing's happening… It's despairing to turn one's back on the screen like this… that's what cigarettes were invented for".[36]

Fig. 2

The following words of Le Corbusier can easily be linked to this context: "I went to the cinema", he wrote in 1918 to his friend William Ritter shortly after arriving in Paris, "where the fantastic journeys of American films carry one's thoughts far, far away, one's whole being…".[37] To be "carried far, far away" asks that a person frees itself from the confines of reality. The wonder of film, which basically lies in its ability to conjure up perpetually new imaginary spaces before our waking eyes, requires a dissociation from everyday space and the immersion into disconnected blackness. Suddenly appearing out of the darkness, the film can thus manifest itself as a "completely new art".[38]

The Spectacle of Architecture

Beatriz Colomina postulates that Le Corbusier's houses are "staged as filmic narratives",[39] which is certainly apposite for the buildings of the interwar period. Following this argument, one might speculate that this "architecture-film" is embedded in a spatial context which in turn relies on a cinematic disposition, in order to stage modern spatiality as a *completely new* perceptual experience, just as the cinema setting does for film.

In fact, a comparison with the cinema yields striking similarities. Behind the inconspicuous black entrance door of the Maison La Roche (1925) one is not confronted with one of those modernist spaces, where "the shells fell away between interior and exterior",[40] but instead there is an entirely self-contained and at first glance windowless space. The visitor stands in darkness below a low gallery, and looks onto a wall extending over three floors in height – a completely white surface which is empty save for a small ledge, inevitably making one think of a cinema screen. This impression is reinforced by the large window, which – hidden from view through the gallery – illuminates the wall like a colossal light projector. Thus, one enters the Maison La Roche like a cinema: one leaves the external world behind and comes into a space which completely obeys its own laws both in scale and in the modeling of light and shadow. This abrupt disconnection from the outside world is necessary to draw the attention of the visitors unerringly to what they should be looking at from this point on, namely the "architectural spectacle that unfolds before the eye".[41] Since the screen opposite the entrance inevitably remains empty, visitors are encouraged to gaze around, to move. "One follows a path, and perspectives develop in great variety"[42] – in other words, the film has begun.

Fig. 3

The Immeuble Molitor (1931-1934) offers a variation on the same theme. Before one accesses the light-flooded apartments, one is led deep into the interior of the building on the ground floor: one follows a narrow curved passageway that rises slightly and leads to a spacious but unadorned entrance hall, illuminated only by four skylights paneled with frosted glass. Again there is a dark and self-oriented space placed between the outside world and the imminent spectacle of a new architecture which "strives towards the light".[43] The cinematographically cued staging of a dark threshold makes the visitor receptive to the subsequent spatial images which present themselves as dreamlike (light-)visions. This is a dramaturgic device which was well known among cinema operators. As can be read in the guide *Comment lancer un cinéma et le conduire à la prospérité* of 1928, the gradual darkening of the

45

_ Figure 3.
Le Corbusier, Maison La Roche, entrance hall, Paris, 1925 (in "L'Architecture Vivante", automne-hiver 1926, p. 16, © FLC / 2014, ProLitteris, Zurich).

hall at the beginning of the show was intended to lull the cinema-goers into a state of extreme receptivity ("un état extrêmement réceptif").[44]

Dim light does not represent the essence of Le Corbusier's architecture, but it serves to raise the moment of transition to the visible manifestation of an ideal form. This is a strange, basically contradictory fusion of neoplatonic and mythical conceptions of space, but one that goes hand in hand with those "well known illogicalities" of Le Corbusier that, as Reyner Banham has rightly asserted, contributed more to the acceptance of his ideas (and one might add, to the impact of his realized buildings) than to their miscommunication.[45] In his *New World of Space* from 1948, Le Corbusier would claim that the insight into the idea underlying a work can not be acquired by simply anyone. Rather, the idea is only disclosed to those who patiently seek the truth: "In a complete and successful work there are hidden masses of implications, a veritable world which reveals itself to those whom it may concern, which means: to those who deserve it".[46] Viewed from this perspective, the embedding of neoplatonic conceptions of space into a mythologizing spatial order (i.e. one that follows the principles of initiation) is only logical.

"How the Night is Alive...!"

Obviously the cinema was not the first place where a dualism between light and darkness occured; however, in the cinema, it was newly formulated and took on a modern effectual form. As it is, the contradictory dialectician Le Corbusier was not one of those architects who – faced with the call for light, air and sun – lost his sense for shadows and darkness. Cinematography served him as a model, which showed him how darkness could become part of a contemporary dramaturgy of space.

While in Le Corbusier's buildings of the 1920s darkness was limited to threshold spaces (and in the eyes of most critics was outshone by the white surfaces of the Purist architecture), the dualism of light and darkness became more pronounced in the sacred architecture that he designed after the Second World War. Printed in the *Œuvre complète* next to the project for La Sainte-Baume that included a cave-chapel located deep in the interior of a massive rock with long light-wells for the sun, is an excerpt from the *poème de l'angle droit* which can be understood as a belated rehabilitation of the dark corners he had long disdained. In the poem, night and its vibrancy ("How the night is alive...!") are lyrically treated as equals to the bright space of day, and sleep ("that other side of life") is interwoven with the poetic image of a large cave.[47] Fig. 4

With the help of the analogy of film and the cinema, the irritation caused by a building like the Ronchamp Chapel can be explained relatively conclusively: while the cinema and its light were still present, the "modern film" was no longer showing. In other words: in a space like that of Ronchamp, the clear forms designed to be discernible in light are missing. Now it is light and darkness themselves that are intended to be visible. It is no coincidence that Le Corbusier describes Ronchamp as a vessel ("vaisseau"), because one of the main intentions of the chapel's architecture is the reception, collection, modeling and dramatizing of the shifting sunlight, thus making it a visible and discernible manifestation for the observer – a sculpturally

Car le gîte profond
est dans la grande caverne du sommeil
cet autre côté de la vie
dans la nuit.
Comme la nuit est vivante
riche dans les entrepôts
les collections
la bibliothèque   !
les musées du sommeil !

poème de
L' > +

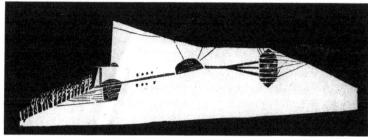

La Basilique souterraine traverse la montagne du versant nord au versant sud. (Dessin Trouin)

_ Figure 4.
Le Corbusier, project for La Sainte-Baume, 1948 (in Le Corbusier, *Œuvre complète 1946-1952*, ed. by W. Boesiger, Girsberger, Zürich 1953, p. 29, © FLC / 2014, ProLitteris, Zurich).

formed *chambre noir*, with close echoes of the ambiguous character of the Lumière's *cinématographe* which was simultaneously a camera and a cinema, a light receiver and a projector. What at first glance appears to be neither modern nor filmic, can in fact be read as a late reference to the first experiences of light in a cinema. Standing in front of the chapel's south wall, interspersed with colorful windows which project sunlight into the interior in myriad shades, one can not help thinking of the young architect's impressions of Vienna's flower day, of that "kaleidoscopic cinema where dance the most dizzying combination of colors".[48]

"*Last night I was in the kingdom of shadows…*": Although confined here to a sketch, the considerations outlined above have been presented in the belief that they are relevant for an understanding of the "poetic" (in the Corbusian sense) potentials implied in cinematography as a unity of film *and* cinema, of medium *and* place – potentials that became effective in architecture, and probably still are. Simply considering the mechanical aspect of the "moving image" does justice to neither the phenomenon of cinematography, nor to the challenges the architecture of Le Corbusier continues to present us with. Rather, it seems apposite to recognize the cinema, in André Breton's words, as that place where – quite independent of the film being shown – "the only *absolutely modern* mystery is celebrated".[49]

47

_ 1. See T. Elsaesser, *Filmgeschichte und frühes Kino. Archäologie eines Medienwandels*, Text + Kritik, München 2002, p. 37.

_ 2. R. Canudo, *De la chambre noire des frères Lumière*, 1922, in R. Canudo, *L'usine aux images*, Séguier, Paris 1995 (1927), pp. 134-135, p. 135.

_ 3. For the double meaning of the term cinematography, see the insightful reminder of film director and producer Henri Fescourt: "I went into a *cinématographe* for the first time. You've read rightly – a *cinématographe*. Because in 1902 this term, which originally designated an apparatus, was extended to the entire establishment for the 'exhibition' (note that this older term betrays its origins with fairs) of films" (H. Fescourt, *La foi et les montagnes*, Paul Montel, Paris 1959, p. 20).

_ 4. J.-J. Meusy, *Paris-Palaces ou le temps des cinémas (1894-1918)*, CNRS, Paris 1995, p. 24.

_ 5. J.-L. Baudry, *Le dispositif*, "Communications", 23, 1975, pp. 56-72.

_ 6. R. Canudo, *Le septième art et son esthétique*, 1921, in R. Canudo, *L'usine aux images*, see footnote 2, pp. 77-79, p. 78. Unless otherwise indicated, all translations are by the author.

_ 7. Le Corbusier, *Le voyage d'orient*, Forces Vives, Paris 1966, p. 24, English translation in N.F. Weber, *Le Corbusier. A Life*, Alfred A. Knopf Publisher, New York 2008, p. 81. It should be noted in this context that many early films were actually in color. According to a common practice, night scenes, for example, were dyed blue, or emotional scenes purple. In this respect black-and-white film is a product of the process of film becoming a serious art form, i.e. its purification in the 1920s. See A. Delpeuch, *Le cinéma*, Doin, Paris 1927, p. 29.

_ 8. M. Bardèche, R. Brasillach, *Histoire du cinéma*, Denoël & Steele, Paris 1935, cited in R. Clair, *Kino. Vom Stummfilm zum Tonfilm*, Diogenes, Zürich 1995 (1951), p. 101. In the same vein, the French art and architecture critic Léon Moussinac wrote in 1920: "A new art came into the world, discovered its own laws little by little and sought to perfect itself. An art, bold, powerful, self-contained, the expression of the ideal of a new age" (L. Moussinac cited in R. Abel, *French Cinema. The First Wave, 1915-1929*, Princeton University Press, Princeton 1987, p. 52).

_ 9. See the retrospective observation of the art historian Elie Faure: "For such a long time now we have been accustomed to fixing our modes of expression to precisely defined forms – painting, sculpture, music, architecture, dance, literature, theatre, even photography – that each of us has tended to appropriate the *cinématographe* for the forms he previously cultivated" (E. Faure, *Introduction à la mystique du cinéma*, 1934, in id., *Ombres solides (Essais d'esthétique concrète)*, Société Française d'Editions Littéraires et Techniques, Paris 1934, pp. 168-189, p. 174).

_ 10. This often-cited statement is based on an interview which Le Corbusier gave in Moscow; it is cited in J.-L. Cohen, *Le Corbusier et la mystique de l'URSS*, Mardaga, Brüssel 1987, p. 72.

_ 11. S. Giedion, *Bauen in Frankreich, Bauen in Eisen, Bauen in Eisenbeton*, Mann, Berlin 2000 (1928), p. 92, English translation S. Giedion, *Building in France, Building in Iron, Building in Ferroconcrete*, Getty Center for the History of Art and the Humanities, Los Angeles 1995, p. 176.

_ 12. R. Clair, Article in "Le Théâtre", December 1924, cited in R. Clair, *Kino*, see footnote 8, pp. 69-71, p. 70. For Clair "the poetry emerges on the screen through the image, the outer and inner movement, and the movement between the images" (*ibidem*, p. 56).

_ 13. For the "filmic gaze" and Le Corbusier see for example: B. Colomina, *The Split Wall. Domestic Voyeurism*, in B. Colomina, J. Bloomer (eds.), *Sexuality and Space*, Princeton Architectural Press, New York 1992, pp. 73-130, pp. 98 ff.; B. Colomina, *Vers une architecture médiatique*, in A. von Vegesack et al. (eds.), *Le Corbusier. The Art of Architecture*, Vitra Design Museum, Weil am Rhein 2007, pp. 246-273, pp. 257 ff.; S. von Moos, *Voyages en Zigzag*, in S. von Moos, A. Rüegg (eds.), *Le Corbusier before Le Corbusier. Applied Arts, Architecture, Painting, Photography, 1907-1922*, Yale University Press, New Haven-London 2002, pp. 22-43, especially pp. 38-39; A. François, *L'esprit du cinéma et l'œuvre*, in *Le Corbusier, l'œuvre plastique*, XIIe Rencontre de la Fondation Le Corbusier, Ed. de la Vilette, Paris 2005, pp. 77-99, pp. 79 ff.

_ 14. This the subtitle of Giedion's popular picture book *Befreites Wohnen* (S. Giedion, *Befreites Wohnen*, Orell Füssli, Zürich 1929).

_ 15. J. Epstein, *Bonjour cinéma*, 1921, in J. Epstein, *Bonjour Cinéma und andere Schriften zum Kino*, ed. by N. Brenez, R. Eue, Synema, Wien 2008, pp. 28-36, p. 28.

_ 16. See particularly the article by B. Tokine in the first issue of "L'Esprit Nouveau": "THE FUTURE OF CINEMA – is gigantic. ... Questions of hypnotism, of occultism, to try and to experiment with" (B. Tokine, *L'esthétique du cinéma*, "L'Esprit Nouveau", 1920, n. 1, pp. 84-89, pp. 85-86).

_ 17. A. Vidler, *The Explosion of Space. Architecture and the Filmic Imaginary*, "Assemblage", 1993, n. 21, pp. 44-59, p. 45.

_ 18. B. Colomina, *Vers une architecture médiatique*, see footnote 13, pp. 257 ff.

_ 19. This oft-used expression by Le Corbusier is significantly also the title of his only text fully devoted to cinematography: Le Corbusier, *Esprit de vérité*, "Mouvement", 1, 1933, pp. 10-13.

_ 20. "When shadows and black corners surround you, you're only at home up to the dull limits of those dark zones which your gaze doesn't penetrate; you're not your own master. And you would like to be precise, to be correct, to think clearly" (Le Corbusier, *L'art décoratif d'aujourd'hui*, Crès, Paris 1925, p. 191).

_ 21. "... these forms appeal to us, and this for

48

two reasons: first they act clearly on our sensory system, and second, from a spiritual point of view, they embody perfection in and for themselves" (Ch.-É. Jeanneret-Gris, A. Ozenfant, *Architecture d'époque machiniste / Sur les écoles cubistes et post-cubistes*, Bottega d'Erasmo, Torino 1975 (Paris 1926), p. 56).

_ 22. A. Delpeuch, *Le cinéma*, see footnote 7, pp. 112 ff.

_ 23. H. Chomette, Article in "Les Cahiers du Mois", 1925, cited in R. Clair, *Kino*, see footnote 8, pp. 74-75, p. 74.

_ 24. This situation is described by R. Mallet-Stevens, who was involved in several French films as a set designer. See C. Briolle, J. Repiquet, *Logique constructive et esprit des formes*, in O. Cinqualbre et al. (eds.), *Robert Mallet-Stevens, L'œuvre complète*, Centre Pompidou, Paris 2005, pp. 40-45, p. 41. Since this procedure led to an abstraction of the film sets, Mallet-Stevens called cinematography the "grand éducateur" of a new architectural language (R. Mallet-Stevens, *L'éclairage et l'architecture moderne*, "Lux", 1928, n. 1, cited in Cinqualbre et al. (eds.), *Robert Mallet-Stevens*, see above, pp. 52-53, p. 52).

_ 25. R. Canudo, *L'esthétique du septième art (I)*, 1921, in R. Canudo, *L'usine aux images*, see footnote 2, pp. 59-62, p. 62.

_ 26. "Cinema! Before the advent of art, the word used to be 'miracle'" (L. Moussinac, *Naissance du cinéma*, J. Povolozky, Paris 1925, p. 25).

_ 27. A. Valentin, *Introduction à la magie blanche et noire*, "L'Art cinématographique", IV, 1927, pp. 89-116.

_ 28. L. Buñuel, *A Night at the Studio des Ursulines*, "Gaceta literaria", I, 1927, n. 2, published in L. Buñuel, *An Unspeakable Betrayal. Selected Writings of Luis Buñuel*, University of California Press, Berkley 2000, pp. 95-98, p. 95.

_ 29. J. Goudal, *Surréalisme et cinéma*, "La Revue hebdomadaire", 1925, n. 8, English translation in P. Hammond (ed.), *The Shadow and Its Shadow. Surrealist Writings on the Cinema*, City Light Books, San Francisco 2000, pp. 84-94, pp. 86-87.

_ 30. R. Clair, *Kino*, see footnote 8, p. 82.

_ 31. K. Kreimeier, *Traum und Exzess. Die Kulturgeschichte des frühen Kinos*, Zsolnay, Wien 2011, p. 50.

_ 32. On the various mythological forms of the hero's journey, see J. Campbell, *The Hero with a Thousand Faces*, Bollingen Foundation, New York 1949.

_ 33. E. Cassirer, *Philosophie der symbolischen Formen. Zweiter Teil: Das mythische Denken*, Wissenschaftliche Buchgesellschaft, Darmstadt 1987 (1924), p. 119.

_ 34. For the influence of esoteric theories from the turn of the century on Le Corbusier's architectural ideas in general, see P.V. Turner, *La formation de Le Corbusier. Idéalisme & mouvement moderne*, Macula, Paris 1985; on the theme of the

promenade in particular, see E. Blum, *Le Corbusiers Wege. Wie das Zauberwerk in Gang gesetzt wird*, Vieweg, Braunschweig 1988.

_ 35. The term "révélation" was used remarkably often in film theory at the time to describe the phenomenon that objects and persons on the cinema screen appeared to be different than in reality, thus revealing their "souls".

_ 36. Le Corbusier, *Le théâtre spontané*, in M. Richard (ed.), *La boîte à miracle – Le Corbusier et le théâtre* (Annuaire de la Fondation Le Corbusier), Fondation Le Corbusier-Imbernon, Paris-Marseille 2012, pp. 48-65, p. 63.

_ 37. Letter from Jeanneret to Ritter, 4 October 1918, Fondation Le Corbusier, R3 (19) 292-311.

_ 38. See also J. Epstein: "We have only just begun to become aware of the fact that a new art has emerged, which nobody had reckoned with. Completely new" (J. Epstein, *Bonjour Cinéma und andere Schriften*, see footnote 15, p. 28).

_ 39. B. Colomina, *Vers une architecture médiatique*, see footnote 13, p. 259.

_ 40. S. Giedion, *Bauen in Frankreich*, see footnote 11, p. 58.

_ 41. Le Corbusier, P. Jeanneret, *Œuvre complète 1910-1929*, ed. by O. Stonorov, W. Boesiger, Girsberger, Zürich 1937, p. 60.

_ 42. *Ibidem*, p. 60.

_ 43. Le Corbusier cited in M. Besset, *Wer war Le Corbusier?*, Skira, Genf 1968, p. 73.

_ 44. F. Cohendy, *Comment lancer un cinéma et le conduire à la prospérité*, Paris 1928, cited in A.-É. Buxtorf, *La salle de cinéma à Paris entre les deux guerres. L'utopie à l'épreuve de la modernité*, "Bibliothéque de l'École des chartes", 163, 2005, pp. 117-144, p. 120.

_ 45. R. Banham, *Theory and Design in the First Machine Age*, Architectural Press, London 1960, p. 262.

_ 46. Le Corbusier, *New World of Space*, Reynal & Hitchcock, New York 1948, p. 8.

_ 47. "Car le gîte profond / est dans la grande caverne du sommeil / cet autre côté de la vie / dans la nuit. / Comme la nuit est vivante / riche dans les entrepôts / les collections / la bibliothèque / les musées du sommeil!" (excerpt from the "Poème de l'angle droit", handwritten reproduced next to the project description of La Sainte-Baume in Le Corbusier, P. Jeanneret, *Œuvre complète 1946-1952*, ed. by W. Boesiger, Girsberger, Zürich 1953, p. 29.)

_ 48. Le Corbusier, *Le voyage d'orient*, see footnote 7.

_ 49. "Il est une manière d'aller au cinéma comme d'autres vont à l'église et je pense que, sous un certain angle, tout à fait indépendamment de ce qui s'y donne, c'est là que se célèbre le seul mystère *absolument moderne*" (A. Breton, *Comme dans un bois*, "L'âge de cinéma", 1951, n. 4-5, numéro spécial surréaliste, pp. 26-30, p. 28, English translation in P. Hammond (ed.), *The shadow and Its shadow*, see footnote 29, pp. 72-77, p. 74).

49

Katrin Albrecht

Il ruolo dell'illuminazione notturna nel disegno architettonico e nella fotografia degli anni Trenta in Italia

Nel 1930, Giorgio de Chirico concepì sessantasei litografie per illustrare la raccolta di poesie *Calligrammes* composta da Guillaume Apollinaire.[1] In alcune di queste immagini sono rappresentati il sole, la luna o le stelle in cielo, collegati attraverso un cavo rispettivamente con un altro sole, un'altra luna o altre stelle disegnati sulle mura o all'interno delle case. I corpi celesti sono spesso raffigurati in nero, mentre i loro equivalenti "terreni" sono trasparenti, oppure viceversa, in modo che giorno e notte, chiaro e scuro siano sempre presenti simultaneamente. Riguardo la genesi delle litografie, l'artista ricorda: «Avevo appena fatto la conoscenza del poeta e leggevo con entusiasmo i suoi versi in cui si parla spesso di soli e stelle. ... In una di queste improvvise illuminazioni ... sentivo che codesti soli e stelle erano tornati sulla terra come emigranti quieti. Indubbiamente si erano spenti al cielo perché li vedevo brillare agli ingressi dei portici di molte case».[2] Facendo accomodare il sole sulla poltrona nel salotto, De Chirico probabilmente traduceva in immagini poetiche le nuove esperienze luministiche generate dalla diffusione della luce elettrica nella vita quotidiana dell'epoca.

Fig. 1

All'inizio degli anni Trenta, circa cinquant'anni dopo i primi brevetti per lampade a incandescenza, la luce elettrica si era diffusa in Europa e in America del Nord con successo, eppure era ancora poco sviluppata l'integrazione degli studi illuminotecnici al progetto di architettura. Nel 1934, Giovanni Canesi e Antonio Cassi Ramelli scrivono: «Per trovare una intima unione di luce e architettura bisogna rifarsi, in Europa, quasi ai nostri giorni o per lo meno a un molto prossimo passato».[3] Il loro libro *Architetture luminose*, ricco di numerosi esempi internazionali contemporanei, è tra le prime pubblicazioni in Italia ad avvicinarsi in modo sistematico a questa cosiddetta «arte nuova». Quando l'ingegnere illuminotecnico tedesco Joachim Teichmüller coniò nel 1927 il termine *Lichtarchitektur* (architettura della luce) per definire un'architettura progettata impiegando consapevolmente le potenzialità configurative e spaziali della luce artificiale,[4] si era potuto apprezzare già da tempo, specie in occasione delle grandi fiere mondiali e nazionali, l'impiego della luce elettrica nel campo dell'architettura effimera, dell'allestimento di giardini, dell'illuminazione stradale, della pubblicità e della propaganda. Eppure Teichmüller osservò con stupore che la maggior parte degli architetti a lui contemporanei continuava a lavorare seguendo schemi tradizionali e che solo pochi avevano riconosciuto il potenziale artistico ed espressivo della luce elettrica. Analizzando i loro motivi, egli concluse che i progettisti si erano concentrati per troppo tempo solo sugli aspetti scientifici e tecnologici della produzione di luce, senza adattare sufficientemente le sorgenti luminose e le installazioni di luce al fatto che la lampadina a incandescenza rappresenta un mezzo d'illuminazione sicuro, pulito, duraturo e facile da maneggiare.[5]

Intorno al 1930, in Italia come in gran parte dell'Europa, si diffuse la convinzione che si stava entrando in un nuovo periodo di sviluppo. In questo quadro, la sensibilizzazione crescente per gli effetti della luce elettrica nello spazio pubblico acquisisce motivazioni tanto pratiche quanto ideologiche. Quasi cento anni dopo l'introduzione della macchina a vapore, l'energia elettrica rivoluzionò nuovamente la produzione industriale e i sistemi di comunicazione, arrivando a rappresentare il progresso tecnico di una società che amava considerarsi moderna per eccellenza. Eppure solo a partire dal primo dopoguerra, in seguito alla costruzione di numerosi impianti idroelettrici, all'espansione della rete di fornitura della corrente e all'avanzamento dell'illuminotecnica, si giunse a rendere ampiamente disponibili ed economici l'elettricità e i mezzi di illuminazione. Inoltre la diffusione di sistemi costruttivi moderni in acciaio, cemento e vetro e la creazione di nuovi materiali da costruzione[6] aprirono all'architettura inusitate possibilità espressive e alla luce come «elemento costruttivo»[7] soluzioni formali fino ad allora sconosciute.

Alla luce naturale del sole si aggiunse quella artificiale delle lampade; questa innovazione non sortì il suo effetto soltanto all'interno degli edifici, ma modificò profondamente anche lo spazio esterno, specialmente nelle ore notturne. La luce artificiale diventò un fattore urbanistico non trascurabile, che assegnava ad architetti, urbanisti e ingegneri illuminotecnici un nuovo compito, quello di progettare l'immagine notturna di edifici, spazi pubblici, strade e piazze: «La percezione di un volume ... accarezzato dalla luce artificiale che ne altera la massa, il peso e il colore, così che uno sbalzo greve sembra alleggerirsi miracolosamente e una cupola mutarsi in un disco, e una parete di pietra tramutarsi in un piano d'opale o di gesso, genera, in virtù di più vaste e agili risorse fantastiche, nuove possibilità di suggestione».[8] Canesi e Cassi Ramelli introdussero la distinzione fra «architetture illuminate» e «architetture luminose»: nel primo caso le facciate degli edifici vengono illuminate dall'esterno, parzialmente o completamente; pertanto si presentano di notte in maniera molto simile a come appaiono di giorno.[9] Al contrario le «architetture luminose» non vengono illuminate da fuori, ma dall'interno: la luce viene dunque filtrata

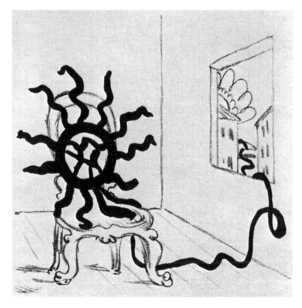

_Figura 1.
Giorgio de Chirico, litografia, 1930 (in G. Apollinaire, G. de Chirico, *Calligrammes*, cit. alla nota 1, p. 165).

_Figura 2.
Giuseppe Pagano e Alessandro L. Goldstein-Bolocan, Torre d'ingresso alla VI Triennale, Milano, 1936 (in "Casabella", n. 108, 1936, p. 31).

52

attraverso il telaio strutturale degli edifici e le vetrate presenti in facciata. In questo modo l'architettura si trasforma radicalmente di notte rispetto alla sua immagine diurna, poiché l'oscurità circostante assorbe la sostanza dei corpi edilizi, la loro matericità, gravità e cromaticità, e li dissolve nella totalità dello spazio circostante, mentre gli ambienti interni illuminati si delineano plasticamente, rischiarando l'esterno come sorgenti luminose. Questa inversione delle condizioni chiaroscurali genera immagini nuove e decisamente inconsuete del panorama urbano.[10]

La consapevolezza del fatto che questa metamorfosi visuale racchiudeva nuove risorse espressive e che la luce artificiale era in grado di evocare sensazioni spaziali notturne completamente diverse da quelle sperimentate durante il giorno, si risveglia tra gli architetti e gli ingegneri italiani negli anni Trenta. Le riviste contemporanee di architettura iniziarono a pubblicare non più solo fotografie diurne di edifici recentemente realizzati, ma proposero sempre più spesso anche vedute notturne: un tipo d'illustrazione che prima del 1930 veniva impiegato esclusivamente per la presentazione di giardini, fontane o scenografie all'aperto.[11] Alle rare fotografie notturne veniva generalmente affiancata una veduta scattata durante il giorno con la stessa inquadratura, cosicché il confronto immediato rendesse evidente la trasformazione dell'immagine delle architetture nelle ventiquatt'ore. Con queste coppie d'immagini erano illustrati ad esempio gli articoli dedicati da diverse riviste alla nuova architettura francese, alla sede dell'azienda elettrica di Praga, all'edificio postale di Napoli o all'ingresso alla VI Triennale di Milano.[12] I soggetti che maggiormente si prestavano a una rappresentazione notturna erano gli ambienti allestiti per mostre temporanee, i teatri, i grandi magazzini e le attività commerciali ricche di insegne, scritte luminose, vetrine illuminate e decorazioni di luce deputate ad attirare l'attenzione dei potenziali clienti.[13] Anche altre costruzioni, come stazioni

53

Fig. 2

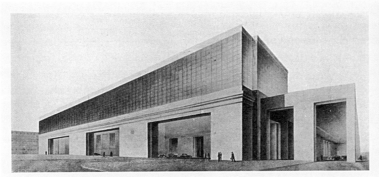

ferroviarie, poste e altri edifici pubblici e tecnici, si rivelarono interessanti, poiché in questi casi l'illuminazione non aveva una funzione principalmente pubblicitaria o propagandistica, ma generava situazioni spaziali dinamiche, in grado di rimettere in discussione i valori di solidità e durevolezza (la "firmitas") dell'architettura.[14]

Ancor più che nelle fotografie, la crescente sensibilità nei confronti della luce come mezzo formale architettonico e urbanistico si esplicita negli strumenti figurativi degli architetti stessi, cioè negli schizzi, disegni geometrici e modelli, tramite i quali essi comunicavano il loro pensiero progettuale. Negli anni Trenta si affiancarono alle modalità tradizionali di raffigurazione del progetto anche le prospettive notturne e i modelli illuminati dall'interno, con l'intento di studiare le mutazioni dell'immagine dell'architettura. La rappresentazione notturna veniva adottata solo raramente, soprattutto per la partecipazione a concorsi e, occasionalmente, anche per appalti pubblici straordinari, specificando l'importanza dell'immagine notturna di un edificio e della sua progettazione accurata.

Solo pochi esempi di queste raffigurazioni notturne di architetture furono effettivamente pubblicati nelle riviste dell'epoca.[15] Nel 1933, la rivista "Architettura" presentò tre concorsi ai quali vari partecipanti sottoposero disegni notturni dei loro progetti.[16] In occasione del discusso concorso per la stazione Santa Maria Novella di Firenze, l'ingegner Aldo Mari consegnò due prospettive del fabbricato viaggiatori, rappresentato rispettivamente di giorno e di notte. Davanti all'atrio principale, al termine dei binari, l'ingegnere collocò un corpo lungo circa 120 metri e alto circa 22 metri, dedicato all'accesso alla stazione. La facciata principale dell'edificio si divide in due parti uguali: il basamento presenta tre ampie aperture ed è delimitato nella parte superiore da un cornicione pronunciato; la metà superiore invece è interamente vetrata e nella veduta notturna diventa una grande lanterna luminosa. Mentre la prospettiva diurna presenta il vasto spazio interno come un corpo cavo inondato di luce naturale e la estesa vetratura come scura superficie bidimensionale, la prospettiva notturna suggerisce che la struttura vitrea del livello superiore si tramuti al buio in uno spettacolare cristallo scintillante, in grado di irradiare all'esterno la luce artificiale.[17] Al concorso bandito nello stesso periodo per la sostituzione del ponte di legno provvisorio sul Canal Grande vicino all'Accademia di Venezia, due concorrenti, l'ingegner Cesare Pascoletti e l'architetto Agnoldomenico Pica, ricorsero a coppie di immagini diurne e notturne per sottolineare la

_Figura 3.
Aldo Mari, Progetto di concorso per la nuova stazione di Firenze, 1933 (in "Architettura", n. 4, 1933, p. 223).

Fig. 3

Fig. 4

natura mutevole dei loro progetti nel contesto urbano. Dai disegni di Pica risulta evidente che la veduta notturna ha avuto un ruolo essenziale nella progettazione. Il ponte disegnato da Pica è una trave rettilinea in acciaio, appoggiata su due pilastri di cemento armato rivestiti in ceramica rossa e connessa al terreno da larghe rampe elicoidali su ambedue le rive. L'architetto propone di rivestire in vetro tutti gli elementi metallici e di illuminarli dall'interno, «con bellissimo effetto fantasmagorico».[18] Nella veduta notturna i due pilastri portanti vengono ingoiati dal buio e, scomparendo, smettono di evidenziare la loro funzione statica, cosicché la struttura illuminata del ponte sembra librarsi priva di gravità sopra l'acqua e molleggiarsi ai lati sulle due rampe a chiocciola. Come i pilastri, anche la massa costruita della città svanisce e lascia percepire di sé solo il profilo, una sottile linea bianca che si disegna sullo sfondo scuro della notte. La luce artificiale non solo nasconde il sistema statico della costruzione del ponte, ma ne provoca anche la smaterializzazione; invece di accentuare la struttura evidenzia la leggerezza del percorso pedonale. Di notte, il ponte sembra essere costituito soltanto di luce; essa assume quindi una funzione costruttiva, a cui Pica volle probabilmente alludere denominando il suo progetto "H TEKTONIKH", come si legge in alto a sinistra nella prospettiva notturna: cioè "la tettonica" ossia "l'arte di costruire" in lettere greche. In architettura, il termine è usato per descrivere la rappresentazione delle forze gravanti e portanti di una costruzione che non necessariamente coincidono con le forze effettivamente attive. L'importante conseguenza teorica della trasformazione notturna prevista dal progetto di Pica si può riscontrare in una affermazione di Heinrich Wölfflin: «La pittura può essere, l'architettura deve essere tettonica. La pittura sviluppa il suo valore caratteristico solo completamente laddove si svincola dalla

55

_Figura 4.
Agnoldomenico Pica e Mirko Buccianti, Progetto di concorso per il nuovo ponte dell'Accademia a Venezia, 1933 (in "Architettura", n. 5, 1933, pp. 309-310).

tettonica; per l'architettura, l'abolizione della struttura tettonica sarebbe equivalente all'autoannientamento».[19]

Negli anni successivi si riscontrano pochi esempi di prospettive notturne, fra cui un disegno della stazione di Roma Termini, in costruzione a partire dal 1938. Con la veduta notturna, l'architetto responsabile Angiolo Mazzoni volle evidenziare la permeabilità del monumentale atrio d'accesso e sottolineare l'importanza della stazione, che rimane in servizio fino a tarda sera.[20] Di questo progetto venne realizzato un modello, che aveva all'interno piccole lampadine in modo da poter dare, oltre al disegno, anche una rappresentazione tridimensionale dell'aspetto che avrebbe avuto la stazione nelle ore notturne.[21] La costruzione di modelli illuminati restò, però, un evento eccezionale, come la produzione di prospettive e fotografie notturne.

Un esempio straordinario di architettura della luce e della sua rappresentazione durante la progettazione è dato dal Palazzo delle poste di Napoli, degli architetti Giuseppe Vaccaro e Gino Franzi. Il progetto fu presentato nel 1932 nella rivista "Architettura", con un articolo corredato da piante, prospettive e immagini del plastico illuminato; nel 1936, terminato il cantiere, vennero pubblicate sulla stessa testata numerose fotografie dell'edificio costruito.[22] I documenti fotografici esemplificano il mutamento dell'edificio nelle ventiquattr'ore e permettono inoltre di confrontare le proposte iniziali, comunicate per mezzo di disegni e modelli, con il progetto realizzato. La facciata principale, organizzata sulla base di una rigorosa simmetria assiale, è convessa e lunga più di 130 metri; fu presentata accostando una fotografia diurna e una notturna, scattate dallo stesso punto di vista. Di giorno, il rivestimento di marmo chiaro brilla alla luce naturale, mentre appaiono scure le lastre di pietra nera nel basamento, il pilastro nero che separa in due l'apertura al centro della facciata e le vetrate del basamento e dell'attico. Di notte, la percezione dell'edificio cambia radicalmente: infatti la massa del corpo edile si perde nell'oscurità e, attraverso le ampie aperture del pianterreno e la finestra a nastro disposta sotto il tetto piano, splende la luce. La luce artificiale si diffonde attraverso le vetrate del vestibolo e viene potenziata dall'illuminazione indiretta degli spazi interni. Per esaltare il «coronamento della facciata»[23], gli architetti fecero tinteggiare in bianco gli elementi costruttivi, in modo da accentuarne le potenzialità riflettenti, e in blu scuro il soffitto, per aumentare l'effetto luminoso e la leggerezza della struttura coronante. Particolarmente raffinati sono i due saloni pubblici ai lati dell'atrio centrale: i loro soffitti bianchi vennero incurvati verso il basso per diffondere la luce in maniera uniforme e dirigerla verso la facciata. Sia nella foto diurna che in quella notturna, le finestre del primo e secondo piano sembrano appartenere al rivestimento marmoreo; di giorno sono schermate da persiane chiare e si presentano come bassorilievi nella superficie di pietra, di notte invece rimangono oscure. Questo disegno intensifica l'effetto di monumentalità dell'edificio.

I due architetti adoperarono anche all'interno dell'edificio, ma in scala ridotta, il principio di assegnare agli ambienti interni rischiarati la funzione di corpi illuminanti nello spazio pubblico della città. Ad esempio scelsero di racchiudere la scalinata centrale semicircolare (perno di rotazione intorno a cui si costruisce l'edificio) con lastre di vetro opaco; pertanto, a seconda della posizione apparente del sole, il vano della scala assume la funzione di una grande lampada per gli ambienti adia-

Fig. 5

_Figura 5.
Giuseppe Vaccaro e
Gino Franzi, Palazzo delle
Poste e Telegrafi, vedute
dall'esterno, Napoli, 1936
(in "Architettura", n. 8, 1936,
p. 361).

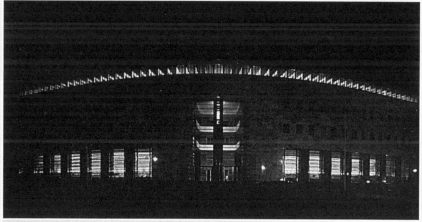

57

centi o viene, all'inverso, rischiarato da essi. Gli effetti prodotti dalla luce artificiale vengono evocati già timidamente nel disegno di presentazione del 1932, benché esso non sia una vera prospettiva notturna, per arrivare a manifestarsi pienamente nel plastico, che mette in scena con particolare attenzione l'illuminazione dell'atrio centrale. Se si osservano le fotografie scattate subito dopo la fine dei lavori di costruzione, si può verificare che la promessa di realizzare un effetto scenografico è stata mantenuta. Il cambiamento dell'edificio nel corso delle ventiquattr'ore venne registrato fotograficamente non solo dall'esterno, ma anche dall'interno, in particolare dal vestibolo. Le grandi aperture di questo ambiente incorniciano uno spazio urbano che si presenta soleggiato durante le ore diurne, mentre di notte scompare dietro vetrate opache, rese ancora più scure dal contatto con le pareti luminose adiacenti.

Fig. 6

Gli esempi proposti dimostrano che negli anni Trenta l'immagine notturna di un'opera iniziò a essere considerata un mezzo espressivo inesplorato e fertile dell'architettura, nonostante la sua rappresentazione si sia manifestata solo raramente già

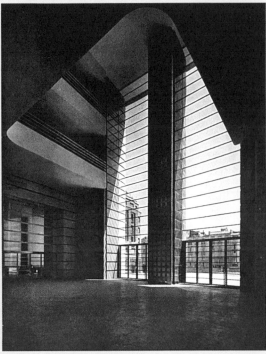

58

nella fase progettuale, cioè nei disegni e nei modelli. La luce artificiale rende visibile anche di notte l'interno dell'architettura; pertanto la sua introduzione genera un mutamento profondo non solo nella morfologia dei corpi edili, ma anche nella percezione degli spazi cittadini. Nell'oscurità, gli edifici perdono la materialità che li caratterizza durante le ore diurne e la luce artificiale diviene elemento portante, assumendo una funzione costruttiva e il ruolo di "nuovo materiale" dell'architettura, la cui efficacia «nacque e svanì unitamente alla luce».[24]

_Figura 6.
Giuseppe Vaccaro e Gino Franzi, Palazzo delle Poste e Telegrafi, vedute dell'atrio centrale, Napoli, 1936 (in "Architettura", n. 8, 1936, pp. 374, 377).

Ringrazio molto Silvia Berselli per avermi aiutato generosamente e con grande impegno a tradurre il saggio in italiano.

_ 1. Cfr. G. Apollinaire, G. de Chirico, *Calligrammes*, litografie di G. de Chirico, Gallimard, Paris 1930; W. Rubin, W. Schmied, J. Clair (a cura di), *Giorgio de Chirico der Metaphysiker*, catalogo della mostra (Monaco, Haus der Kunst, 17 novembre 1982-30 gennaio 1983; Parigi, Centre G. Pompidou, 24 febbraio-25 aprile 1983), Prestel, Monaco 1982, pp. 224-235.

_ 2. Il poeta è Apollinaire; cfr. W. Rubin, W. Schmied, J. Clair (a cura di), *Giorgio de Chirico*, cit. alla nota 1, p. 24, trad. di K. Albrecht.

_ 3. G. Canesi, A. Cassi Ramelli, *Architetture luminose e apparecchi per illuminazione*, U. Hoepli, Milano 1934, pp. 5-6.

_ 4. Cfr. J. Teichmüller, *Lichtarchitektur*, "Licht und Lampe", 1927, n. 13-14, ed. speciale; W. Oechslin, *Lichtarchitektur: Die Genese eines neuen Begriffs*, in D. Neumann, *Architektur der Nacht*, Prestel, Monaco 2002, pp. 28-34.

_ 5. Cfr. J. Teichmüller, *Lichtarchitektur*, cit. alla nota 4, pp. 5-6. In un articolo del 1929, Guido Jellinek riassume le considerazioni di Teichmüller per i lettori italiani e conferma: «L'abbinare le due parole luce e architettura non è quindi una cosa nuova, soltanto oggi, parlando di luce, non pensiamo solo al sole e alla volta azzurra del cielo, ma altresì a quella piccola miracolosa ampolla di vetro che è la lampadina a incandescenza» (G. Jellinek, *Luce e architettura*, "Architettura e Arti Decorative", IX, 1929, n. 2-3, pp. 61-72, citazione a p. 64). Cfr. anche D. Neumann, *Architektur der Nacht*, cit. alla nota 4, pp. 8-15, 88-167.

_ 6. Ad esempio leghe metalliche come acciaio cromato, anticorodal, "bronzalluminio", "cromalluminio", vetri come vetrocemento, vetri termici e vetri di sicurezza, diversi aggregati connettivi e adesivi, materiali di rivestimento e materiali combinati. Cfr. S. Poretti, *Modernismi italiani. Architettura e costruzione nel Novecento*, Gangemi, Roma 2008, pp. 103-111.

_ 7. Cfr. W. Köhler, W. Luckhardt, *Lichtarchitektur. Licht und Farbe als raumgestaltende Elemente*, Bauwelt, Berlin 1956, p. 7; G. Jellinek, *Luce e architettura*, cit. alla nota 5, p. 65.

_ 8. Cfr. G. Canesi, A. Cassi Ramelli, *Architetture luminose*, cit. alla nota 3, p. 6.

_ 9. Cfr. G. L. M., *Palazzo del Ministero dell'Aeronautica a Roma (Ing. Roberto Marino)*, "L'Architettura Italiana", XXVII, 1932, n. 4, pp. 37-41, qui pp. 37-38.

_ 10. Cfr. ad esempio P. Marconi, *La casa delle armi al Foro Mussolini in Roma. Arch. Luigi Moretti*, "Architettura", XVI, 1937, n. 8, pp. 435-454, qui pp. 440-441.

_ 11. Cfr. G. Levi Montalcini, *Le fontane luminose*, "La Casa bella", II, 1929, n. 7, pp. 17-22; S. Biazzi, *La messinscena degli spettacoli classici al 'Licinium' di Erba*, "La Casa bella", II, 1929, n. 9, pp. 37-40; L. De Amicis, *L'illuminazione dei 'grandi esterni'*, "La Casa bella", II, 1929, n. 12, pp. 16-18; A. Cassi Ramelli, *Lampade in un giardino*, "La Casa bella", III, 1930, n. 30, pp. 38-42.

_ 12. Cfr. M. Malkiel Jirmounsky, *Le architetture nuove in Francia*, "Dedalo", XII, 1932, n. 3, pp. 780-816, qui pp. 798-799, 806-807; A. Podestà, *Un edificio a Praga*, "Casabella", IX, 1936, n. 97, pp. 18-23, qui p. 19; G. Vaccaro, *Edificio per le poste e telegrafi di Napoli. Architetti Giuseppe Vaccaro e Gino Franzi*, "Architettura", XV, 1936, n. 8, pp. 353-394; A.L. Goldstein-Bolocan, *Una torre di cristallo*, "Casabella", IX, 1936, n. 108, pp. 30-32, qui p. 31. Nelle riviste di lingua tedesca, ad esempio in "Wasmuths Monatshefte", contrapposizioni simili erano di uso corrente da qualche anno; le più conosciute sono sicuramente quelle del magazzino Schocken, cfr. W. Hegemann, *Erich Mendelsohn's Kaufhaus Schocken-Chemnitz*, "Wasmuths Monatshefte. Baukunst & Städtebau", XIV, 1930, pp. 345-351, qui pp. 346-349.

_ 13. «L'uomo d'affari moderno ... ricerca, nel suo impianto di affari tutte le comodità offerte dalle nuove invenzioni tecniche, anche perché questa è la sua migliore pubblicità» (L. Schreiber, *Pubblicità luminosa*, "Casabella", VII, 1934, n. 74, pp. 12-19, qui p. 12). Cfr. anche D. Neumann, *Architektur der Nacht*, cit. alla nota 4, pp. 35-43.

_ 14. Cfr. *Il palazzo postale di Palermo dell'arch. Mazzoni*, "Artecrazia", 1934, n. 74, pp. 2-3; G. Vaccaro, *L'edificio per la facoltà di ingegneria dell'università di Bologna. Arch, Giuseppe Vaccaro*, "Architettura", XV, 1936, n. 3, pp. 97-118; P. Marconi, *La casa delle armi*, cit. alla nota 10; P. Carb, *Padiglione provvisorio della stazione di Roma Ostiense*, "Architettura", XVII, 1938, n. 7, pp. 489-494.

_ 15. Si considerano qui solo esempi pubblicati in riviste italiane nel periodo compreso fra le due guerre. Si possono trovare altri esempi di prospettive notturne e fotografie di modelli illuminati cercando negli archivi degli architetti e nei bandi di concorso.

_ 16. Cfr. Red., *Il Concorso per la stazione di Firenze*, "Architettura", XII, 1933, n. 4, pp. 201-230; Red., *Il Concorso pel nuovo ponte dell'accademia a Venezia*, "Architettura", XII, 1933, n. 5, pp. 303-310; Red., *Concorso per una fontana a Terni*, "Architettura", XII, 1933, n. 5, pp. 311-314.

_ 17. Cfr. *Il Concorso per la stazione di Firenze*, cit. alla nota 16, p. 223.

_ 18. Cfr. *Il Concorso pel nuovo ponte*, cit. alla nota 16, pp. 307-310.

_ 19. H. Wölfflin, *Kunstgeschichtliche Grundbegriffe. Das Problem der Stilentwicklung in der neueren Kunst*, Bruckmann, Monaco 1920⁴ (ed. orig. 1915), p. 159.

_ 20. Cfr. M. Piacentini, *La nuova stazione di Roma imperiale*, "Architettura", XVIII, 1939, n. speciale, pp. 72-94, qui p. 82.

_ 21. Nel 1939, il modello viene presentato alla fiera mondiale di New York, cfr. Fondo Angiolo Mazzoni, MAZ S/21, p. 17.

_ 22. Cfr. M. Piacentini, *Opere di Giuseppe Vaccaro*, "Architettura", XI, 1932, n. 10, pp. 513-524; G. Vaccaro, *Edificio per le poste*, cit. alla nota 12, pp. 353-394.

_ 23. Cfr. G. Vaccaro, Edificio per le poste, cit. alla nota 12, p. 360.

_ 24. J. Teichmüller, *Lichtarchitektur*, cit. alla nota 4, p. 7.

59

Mary Reid Brunstrom

The Light Fantastic

Luminosity in Joseph D. Murphy's Architectural Renderings of Midcentury Modernist Catholic Churches in the American Midwest

In the immediate post-World War II years, technical developments in the creation and control of light produced unprecedented challenges and opportunities in the design of sacred architecture.[1] This paper analyzes light as a vital agent in two mid-century modernist churches in the American Midwest: St. Ann's, Normandy and St. Peter's, Kirkwood. Both churches were designed from 1948-53 for the Catholic Archdiocese of St. Louis, Missouri by the architectural partnership of Murphy and Mackey: Joseph D. Murphy (1907-1995) and Eugene J. Mackey, Jr. (1911-1968).[2] As the firm's chief delineator, Murphy was keenly aware of the agency of light in graphic representation, an awareness that had crystallized for him during his years as a student at the École des Beaux-Arts, which he attended after winning the 1929 Paris Prize.[3] Comparing Murphy's watercolor renderings with photographs of the lit sanctuaries, I show in the first instance that light-based effects establish the unique architectural character and ambiance of each sanctuary.[4] I further argue that the renderings infuse the church interiors with a radiance that transcends actual light conditions, hinting at a modern spiritual potential in sacred architecture.

Space and Light in Modernist Catholic Churches

Churches like Murphy and Mackey's exemplify one of many trajectories in the development of mid 20th century architectural modernism. Even as their buildings are informed by Murphy's Beaux-Arts training, they are distinctly eclectic in style, the product of an architectural synthesis informed by the architects' encounters with ideas of modernists including Rudolf Schwarz, Eliel Saarinen and Eric Mendelsohn. Murphy and Mackey responded also to the needs of their client, the Catholic Church, which in the United States, as in Europe, was in the process of implementing far-reaching reforms to the liturgy. These reforms were reflected in church design. Specifically, the Church's attempt to secure more active participation by the faithful in the liturgy was echoed in its demand that the sacred building foster a sense of community. This led to the replacement of the cruciform template characterized by a hierarchical plan with delineated precincts with a single-room sanctuary. In the new configuration, column-free design minimized spatial segmentation and produced unimpeded sight lines to the altar, the programmatic focus of the church.[5] To unify the congregation, their active participation in the Mass was encouraged through responsive and communal reading of liturgical texts. Consequently, reading level light in the reconfigured sanctuary became a foremost design priority. Generalizing across denominational lines, the historian of religion Jeanne Halgren Kilde argues that church design in the mid 20th century was guided by three critical factors: space (over structure); materials (forthright expression with minimal ornamentation); and light (the exploitation of its evocative potential).[6] This implies a vital and essential connection between space and light and demonstrates that modernism's focus on space converged with the Catholic Church's demand for unified sanctuaries. As the purposeful exploitation of new lighting technologies became integral to innovative, unified interiors, architects introduced lighting schemes designed to emphasize and enhance the spatial characteristics of the sanctuaries.

62

Lighting Design at St. Ann's and St. Peter's

Black and white photographs of the interiors of St. Ann's and St. Peter's taken shortly after completion and published in the architectural, liturgical and popular press both nationally and internationally show how Murphy and Mackey's multi-layered lighting schemes enlivened the new sanctuaries.[7] To supplement exterior light and provide flexibility in illuminating the interior, the architects specified lighting of varied quality, intensity and focus. At St. Ann's, which was designed by Murphy, general illumination in daytime comes from a primary lighting system consisting of circular recessed fixtures in the ceiling which filter and diffuse exterior light. This natural light is supplemented with artificial lighting from recessed fixtures over the apse and the side aisles. In addition, a ribbon of clerestory windows surmounting   Fig. 1
the chapels in the side aisles admits raking light from east or west, depending on the time of day. At night, the bank of large circular lights along with a field of recessed down-lights also in the nave ceiling provide general lighting for the sanctuary while the side chapels are lit by recessed ceiling fixtures. As the programmatic focus of the sanctuary, the altar is centered in front of the monumental, 11.25-meter square, stained glass *Calvary* window that occupies the entire chancel wall. With this formulation, Murphy nodded to medieval builders who used stained glass to intensify light, color and line around the high altar. In order to avoid exposing the congregation to high luminosity and attendant glare from the window, the designers Emil Frei Jr. and Robert Harmon invented an artistic form that blended stained glass and painting.[8] During daytime, while the painted elements are cast in silhouette, natural light filters through 10,000 fragments of colored glass producing a richly chromatic, jewel-like effect. At night or on gray days, when the red and blue translucencies read as black, the interior illumination highlights the opaque, painted passages of gold, silver and copper against the dark areas of the glass. The window's variable light dynamics, its positioning as a frame for the altar, and its thematic affinity with

_ Figure 1.
Joseph D. Murphy, St. Ann's,
sanctuary, St. Louis, 1952
(photo St. Louis Mercantile
Library at the University of
Missouri-St. Louis, 1952).

_ Figure 2.
Murphy and Mackey,
St. Peter's, sanctuary,
St. Louis, 1953 (photo
Chicago History Museum,
Hedrich-Blessing Archive,
HB-17636-C, 1954).

the sacred ritual enacted at the altar all converge in a unified purpose, namely to foreground this monumental architectural element as an agent in the liturgy.

At St. Peter's, where Murphy and Mackey collaborated on the design, daylight enters the sanctuary through an expansive plate glass façade (not visible in the photograph) as well as through a sequence of twenty-four floor-to-ceiling stained glass windows. Designed by Francis Deck for the Emil Frei firm, each window measures 7.6 meters high x 1.2 meters wide. The series runs the length of the east wall and apse, beginning with graphic simplicity and light tones at the rear of the sanctuary and increasing in iconographic complexity and chromatic intensity as the narrative gathers momentum in the arc around the altar. Natural lighting is supplemented by recessed down-lights in the nave ceiling. The architects complied with the Church's requirement to foreground the altar as the focal point of the Mass by centering a copious, round lantern in the apse ceiling such that intense, warm light is concentrated directly on the altar below. In daylight, the lantern acts as a conduit for natural night, while, at night, the dome is lit by fixtures concealed within it. Ambient light around the altar is intensified by recessed ceiling fixtures that encircle the lantern.

Fig. 2

64

The Catholic Church Discourse on Light

While Murphy and Mackey clearly responded to the Church's guidelines in their configuration of space, it is less clear how they reconciled their lighting strategies with certain strands of the Catholic Church discourse on lighting. Well into the 1940s, Catholic writers characterized lighting as a functional element which should be used conservatively and with due regard for upholding traditional emphases within the liturgy, such as the altar. At the same time, Church leaders expressed apprehension about the impact of extensive use of electric, dubbed "artificial" lighting, on the intangible dimensions of worship such as respect for the House of God. "... Wherever there exists the wish to be inspired by the feelings of dignity and respect ... an effort will be made ... to install electric apparatus and bulbs in inconspicuous places, and to disguise them as far as possible at the side of pillars and piers", wrote the French historian of religion Dom Eugène Roulin in 1947, the year before the Archdiocese awarded Murphy the commission for St. Ann's.[9] Roulin designated engineers, not architects, as the professionals who "know the lighting power of each lamp ... and [can] determine the height at which ... to attach the fixtures".[10] Such statements exemplified a prevailing attitude in the Church that lighting was a technical innovation, one moreover that had the potential to shift attention away from the liturgy to the building itself, with the undesirable consequence that churches could come to resemble secular auditoria such as theaters and concert halls. The fact that in his book on church building the architect and teacher William Ward Watkin, among other writers, dealt with lighting, heating and air-conditioning in the same chapter points to a lingering view of artificial lighting as an amenity.[11] At the same time, Watkin's acknowledgment of the aesthetic potential of new lighting demonstrates its importance for American church design at midcentury.

While English and American theologians were attempting to codify lighting protocols, the prominent German theologian Theodor Klauser made no reference to lighting in his 1950 building directives for the modern Catholic Church, which were prepared in collaboration with the German Liturgical Commission.[12] Klauser's omission of lighting as a substantive issue might suggest that he was less concerned with the potential of lighting to shape the liturgical experience in a positive way than with a utilitarian view of lighting as an amenity. When the document was adapted for American use in 1957 by the Diocesan Liturgical Commission of Superior, Wisconsin, however, it stated:

> ... natural light should play an important part in maintaining the altar's focal position in the church. The altar should be the center of light concentration. Since artificial light does not supplant the need or beauty of natural light, architects should strive to achieve light emphasis without the use of electric substitutes.[13]

Attention to the issue of natural versus artificial light in the Wisconsin version demonstrates that the challenges of lighting design had reached the highest levels of Catholic Church administration.

Murphy and Mackey were almost certainly familiar with the prescriptive texts of H.A. Reinhold, a priest and refugee from Nazi Germany, who was a foremost advocate of liturgical reform in the United States. In 1952 Reinhold addressed the centrality of lighting in modern church design. In a notable development beyond Roulin's utilitarian views, Reinhold defined the issue inherent in "the lighting question":

65

> We could be "modern" in the sense of utilitarians [sic] and simply solve the lighting question by adopting the latest methods and be satisfied ... But we are trying to find a principle for our procedure in the liturgy itself. Since the basic idea of liturgy is transfiguration or consecration, and therefore mystery, the idea of a good source of light that reaches its aim indirectly seems preferable for the sanctuary. The nave should have less light, yet sufficient to make it possible to read on a normal, or even overcast day.[14]

Thus stated, Reinhold's argument for diminished general lighting while keeping the altar and its surrounds brighter than the nave amounts to a tacit admission that something might be lost if overall light levels were raised to reduce or eliminate areas of relative darkness. He further acknowledged the difficulty of managing the effects of light from all quarters (daylight, electric and candle light) as "some very hard nuts for experts to crack". And as a possible rebuke to an amenity-besotted postwar consumer culture, he warned that the liturgy should be treated "not as an afterthought, nor as a mere opportunity to bring in the latest thing on the market".[15]

At the same time as they assimilated the Catholic Church's guidelines on lighting, Murphy and Mackey would have been conscious of the customary dynamics of light in Gothic-styled sanctuaries, since Gothic had been the favored architectural template for Catholic churches in the United States and elsewhere since its widespread revival in the 19th century. Colored light filtering through certain stained glass windows that perforate the perimeter walls of Gothic churches was associated with God's divine presence and power. The ambiance and drama of the Gothic experience, grounded as it was in this spiritual dimension, resulted from light/dark contrasts produced by light from multiple sources – daylight from the outside, candlelight and centuries later, gas and electric light on the inside. Thus dynamic, correlated luminosity enlivened the darkened interior. To the extent that modern electric fixtures eliminated or played down shadows, they were viewed in some Church circles as an unwelcome development. "What should be remembered above all is that half the beauty of a church is lost if there are no shadows", warned Scottish Catholic Church historian Peter F. Anson in 1948.[16] Insisting on the centrality of aesthetic concerns, Anson set out the challenge inherent in reproducing the essence of the familiar sacred ambiance.

In 1954 Murphy articulated his understanding of the role of lighting in Catholic church interiors in the context of new protocols designed to foster worshipper participation. Beginning in the 1930s, the American Catholic Church introduced English language liturgical books which enabled worshippers to follow the text and thereby understand the structure and content of the Mass, rather than to absorb passively the Latin liturgy. Murphy explained: "One of the principal differences between religious architecture today and that of earlier times is the amount and quality of light. The written word has become our most general means of communication ... Therefore, light by which to read, sing, or otherwise participate in the Mass is a natural need of our time".[17] Here Murphy makes no reference to the challenge he and Mackey faced in reconciling the worshipper's tradition-based expectations of lower overall light levels. Moreover, he limits his discussion of light to utility, overlooking its potential to generate ambiance. Murphy's renderings, on the other hand, demonstrate his awareness of light's potential to shape the worshipper's experience of religious space. A gifted artist, Murphy was widely admired by architects as a delineator. Indeed, his ability to impart architectural vision graphically constituted a unique and invaluable asset to the Murphy and Mackey firm.

66

_ Figure 3.
Joseph D. Murphy, St. Ann's, sanctuary, watercolor, St. Louis, c. 1948 (St. Louis Mercantile Library at the University of Missouri-St. Louis).

_ Figure 4.
Joseph D. Murphy, St. Peter's, sanctuary, watercolor, St. Louis, c. 1949 (Murphy Family).

Murphy's Renderings

In general, architectural renderings were created for presentation purposes and were designed to persuade the client of the desirability of the proposed architectural scheme. In a successful rendering, the architect creates the conditions for the client to comprehend the experience achievable in the space. Even as Murphy's two interior renderings – of St. Ann's and St. Peter's – fulfill these requirements, a certain luminescent quality prompts us to ponder what additional purpose the renderings may have served. The fact that Murphy produced perspective renderings while the profession in general relied increasingly on models and axonometric diagrams attests to his belief in the value of the artist's hand in the presentation of design ideas.

Murphy understood his architectural renderings to be works of art. His Beaux-Arts training, first at MIT and then in Paris, had taught him to construct imaginative conceptual schemes in plan, elevation and section. Murphy's virtuosic and purposeful manipulation of light is evident in his winning proposal for the Paris Prize competition of 1929. Drawn in graphite, charcoal and ink, his *Spirit of the West* depicts in elevation a lofty tower rising through a field of illumination. The effect is that of an architectural ensemble awash in ethereal mist, a treatment that softens the impact of the massing while evoking a luminous nocturnal landscape. Even though his church renderings are perspective projections of buildings yet to be realized, considerable transference is nonetheless evident from the imaginative renderings. For example, in the Paris Prize drawing, Murphy's use of light to conjure atmospherics is reprised in the St. Peter's rendering in which it represents an ethereal ambiance in the sanctuary. Murphy's light-infused drawings recall the Finnish architect Eliel Saarinen's exquisitely delineated image of a sanctuary for the Christian Science Church in Minneapolis (1925-26) in the way that they privilege

Figg. 3, 4

Fig. 5

67

_ Figure 5.
Joseph D. Murphy, "The
Spirit of the West", elevation,
graphite, charcoal & ink,
1929 (Murphy Family).

spatial volume and thereby reduce to ant-like scale the parishioners assembled in
the pews. Both architects distribute intense luminescence across the congregational
zones. In Saarinen's case, light draws the eye to the empty seats in the compositional
middle ground that are rendered in soft tones and thereby reflect light from the
dome overhead. Murphy, on the other hand, propels the eye to the liturgical focal
point of the sanctuary by concentrating light from the pews, the altar and the lantern in a tripartite vertical register. Whereas Saarinen depicts the pellucid octagonal
dome as the entry mechanism for the raking light that penetrates to the sanctuary
core, Murphy does not connect interior illumination to an exterior source as he had
done in his Paris Prize rendering.

Fig. 6

Murphy's renderings of St. Ann's and St. Peter's of 1948 and 1949 respectively,
although made within a year of each other, demonstrate two distinctly different stylistic approaches to modernist Catholic sanctuary design, St. Ann's strongly rectilin-
ear, St. Peter's with a pronounced focus on the curvilinear precinct around the altar.
Murphy elucidated these design approaches by varying his strategies for depicting
the activity of light in the drawings. In the St. Ann's image, the uniform, high light
level enhances the viewer's perception of the room as a unified architectural volume
enclosed within flat planes. This sense is underscored by the dramatically receding
orthogonal lines that draw the viewer rapidly into the space and make the ceilings
seem very high and the space expansive. Even though in daylight raking light would
enter the sanctuary through the clerestory windows over the side chapels, Murphy's
rendering does not allow any such eventuality to disrupt the evenness of the am-

biance. Moreover, whereas the photograph shows the skylights in the nave ceiling illuminating the sanctuary, Murphy drew the circular forms as mere motifs without indicating how incoming light would activate the space. Neither does he draw attention to the great chancel window by showing light interacting with the glass. In the St. Peter's rendering Murphy achieves ambient lighting using a different strategy from St. Ann's, in this case insinuating a translucent film of atmosphere to create the effect of light diffused throughout the sanctuary. At the same time, as already noted, he concentrated radiant light at the liturgical focal point of the sanctuary. The light level in the church as shown in the photograph is considerably more uniform than in the rendering, even taking into account the photographer's almost certain use of supplemental lighting. As in the St. Ann's drawing, the windows at St. Peter's are not shown as the light source. In both drawings, Murphy locates the viewer deep within the congregational space as a participant in the devotional moment. The lofty nave ceilings diminish the human figures who are shrouded in a misty, dematerializing layer of illumination which is executed in pale, neutral washes. In the drawing of St. Ann's, Murphy has integrated this atmospheric layer around the pews into his evenly-lit scheme. In both renderings, Murphy has invented a field of intense illumination to serve his artistic vision.

69

_ Figure 6.
Eliel Saarinen, Christian Science Church Project, Minneapolis, 1925-1926, interior perspective, pencil on paper, 1925 (Cranbrook Archives).

When it came to representing ambiance in the modern church, Murphy eschewed the dynamics of harsh contrasts in favor of something more akin to a uniform, nuanced clarity. In the drawings of both St. Ann's and St. Peter's, worshippers are bathed in warm and enveloping light in an environment of profound stillness, with the dark zones of historicist renderings practically eliminated. Murphy's renderings hint at a quality of experience that could be encountered in his modern Catholic space, imparting to the viewer a sense of otherworldliness, one that is as conducive to modern religious engagement as was the experience of the sacred encountered in Gothic-style churches. Murphy frequently stressed in his writing the need to cultivate beauty in art and architecture.[18] The fact that Murphy associated beauty with the ineffable provides a clue to his intentions as expressed in the drawings.

Murphy and Ineffable Space

Murphy's multivalent vision in the renderings reveals architecture's potential to create an environment for spiritual expansiveness. Even as Murphy assimilated light representation techniques from Beaux-Arts convention, from Saarinen and from others, he was aware of modernism's new paradigms. One such concept, that of "ineffable space" (espace indicible) was introduced into the English-language architectural discourse by Le Corbusier in 1948. In characterizing this notion, Le Corbusier describes the experience of a profane miracle: "...a boundless depth opens up, effaces the walls, drives away contingent presences, *accomplishes the miracle of ineffable space*".[19] Le Corbusier did not invest his phenomenological discovery with religiosity in the first instance but rather explained: "I am not conscious of the miracle of faith, but I often live that of ineffable space, the consummation of plastic emotion". Le Corbusier effectively invented a zone of secular spirituality – "ineffable space" – resulting from a synthesis of the plastic arts, thereby identifying in modernist architectural space the potential for spiritual experience of some kind.[20] Moreover, he coined a phrase that would represent the phenomenon in the language of architecture. To the extent that modern space was understood to have been emptied of meaning associated with historical form, his formulation of ineffability paradoxically amounts to a redemptive recovery of meaning. Le Corbusier restated the challenge of sanctuary design by envisioning how modernism could live up to the task of articulating a unique, sacred ambiance. In inventing the term "ineffable space", not only did Le Corbusier reinforce the notion that modern space was qualitatively different from traditional space, but also he opened up modern architecture to an experiential dimension.

This expanded field of discourse provides a framework in which to situate Murphy's renderings. Murphy aimed to create a unified architectural space that would serve the liturgical function. At the same time, he strove to orchestrate an engaging aesthetic experience. These two interests converged in his architectural renderings. Whether or not the rendered vision is discernible in the built work, however, remains open to question. Nevertheless, the manner in which Murphy suffuses his renderings with an expression of the ineffable connects his project to Le Corbusier and others working at midcentury to reinvest religious space – space that modernist design philosophies had divested of spiritual potential – with palpable spiritual meaning.

_ 1. My thanks to Dr. Emily Burns and Dr. Noelle Paulson for commentary on the text, and to Betha Whitlow for assistance with images. For an account of new lighting technologies, see R. Kelly, *Lighting as an Integral Part of Architecture*, "College Art Journal", 12, 1952, n. 1, pp. 24-30.

_ 2. I use the short form "St. Peter's" for "St. Peter Catholic Church". Murphy, and later Mackey, were members of the architecture faculty at Washington University in St. Louis. As dean of the Architecture School from 1948-52, Murphy presided over a curriculum shift from the Beaux-Arts to the modern.

_ 3. The Paris Prize was awarded annually from 1904-54 by the New York-based Beaux-Arts Institute of Design on the basis of a nationwide competition among architecture students. The winner received two years' education at the École des Beaux-Arts in Paris. Murphy was a student at the École from 1929-1932.

_ 4. I use the term "sanctuary" in the modern sense to refer to the entire room where the Mass is celebrated.

_ 5. See R. Kieckhefer, *Theology in Stone. Church Architecture from Byzantium to Berkeley*, Oxford University Press, New York 2004, pp. 278-282.

_ 6. See J.H. Kilde, *Sacred Power, Sacred Space. An Introduction to Christian Architecture and Worship*, Oxford University Press, Oxford-New York 2008, pp. 177-185. The historical shift in emphasis from structure to space discussed by Kilde was advocated doctrinally and enacted in practice by the leaders of modernist architecture on both sides of the Atlantic including Le Corbusier and Frank Lloyd Wright. Emphasis on space remained a signifying attribute of midcentury modernist architecture.

_ 7. See, for example, *Saint Ann's Church, Normandy, Missouri*, "Liturgical Arts", 20, 1952, n. 4, pp. 114-115; *Inside-Out Window*, "Time", LX, 1952, n. 24, pp. 84-85; A. Henze, T. Filtaut, *Contemporary Church Art*, trans. by C. Hastings, Sheed & Ward, New York 1956, p. 97.

_ 8. Frei trained in a family of German stained glass artists from Munich. The window was widely acknowledged for its scale and technical innovation.

_ 9. Dom. E. Roulin, *Modern Church Architecture*, trans. by C.C. Craigie, J.A. Southwell, B. Herder, St. Louis, MO-London 1947, p. 621 (original edition: *Nos églises. Liturgie, architecture moderne et contemporaine, mobilier, peinture et sculpture*, Lethielleux, Paris 1938). Roulin was based in the Dominican mother house at Ampleforth Abbey, England. Murphy would certainly have known this text since it carried the imprimatur of his St. Louis patron, Archbishop (later Cardinal) Joseph E. Ritter.

_ 10. *Ibidem*.

_ 11. William Ward Watkin's nondenominational text *Planning and Building the Modern Church*, F.W. Dodge, New York 1951, pp. 132-139. See also P.F. Anson, *Churches. Their Plan and Furnishing*, Bruce Publishing Company, Milwaukee, WI 1948, pp. 227-236.

_ 12. T. Klauser, *Directives for Building a Church*, "The Furrow", 7, 1950, pp. 353-362.

_ 13. *Diocesan Building Directives. Diocesan Liturgical Commission, Superior, Wisconsin. Part Two*, "Liturgical Arts", 26, 1957, pp. 43-44.

_ 14. H.A. Reinhold, *Speaking of Liturgical Architecture*, Liturgical Programs, University of Notre Dame, South Bend, IN 1952, pp. 19-20. Reinhold uses the term "sanctuary" to refer to the areas surrounding the altar, not the entire interior of the church.

_ 15. *Ibidem*, p. 20.

_ 16. P.F. Anson, *Churches*, see footnote 11, pp. 231-232.

_ 17. J.D. Murphy as quoted in *Responsibility of Architect To Those Who Use Structure*, "The St. Louis Register", September 17, 1954, p. 11.

_ 18. J.D. Murphy, notes for *Four Talks on Architecture* at the University of Notre Dame, July 5-9, 1955, Murphy family papers.

_ 19. Le Corbusier, *New World of Space*, Reynal & Hitchcock-Institute of Contemporary Art, Boston, New York-Boston 1948, p.8. The concept appeared in a 1946 article in "L'Architecture d'Aujourd'hui" and two years later as a monograph in English entitled *New World of Space*. The publication served as the catalogue for an exhibition of the same title at the Institute of Contemporary Art, Boston, in 1948.

_ 20. For interpretations of the ineffable in architecture, see K.C. Britton (ed.), *Constructing the Ineffable. Contemporary Sacred Architecture*, Yale School of Architecture-Yale University Press, New Haven 2010. For a discussion on Le Corbusier's use of the term, see R. Gargiani, A. Rosellini, *Le Corbusier. Béton Brut and Ineffable Space, 1940-1965. Surface Materials and Psychophysiology of Vision*, EPFL, Lausanne 2011, pp. 63-66.

71

Simona Talenti

Luce per "mostrare"

I documentari di Pierre Kast e Roberto Rossellini

«La luce è l'essenza del cinema»: con queste parole Stefano Masi, regista, giornalista e critico, introduce il suo libro sulla storia della luce nella filmografia del XX secolo.[1] Convenire con tale affermazione significa riconoscere nel direttore della fotografia l'"occhio" del film, colui che controlla, manipola e plasma la sorgente luminosa a seconda dei casi e delle necessità oltre che in funzione delle richieste registiche. Le scelte dell'illuminazione, nelle pellicole cinematografiche o televisive, risultano determinanti, incidendo non solo sulla narrazione e sull'atmosfera emotiva, ma condizionando anche la percezione dello spazio, sia esso naturale o costruito. Riflettere sulla maniera in cui la luce è stata utilizzata in filmati e documentari che vedono l'architettura protagonista contribuisce così a svelare, oltre alle preferenze luministiche di cineasti – e operatori – più o meno famosi, anche la loro personale e spesso originale lettura di edifici della modernità o della contemporaneità. Senza dimenticare che la ripresa cinematografica da parte di professionisti estranei alla disciplina architettonica può rivelarsi ricca di sorprese interpretative e di visuali inedite, consentendo allo spettatore di avvalersi di chiavi di lettura alternative che attribuiscono a quei manufatti significati nuovi e inattesi.

I documentari di architettura di Pierre Kast

Pierre Kast,[2] uno dei più grandi maestri del cortometraggio francese intorno alla metà del Novecento, e Roberto Rossellini, caposcuola del neorealismo italiano, sono due registi accomunati da una profonda vocazione didattica e divulgativa, che li ha condotti a cimentarsi con la ripresa cinematografica dell'architettura moderna e dei suoi artefici. Entrambi affascinati dal format del documentario, capace di veicolare conoscenza e sapere senza richiedere ingenti mezzi economici, i due artisti hanno voluto e saputo affrancarsi da qualunque spettacolarizzazione e dal potere seducente delle immagini e della luce, a cui i film tradizionali non sembravano, invece, poter rinunciare. Kast ha sempre manifestato una certa passione nei confronti delle arti grafiche, ma soprattutto per il costruito, al punto da affermare che «Le cinéma, c'est comme l'architecture: c'est un art où les relations avec les structures économiques, sociales, financières et politiques sont essentielles».[3] Per Kast ogni artista – architetto o cineasta – dovrebbe impegnarsi attivamente e responsabilmente per la realizzazione di una società nuova e migliore. Non stupisce dunque che alla Mostra del Cinema di Venezia del 1954 il regista francese abbia presentato un cortometraggio interamente dedicato a un architetto "maledetto", Claude-Nicolas Ledoux, i cui progetti lo avevano particolarmente incuriosito per la loro connotazione morale e visionaria, ma forse anche per i loro significativi contrasti luminosi.[4] I sogni e le utopie dell'architetto rivoluzionario offrono inoltre a Kast l'occasione di riflettere sulla libertà che ogni artista deve mantenere nei confronti della committenza e che soltanto pochi architetti del Novecento avrebbero, a suo avviso, perseguito. Tra coloro che si sarebbero svincolati dal potere economico, Kast ricorda Le Corbusier, Lucio Costa e Oscar Niemeyer, che diventeranno non a caso i protagonisti di alcuni dei suoi successivi documentari, come quello di 22 minuti realizzato tre anni più tardi, dal titolo *Le Corbusier, l'architecte du bonheur*.[5]

Se il cortometraggio dedicato a Ledoux, seppur didattico, si presentava essenzialmente come un film insolito e appassionato, la pellicola del 1957, ideata attorno a un'intervista all'architetto franco-svizzero e alla sua produzione grafica, è «de pur style documentaire».[6] Attraverso «un film sec, clair et démonstratif, sans grande séduction»,[7] come afferma lo stesso regista, Kast prosegue la sua opera di trasmissione del sapere attraverso l'occhio della cinepresa, rivendicando per l'atto registico quella necessaria libertà dalla committenza che si rivelerà ugualmente imprescindibile per il Rossellini documentarista. Non sembra che Kast si sia fatto minimamente influenzare dalla presenza di uno sponsor pubblico – nella fattispecie l'Institut

_Figura 1.
Fotogramma dal documentario di P. Kast, *Le Corbusier, l'architecte du bonheur*, 1957: Le Corbusier, Unité d'habitation, veduta del soggiorno e della loggia di un appartamento, Marsiglia, 1945-1952.

74

Pédagogique National – né tantomeno dalla poco rinomata casa di produzione Les films de Saint-Germain-des-Près.[8] L'operatore, Philippe Agostini, è uno dei più autorevoli direttori della fotografia del cinema francese nel secondo dopoguerra.[9] Un artista che non ha preferenze dottrinali in merito all'utilizzo dell'illuminazione cinematografica e che dichiara che «non esiste una luce Agostini»,[10] ma solo un'attenzione posta a non tradire le espressioni degli attori in nome di una rappresentazione il più possibile fedele alla realtà. E così le inquadrature di Villa Savoye o dell'Unità d'abitazione di Marsiglia mantengono solo un vago ricordo del virtuosismo fotografico proprio delle immagini patinate pubblicate dalle riviste di architettura. La luce, a volte quasi accecante, con la quale vengono ripresi sulla terrazza dell'Unité i «volumes assemblés sous la lumière»,[11] permette, in qualche modo, di accreditare la tesi corbusiana sul necessario irraggiamento delle abitazioni moderne. Ma la scelta di questa illuminazione – che crea contrasti molto netti nelle inquadrature dei pilotis del piano terra così come nella rappresentazione dei volumi cristallizzati sulla terrazza dell'Unità di abitazione – trova anche una spiegazione nella connotazione di spontaneità e di realismo della luce naturale. La pulizia formale a tutti i costi non costituisce un obiettivo imprescindibile del regista né del suo operatore, che sembrano non darsi la pena di camuffare ombre lunghe, controluce o riflessi. Per riprendere gli spazi interni di un appartamento dell'edificio di Marsiglia, Agostini fa ricorso a un'illuminazione laterale aggiuntiva, probabilmente per contrastare quella luce solare che inonda il soggiorno e che provoca, nello spettatore, una sensazione di parziale accecamento. Un piccolo accorgimento che deve solo servire a rendere fruibile quel quadro visivo registrato in controluce, senza tuttavia privarlo di autenticità e di veridicità. Il realismo e l'immediatezza del cortometraggio costituiscono infatti un'ambizione alla quale Kast non viene mai meno: la presenza, quasi

75

Fig. 1

_ Figura 2.
Fotogramma dal documentario di P. Kast, *Le Corbusier, l'architecte du bonheur*, 1957: Le Corbusier, Unité d'habitation, tetto-terrazza, Marsiglia, 1945-1952.

costante, delle persone che vi abitano, permette anch'essa di stemperare quell'aura di spettacolarità e di astrazione che, invece, le inquadrature del solo grande edificio collettivo avrebbero potuto veicolare.

Fig. 2

Nei *Carnets brésiliens* (1966), un documentario di quasi quattro ore montato come un viaggio raccontato in prima persona, Kast suggella il suo profondo interesse per l'architettura, in particolar modo per il barocco brasiliano, ma anche per quella che considera come una sua diretta filiazione, ovvero l'opera "lirica"[12] di Oscar Niemeyer. Il regista è attratto dalle realizzazioni con forme sinuose, che giocano spesso con la luce, la sua modulazione e i suoi riflessi. Scritti e girati interamente da Kast per la televisione francese, che si apprestava proprio in quegli anni a trasmettere a colori, i quattro episodi dei *Carnets*, andati in onda nel 1967, ci portano alla scoperta della "cultura autonoma" di quel paese, come afferma il regista.[13] Tra musica, letteratura, spiagge e foreste, si inserisce una lunga conversazione con Oscar Niemeyer e un vero e proprio tributo a Brasilia, esempio di città ideale finalmente realizzata. Le riprese dell'intervista all'architetto brasiliano si svolgono all'interno della sua abitazione, la famosa Casa das Canoas progettata dal maestro alla periferia di Rio de Janeiro nel 1951. Quei valori di semplicità e di austerità che caratterizzano, secondo il regista, l'essenza più profonda di Niemeyer, sono traslati anche nelle inquadrature e nella scelta dell'illuminazione. Dall'interno della casa, attraverso le vetrate, si stagliano, in controluce, i pilotis esterni e compare la silhouette dell'architetto che raggiunge gli ospiti in questo spazio dove la plasticità e la presenza di grandi aperture favoriscono una perfetta armonia tra gli ambienti interni e la natura. La luce artificiale si inserisce solo per permettere all'occhio della cinepresa di avere una buona definizione del volto dell'intervistato.

76

_Figura 3.
Fotogramma dal documentario di P. Kast, *Carnets brésiliens*, 1966: Oscar Niemeyer, Ministero degli Affari Esteri, Brasilia, 1962.

La stessa tecnica viene adoperata nelle inquadrature di Brasilia, dove la luce del sole è quasi sempre sufficiente a ritrarre gli edifici amministrativi dall'alto o a catturarne i prospetti o i loggiati scanditi dal gioco di chiaroscuri. Anche le rare riprese interne non fanno ricorso a luci aggiuntive, per non venir meno a quell'auspicio di corrispondenza alla realtà che aveva caratterizzato le esperienze di Kast e di tutta la Nouvelle Vague.[14] La cattedrale in costruzione di Niemeyer, con i suoi costoloni non ancora intonacati, ripresi dal basso in modo che si staglino contro il cielo blu, non ha bisogno di essere valorizzata da accorgimenti luminosi particolari. La narrazione di Kast non ricerca in alcun modo l'esaltazione o la celebrazione, ma solo l'autenticità, a costo di filmare immagini a volte imprecise e ottenere colori spenti. Allo stesso modo, le riprese del cantiere del Ministero degli Affari Esteri di Brasilia – visitato in compagnia di un giovane assistente di Niemeyer – non necessitano di luci semantiche atte a convogliare lo sguardo o a ritoccare la realtà.

Fig. 3

Rossellini documentarista

Anche Roberto Rossellini mostra, in quegli stessi anni, di aver perfettamente intuito le potenzialità del film documentario, ma soprattutto del piccolo schermo, elaborando nel 1962 un progetto di enciclopedia storica filmata.[15] Una proposta che il regista neorealista ha sviluppato dettagliatamente e attraverso la quale prevedeva di raccontare la storia dell'umanità, analizzando i temi più eterogenei, che spaziavano dalla preistoria alla Rivoluzione industriale, dalla storia dell'astronomia a quella dell'architettura – con un documentario su Leon Battista Alberti – o dell'alimentazione. L'intento di Rossellini, che non perdeva occasione di parlare della sua idea didattica, è utopico[16] quanto la passione che aveva animato Pierre Kast. Le nuove pellicole del regista italiano volevano essere altrettanti strumenti di educazione, finalizzati non tanto a celebrare il passato, ma a guidare l'uomo contemporaneo verso il futuro. Rossellini intendeva rivolgersi all'intelligenza del pubblico, "alla parte migliore dello spettatore", come è stato giustamente sottolineato dal figlio Renzo.[17] E la scelta della televisione veniva motivata dall'esigenza di raggiungere milioni di persone ed essere nello stesso tempo facilmente comprensibile per tutti attraverso il potere comunicativo dell'immagine. Un'immagine che doveva incuriosire il pubblico, il quale era chiamato, attraverso le proprie inclinazioni, conoscenze e capacità, ad avvicinarsi in modo personale e sempre diverso all'argomento, facendolo proprio e, in un certo senso, costruendo da sé il proprio film.[18] Seppur con tecniche e linguaggi diversi rispetto alle esperienze francesi di Kast, i filmati storici di Rossellini – quasi tutti finanziati dalla RAI o dall'Office de Radiodiffusion-Télévision Française tra 1964 e 1977 – hanno lasciato anch'essi spesso disorientati i telespettatori per la loro sobrietà, essenzialità, "non artisticità" e per l'inusuale assenza di vicende sentimentali. Attraverso una successione di quadri visivi che presentavano ed esponevano un pensiero, più che delle emozioni, il cineasta cercava di diffondere il sapere tra le masse, senza sedurle per mezzo di un virtuosismo iconografico e senza scopi puramente dimostrativi. La lentezza, allora come oggi, colpisce l'osservatore: una lentezza che ha il fine di combattere la fruizione passiva e stimolare lo sguardo dello spettatore e la sua capacità interpretativa.

Il filmato sul Centro Georges Pompidou

All'interno di questa coraggiosa e ambiziosa avventura didattica che Rossellini ha sperimentato verso la fine della sua carriera, si inserisce la sua ultima esperienza lavorativa, in cui il regista filma il Centro Georges Pompidou. Il documentario di 57 minuti, realizzato tra la fine di aprile e la prima settimana di maggio 1977 e andato in onda una sola volta sulla televisione francese e su Rai 3,[19] non fa che comprovare la tesi del maestro, secondo la quale occorre «un sistema di educazione che insegni come pensare piuttosto che ciò che si deve pensare».[20] Con lo stile diretto e asciutto che caratterizza il suo linguaggio da quando opera per il piccolo schermo, il regista riprende il nuovo e controverso museo di arte moderna, poche settimane prima della sua improvvisa scomparsa avvenuta a Roma il 3 giugno. Il committente originario è il Ministero degli Affari Esteri francese che intende, con tale produzione, promuovere e pubblicizzare la recentissima costruzione parigina, inaugurata il 31 gennaio dal nuovo presidente della Repubblica Valéry Giscard D'Estaing, ma già oggetto di critiche e disapprovazione. Contrariamente ai filmati televisivi, i cui soggetti erano frutto della curiosità di Rossellini, il documentario su questo edificio della contemporaneità dal linguaggio architettonico provocatorio e originale non è stato l'esito di un interesse maturato nella mente del regista.

Rossellini, inoltre, manifesta nei confronti del manufatto un distacco e un'oggettività che rendono alquanto arduo afferrare la sua opinione in merito all'opera di Piano e Rogers. In occasione di un'intervista realizzata al termine delle riprese, e nella quale viene incalzato dal giornalista a esprimere il proprio giudizio sul Beaubourg, il regista si astiene da ogni commento, adducendo come ragione il proposito di non voler influenzare gli eventuali fruitori. E proprio per non tradire il suo linguaggio rigoroso e la sua onestà intellettuale, il maestro italiano accetta l'incarico di riprendere il Beaubourg, a patto di trovarsi un "suo" produttore, individuato poi in "Jacques Grandclaude, Création 9 Information".[21] Il risultato è un film che non cede mai alla lusinga dell'immagine seduttrice, in nome di un ritratto integro di uno spazio con i suoi suoni e le sue luci, condizione che Rossellini considera indispensabile per stimolare curiosità, quesiti e riflessioni nel grande pubblico. E così il regista nasconde decine di microfoni all'interno del Beaubourg, dando voce alle considerazioni e allo stupore della gente che penetra in questa macchina spaziale atterrata nel cuore di Parigi, evitando in tal modo di inserire nella sua pellicola commenti e giudizi, musica o voci fuori campo.

Anche l'illuminazione non può non sottostare ai principi di onestà e di adesione alla verità, che diventano espressione di un atteggiamento morale. Non è un caso che Rossellini si avvalga del celebre direttore della fotografia spagnolo Nestor Almendros, con il quale condivide non solo un uso dell'illuminazione sempre ai limiti dell'essenzialità, ma anche l'ambizione che «lo spettatore abbia l'impressione della realtà».[22] Famoso "artista della luce" e operatore prediletto da François Truffaut e Erich Rohmer, Almendros sarà tuttavia costretto ad adattarsi alle necessità contingenti delle riprese interne e alle richieste del già anziano regista, rinunciando a volte alle sue consuete preferenze per la luce indiretta e soffusa ma anche per la sorgente luminosa unica che aveva caratterizzato il suo lavoro con i registi della Nouvelle Vague. La lettura dell'autobiografia dell'operatore spagnolo si rivela essenziale per capire non solo i compromessi ai quali deve piegarsi, ma anche l'importanza di alcune scelte luministiche effettuate in funzione della specificità dello spazio da filmare.[23] Almendros ricorda, tra l'altro, di aver dovuto aprire maggiormente l'obiettivo e impiegare «pour la première fois en France des lampes à arc» al fine di «remplir un espace aussi vaste» e di consentirgli di «atteindre le diaphragme» di cui aveva bisogno.[24] Ugualmente ricco di informazioni in merito all'illuminazione e, più in generale, alle strategie registiche, è il cortometraggio realizzato dallo stesso produttore Grandclaude che ottiene dal maestro italiano l'autorizzazione a filmarlo mentre è al lavoro.[25] E così, grazie a questo documento unico e originale, è possibile vedere il regista alle prese con il suo famoso zoom manuale o mentre discute con i diversi operatori, tra cui lo stesso direttore della fotografia, in merito alle inquadrature e alle fonti luminose.

Durante le sue esperienze televisive, Rossellini si era abituato a destreggiarsi con mezzi economici molto più ridotti rispetto a quelli disponibili per il cinema. L'utilizzo dello zoom telecomandato di sua invenzione e l'uso ricorrente del piano sequenza erano nati come semplice risposta alle ristrettezze finanziarie, ma erano diventati gli strumenti di un nuovo linguaggio, semplice, onesto e senza artifizi, che diventa la cifra stilistica del regista anche nelle riprese del Beaubourg. Almendros, da sempre avverso all'uso dello zoom, ricorda di aver accettato questa tecnica combinata con i piani sequenza perché «giustificata dal carattere didattico del soggetto».[26] «Il travelling – ricorda il direttore della fotografia – produceva un'impressione di rilievo, spostando muri e oggetti verso la destra o verso la sinistra dello schermo. Lo zoom consentiva di chiudere o allargare il campo di visione secondo i bisogni di Rossellini»,[27] ma obbligava Almendros a «fornire un livello di illuminazione superiore alla media»[28] affinché le immagini degli oggetti selezionati dalla cinepresa risultassero sufficientemente pulite e definite. Attraverso questi espedienti tecnici, il regista riesce a dar risalto non solo ad alcuni dettagli, ma soprattutto ai valori spaziali e a sottolineare la profondità e la flessibilità degli ambienti e delle loro dimensioni, portando lo storico e critico cinematografico Tag Gallagher, autore di un saggio sul maestro italiano, ad affermare: «L'effet produit est d'une architecture en mouvement, une progression à travers une fugue de Bach».[29]

A ribadire l'essenza del progetto educativo contribuisce anche l'illuminazione scelta, che si rivela generalmente contenuta e, per quanto possibile, di origine naturale.[30] E così, in una mattinata di sole, Rossellini riprende i prospetti del Beaubourg, indifferente alle ombre lunghe che si stagliano sulle pareti degli edifici adiacenti o sulla strada. Il fronte ovest, affacciato sulla grande piazza inclinata, viene però filmato anche una seconda volta, da una diversa angolazione e con un'illuminazione meno contrastata, ottenuta probabilmente nelle ore pomeridiane. Il regista sembra proporre volutamente una doppia percezione luminosa di quello che è il prospetto più significativo e originale del Centro Pompidou: una facciata che gioca sulla trasparenza della parete, mitigata dalla presenza di elementi tubolari che contengono le scale mobili, all'interno di una trama metallica a vista che disegna una rara impaginazione geometrica. È forse sempre quell'ambizione di autenticità che guida Rossellini durante le riprese del centro polifunzionale parigino – e che il maestro rivendica con toni accesi quando alcuni giornalisti lo mettono in dubbio[31] – a suggerirgli di filmare lo stesso oggetto in due momenti diversi della giornata, per non fornire una lettura soggettiva o un'interpretazione faziosa.

79

_ Figure 4-6
Fotogrammi dal
documentario di R.
Rossellini, *Centre Georges
Pompidou*, 1977 (© Jacques
Grandclaude/Fondation
Genesium): Renzo Piano
e Richard Rogers, Centre
Georges Pompidou, in alto
terrazza del quarto piano,
al centro sala del Museo
nazionale d'arte moderna,
in basso corridoio all'ultimo
piano, Paris, 1971-1977.

Dalle prime inquadrature dell'esterno dell'edificio, connotate da una forte luce naturale, il regista si sposta all'interno, dove l'ambiente diviene immediatamente oscuro e buio. Le grandi pareti vetrate creano un effetto di controluce che aggiunge profondità all'immagine, accentuando il valore spaziale del piano terra restituito a una completa fruibilità – poiché liberato dall'ingombro delle strutture portanti – e consentendo in tal modo di cogliere l'essenza del progetto parigino. Registrare le *silhouettes* delle persone che camminano e si stagliano sulle pareti vetrate, significa riproporre le immagini che l'occhio umano coglie varcando la soglia che separa lo spazio esterno, illuminato dal sole, da quello interno, dove le luci filmiche ridotte e i *downlights* collocati a un'altezza ragguardevole lasciano il grande ambiente nella penombra. Questo leggero chiaroscuro che caratterizza le prime riprese delle aree comuni e collettive (atrio, mezzanino e seminterrato con incavo centrale) consente, inizialmente, di non evidenziare determinati spazi a scapito di altri. Tuttavia mette in risalto la struttura portante composta dai pilastri del seminterrato e dai solai dei vari livelli (del pianoterra e del piano rialzato), il cui frontalino presenta tonalità chiare, in grado di riflettere facilmente la luce e diventare più agevolmente leggibile. Difficile sapere se tale esaltazione della struttura sia stata volutamente ricercata dai realizzatori o sia più semplicemente l'esito inevitabile dell'illuminazione adottata.

Così come era avvenuto per il prospetto principale del Centro Pompidou, anche gli ambienti interni, ripresi inizialmente nella semioscurità, durante la mattinata – quando l'istituzione culturale è fruibile solo alle scolaresche e agli operai impegnati nell'ultimazione del grande cantiere – vengono successivamente filmati al momento dell'apertura pomeridiana al pubblico, con l'aiuto di luci più potenti – forse le lampade ad arco di cui parla Almendros nella sua autobiografia[32] –, trasformando la percezione del luogo e accentuando questa volta non tanto l'omogeneità e la continuità spaziale, quanto i ritratti dei visitatori e soprattutto determinati oggetti che, illuminati da un'efficace luce artificiale, catturano l'attenzione dello spettatore, come la scala mobile tinteggiata di rosso.

I profili metallici dei soffitti vengono ripresi frequentemente da Rossellini. Le inquadrature disassate ed effettuate leggermente dall'alto della grande biblioteca, richiedono un'illuminazione artificiale un po' più potente – nel filmato di Grandclaude si vedono numerosi spot direzionali collocati a una certa altezza – al fine di percepire tutta la vastità della sala di lettura. La luce colpisce in tal modo i visitatori, qualche scaffale, ma anche la struttura reticolare della copertura, elemento architettonico caratterizzante l'interno di questo immenso involucro spaziale, che il regista inserisce sempre nelle sue scene. Anche le travi metalliche posizionate all'esterno di questo "umbrella building" seducono Rossellini. Inondati e messi in risalto dalla luce solare, i dettagli costruttivi assumono un valore significativo, diventando a volte la cornice di scenografie urbane spettacolari, che includono Notre-Dame o altri monumenti parigini. Le inquadrature sono perfino in grado di registrare quel dialogo sottile che si instaura tra l'opera d'arte ufficiale – come la scultura in bronzo di Max Ernst, lasciata nella penombra della terrazza – e quelle travi Gerber con la loro intelaiatura metallica che, colpite dalla luce, conseguono una loro specifica artisticità, al di là di ogni valenza puramente e unicamente tecnica, che lo stesso Piano ha d'altronde sempre fermamente respinto.[33]

Fig. 4

81

Il percorso logico e spesso circolare che il regista si impone di seguire per filmare l'edificio e il suo spazio, possiede anch'esso quella finalità pedagogica e didascalica alla quale Rossellini non vuole mai rinunciare. E così la cinepresa si attarda sui visitatori che entrano nel centro culturale, salgono a livello del mezzanino ed escono nuovamente dall'astronave per dirigersi verso le scale mobili esterne dove la luce naturale ritorna a essere la grande protagonista. La circolarità del movimento richeggia nell'avvicendarsi delle differenti luminosità: dai contrasti violenti della luce del sole sull'edificio e sulle sue strutture metalliche, si passa al chiaroscuro degli spazi interni di comunicazione e di passaggio, per i quali Rossellini utilizza un'illuminazione artificiale ridotta al minimo e all'essenziale, senza ricerca di effetti speciali. Un continuo alternarsi di riprese dentro e fuori, di spazi interni e semiesterni che, pur facendo parte dello spazio proprio dell'edificio, beneficiano di una forte luce solare, come le diverse terrazze e le pareti trasparenti dietro le quali sono ubicate le scale mobili. Ogni elemento viene registrato dalla cinepresa da due punti di vista opposti, proprio per non dare adito a interpretazioni errate o arbitrarie: così quelle pareti vetrate che dall'interno apparivano completamente trasparenti perché inondate di luce, diventano opache e riflettenti quando le si guarda a partire dalla grande terrazza dell'ultimo piano.

Non sorprende dunque che anche le numerose zone buie inevitabilmente create dalle luci filmiche e dagli spot – e che Almendros sembrava in parte criticare – non vengano mai dissimulate e nascoste. Nel filmato girato da Grandclaude, il direttore della fotografia si mostra leggermente disturbato dall'accentuazione di queste ombre nelle riprese degli spazi espositivi e si avvicina a Rossellini ricordandogli che normalmente, in un museo, le sorgenti luminose provengono dall'alto.[34] Ma come si evince dallo stesso documentario, il regista non sembra condividere appieno i consigli del suo operatore, tanto che, nelle riprese degli spazi museali, le doppie ombre portate di alcune sculture sui muri bianchi o sul piano di calpestio, più volte riproposte, diventano addirittura una delle peculiarità del filmato. Le lampade direzionali e potenti utilizzate per far risaltare i quadri sulle pareti chiare producono la sensazione, attraverso quelle ombre nette, che la luce non sia minimamente manipolata a fini illusionistici e che le riprese rispondano unicamente a quell'aspettativa di autenticità reclamata con energia. Non è dunque da escludere che lo stile di Rossellini non abbia sempre entusiasmato Almendros, anche se il tecnico spagnolo non era estraneo a una tale strategia, sperimentata ai tempi delle sue collaborazioni con i registi della Nouvelle Vague. Le doppie ombre, così come alcuni riflessi sulle vetrate, non sempre esteticamente raffinati che compaiono nel documentario, si rivelano la testimonianza palese di un metodo registico refrattario alle convenzioni, contrario a ogni contraffazione e che sancisce l'assenza di qualunque luce semantica o condizionamento interpretativo. Il realismo dello stile rosselliniano mostra, in questo, profonde assonanze con le considerazioni elaborate da Gombrich in occasione della mostra tenuta a Londra nel 1995 sulla rappresentazione delle ombre portate nella pittura.[35] «La presenza dell'ombra – scrive il celebre storico e critico d'arte – certifica la consistenza di un oggetto, poiché ciò che proietta un'ombra deve essere reale».[36] Attraverso il ricorso a quelle ombre nette proiettate a terra o sulle pareti bianche, Rossellini – come i pittori selezionati da Gombrich, in particolare Rembrandt, Caravaggio e Francesco Guardi – accentua «l'impressione della

Fig. 5

consistenza dell'oggetto stesso»,[37] ma insegue forse, più o meno consapevolmente, anche l'obiettivo di evidenziarne la tridimensionalità e dare risalto alla profondità spaziale di queste sale dedicate alla cultura.

Il regista evita però di celebrare in maniera troppo marcata le qualità artistiche delle opere esposte, così come il valore architettonico dell'edificio parigino. Le sue riprese sono la testimonianza di momenti vissuti e reali nei quali arte e pubblico dialogano ininterrottamente tra loro. Perfino nell'ultima scena dove compare, sotto una brillante luce naturale, la lunga galleria vetrata situata all'ultimo piano del Beaubourg, Rossellini, similmente al suo collega francese, non rinuncia alla presenza umana. L'inquadratura sarebbe risultata forse troppo architettonica e troppo patinata senza quei due personaggi – tra cui lo stesso Almendros – che si inseriscono in questo spazio luminoso e trasparente rendendolo più vero e più vissuto, e per questo più "oggettivo", secondo la definizione di Rossellini. Quando Renzo Piano dichiara che «un bravo architetto deve essere un antropologo, deve saper ascoltare» e che «l'arte dell'ascolto non è solo nei confronti delle persone, ma anche dei luoghi»,[38] sembra quasi rendere omaggio a una pratica che il regista italiano aveva adottato proprio per filmare il suo primo edificio importante.

Se non è improbabile che Kast e Rossellini abbiano condiviso un particolare interesse per quelle architetture caratterizzate da naturali effetti di trasparenza e di giochi di luce, è comunque indiscutibile che entrambi non abbiano ceduto al potere spettacolare e seducente dell'illuminazione né alle sue potenzialità dimostrative e interpretative. Usare la luce e i suoi effetti durante le riprese cinematografiche di un'architettura contemporanea avrebbe significato sfruttare il fascino attrattivo delle immagini per veicolare un'idea, un concetto, un simbolo, un'ideologia. I due registi hanno sentito invece il bisogno di dialogare con l'intelligenza dello spettatore, che deve essere stimolato e incoraggiato ad arricchire il proprio bagaglio personale e a perdere la sua naturale passività ricettiva. Kast avrebbe sicuramente condiviso quel concetto ribadito tante volte dal maestro italiano, di voler «mostrare» senza «dimostrare».[39] E così entrambi hanno rinunciato a qualunque manipolazione semantica di luci e ombre, ricercando più profondamente un pensiero che sapesse orchestrarle per poter divulgare la conoscenza nella maniera più realistica e oggettiva possibile, e pertanto più morale.

Fig. 6

L'autrice tiene a ringraziare sentitamente per la loro disponibilità il dott. Renzo Rossellini, Jacques Grandclaude, produttore del documentario sul Beaubourg, e il fotografo Patrick Toselli, all'epoca giovane assistente nell'équipe di Rossellini, per i suoi preziosi consigli.

_ 1. S. Masi, *La luce nel cinema. Introduzione alla storia della fotografia nel film*, La lanterna magica, L'Aquila 1982, p. 11.

_ 2. Su Kast si veda P. Boiron, *Pierre Kast, avec des textes de Pierre Kast et un entretien*, Lherminier, Paris 1985.

_ 3. P. Boiron, *Pierre Kast*, cit. alla nota 2, intervista al regista realizzata nell'autunno 1980, p. 86.

_ 4. Su Kast e i documentari di architettura cfr. S. Denis, *Architecture, cinéma et utopie. Pierre Kast sur Claude-Nicolas Ledoux et Le Corbusier*, in A. Fiant, R. Hamery (a cura di), *Le court métrage français de 1945 à 1968 (2). Documentaire, fiction: allers-retours*, Presses universitaires de Rennes, Rennes 2008, pp. 203-216.

_ 5. La sceneggiatura è stata realizzata nel 1957 in collaborazione con J.P. Vivet, mentre la voce fuori campo è quella di France Roche, che è anche l'intervistatrice. Il filmato (35 mm) di 22 minuti, in bianco e nero, è stato prodotto da Films de Saint-Germain des Près. Il titolo riprende quello utilizzato due anni prima dalla rivista "Cahiers Forces vives" che aveva dedicato all'architetto franco-svizzero un numero monografico intitolato *Architecte du bonheur. Le Corbusier* (Les Presses d'Ile de France, Paris 1955).

_ 6. P. Boiron, *Pierre Kast*, cit. alla nota 2, intervista a Kast, p. 66.

_ 7. *Ibidem*, p. 67.

_ 8. Il film ha ottenuto, nel 1958, anche un premio economico da parte del Centre National de la Cinématographie: cfr. F. Gimello-Mesplomb, *Un volet méconnu de l'intervention publique pour le cinéma. Les films sur l'art bénéficiaires de la prime à la qualité du CNC (1954-1959)*, in F. Albéra, L. Le Forestier (a cura di), *Le film sur l'art, entre histoire de l'art et documentaire de création*, Presses Universitaires de Rennes, Rennes in corso di stampa (ma già presentato al convegno internazionale omonimo, tenutosi nel 2011 a Losanna).

_ 9. Cfr. C. Gilles, *Les directeurs de la photo et leur image*, Editions Dujarric, Paris 1989.

_ 10. *Ibidem*, p. 9.

_ 11. Le Corbusier, *Vers une architecture*, Édition Crès, Paris 1923, p. 16.

_ 12. Kast la definisce in questo modo nella seconda parte del documentario, *Architecture baroque des Minas Geraes, Brasília, São Paulo*.

_ 13. Cfr. l'intervista in P. Boiron, *Pierre Kast*, cit. alla nota 2, p. 77. I quattro episodi sono dedicati, oltre all'architettura barocca e a Brasilia, alla città di Rio de Janeiro, a Bahia, alla foresta amazzonica e alla musica brasiliana.

_ 14. Solo per le interviste vengono utilizzate luci artificiali aggiuntive dai due direttori della fotografia Alfonso Beato e Alfreda Pucciano.

_ 15. Cfr. R. Rossellini, *Il mio metodo. Scritti e interviste*, a cura di A. Aprà, Marsilio, Venezia 1987; R. Rossellini, *La télévision comme utopie*, prefazione di A. Aprà, Cahiers du Cinéma, Paris 2001; P. Iaccio (a cura di), *Rossellini, dal neorealismo alla diffusione della conoscenza*, Liguori, Napoli 2006; L. Caminati, *Roberto Rossellini documentarista. Una cultura della realtà*, Carocci, Roma 2012.

_ 16. Si veda il documentario realizzato da J.L. Comolli nel 2006, *L'ultima utopia. La televisione secondo Rossellini*.

_ 17. Cfr. il documentario di Comolli, cit. alla nota 16.

_ 18. Nel documentario di Comolli (cit. alla nota 16) viene riportato un intervento audio di Rossellini nel quale il regista parla delle potenzialità della televisione e del ruolo dell'immagine.

_ 19. *Le Centre Georges Pompidou* è stato trasmesso dall'ORTF (Office de Radiodiffusion-Télévision Française) il 4 giugno 1977 e da Rai 3 il 1° ottobre 1983 (cfr. L. Caminati, *Roberto Rossellini*, cit. alla nota 15). Da allora, il documentario di Rossellini è stato dimenticato fino al 2007, anno in cui Jacques Grandclaude lo ha restaurato e riunito al suo filmato *Rossellini au travail* e all'ultimo incontro pubblico di Rossellini (*Le colloque de Cannes 1977*), dandogli nuova vita sotto forma di un trittico: *Rossellini 77*.

_ 20. R. Rossellini, *Diffondere la conoscenza*, relazione indirizzata alla RAI ed elaborata probabilmente verso il 1974-1975, in P. Iaccio (a cura di), *Rossellini*, cit. alla nota 15, pp. 160-167, qui p. 161.

_ 21. La partecipazione del figlio Renzo come produttore dei suoi documentari televisivi aveva abituato il celebre regista a sentirsi libero da compromessi e a rimanere sempre fedele ai suoi principi e ai suoi ideali didattici e morali.

_ 22. C. Gilles, *Les directeurs*, cit. alla nota 9, p. 29.

_ 23. N. Almendros, *Un homme à la caméra*, Hatier, Paris 1991 (1a ed. 1980).

_ 24. *Ibidem*, p. 118.

_ 25. Si tratta del già citato *Rossellini au travail*, cit. alla nota 19, un filmato che è divenuto il testamento intellettuale del grande regista italiano.

_ 26. N. Almendros, *Un homme*, cit. alla nota 23, p. 118.

_ 27. *Ibidem*.

_ 28. *Ibidem*.

_ 29. T. Gallagher, *Les aventures de Roberto Rossellini. Essai biographique*, L. Scheer, Paris 2005 (1a ed. New York 1998), p. 931.

_ 30. Nel documentario di Grandclaude, cit. alla nota 19, Rossellini chiede ad Almendros di illuminare «un tout petit peu» gli interni che saranno ripresi dalla terrazza dell'ultimo piano qualora la luce del sole non fosse sufficiente.

_ 31. Cfr. Grandclaude, *Rossellini au travail*, cit. alla nota 19.

_ 32. N. Almendros, *Un homme*, cit. alla nota 23, p. 118.

_ 33. Le affermazioni di Renzo Piano a proposito della valenza artigianale del Beaubourg, a suo avviso erroneamente considerato un trionfo della tecnica, si trovano in M. Dini, *Renzo Piano. Progetti e architetture 1964-1983*, Electa, Milano 1983, p. 126.

_ 34. Cfr. J. Grandclaude, *Rossellini au travail*, cit. alla nota 19.

_ 35. Considerazioni pubblicate nel catalogo: E.H. Gombrich, *Ombre. La rappresentazione dell'ombra portata nell'arte occidentale*, Einaudi, Torino 1996 (ed. orig. National Gallery, London 1995).

_ 36. *Ibidem*, p. 14.

_ 37. *Ibidem*, p. 36.

_ 38. Cfr. R. Piano, *L'architettura è un'arte corsara*, conferenza tenuta al Cersaie di Bologna il 1° ottobre 2009.

_ 39. Si vedano i suoi scritti e le numerose interviste inerenti alla sua carriera televisiva, in particolare il *Programma per un'educazione permanente*, lettera scritta da Rossellini nel 1972 e pubblicata in R. Rossellini, *Il mio metodo*, cit. alla nota 15, pp. 425-432, e le testimonianze audio di Rossellini nel documentario di J.L. Comolli *L'ultima utopia*, cit. alla nota 16.

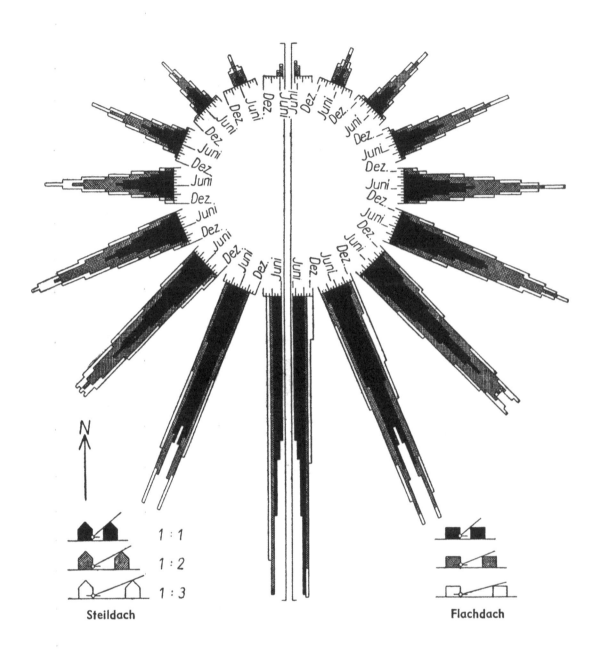

Steildach

Flachdach

N

1 : 1
1 : 2
1 : 3

Esposizione e orientamento dell'edificio

Exposing and Orientating the Building

A pagina / Page 86
Walter Neuzil, diagramma
dell'insolazione / insolation
diagram (in W. Neuzil, *Messung
der Besonnung von Bauwerken.
Ein neues Messverfahren und
seine Anwendung auf die
Bebauung*, Bauwelt-Verlag,
Berlin 1942, p. 23).

Daniel Siret

William Atkinson, pionnier de la science de l'ensoleillement en architecture en Amérique du Nord

S'il est régulièrement cité dans les études sur les origines de la question solaire en architecture pour son ouvrage de 1912, *The Orientation of Buildings; or, Planning for Sunlight*,[1] William Atkinson reste un personnage mal connu. Les présentations que donnent de lui Lewis Mumford en 1952, Ken Butti et John Perlin en 1980, ou encore Jeffrey Stein en 1997,[2] ne rendent compte que très partiellement de ses théories sur l'orientation des bâtiments, ou de ses innovations dans l'analyse de l'ensoleillement en architecture. Il faut dire que la personnalité et la vie d'Atkinson sont énigmatiques, et que ses recherches solaires semblent souvent en avance sur leur temps, si on les resitue dans le contexte des années 1900. L'objet du présent article est précisément d'apporter de nouveaux éléments susceptibles de mieux comprendre la vie d'Atkinson, et de montrer l'ampleur de son apport dans la constitution d'une science de l'ensoleillement en architecture en Amérique du Nord au tournant du vingtième siècle.[3]

Il n'existe pas d'archive dédiée à William Atkinson qui n'a laissé que deux courts ouvrages et quelques articles dans des revues professionnelles. Ces publications forment la source principale pour notre analyse. C'est d'ailleurs au détour d'une revue professionnelle que nous avons découvert que William était le fils d'Edward Atkinson, figure intellectuelle majeure de la seconde moitié du dix-neuvième siècle aux Etats-Unis. Le répertoire des anciens élèves de l'Université de Harvard s'est avéré très utile pour reconstituer le parcours professionnel d'Atkinson. Une source inattendue pour appréhender la personnalité d'Atkinson a été le roman de G. Howe Colt, *The Big House*, publié en 2003 aux Etats-Unis.[4] Ce roman décrit la vie d'une famille aisée de Boston, à travers leur maison d'été à Cape Cod. Il se trouve que la famille dont le roman dépeint l'évolution est celle de Ned Atkinson, frère ainé de William et arrière-grand-père de l'auteur du roman. *The Big House*, la maison au centre du roman, est d'ailleurs l'un des rares projets construits de William.

Sur ces bases, notre article s'organise en quatre parties qui présentent successivement la vie et la personnalité de William Atkinson, sa production dans le domaine de l'architecture, sa contribution au développement d'une science de l'ensoleillement et ses propositions pour la planification des hôpitaux et la régulation des tissus urbains.

Vie et personnalité de William Atkinson

William Atkinson naît le 7 juillet 1866 à Boston et disparaît le 21 avril 1950. Il est le quatrième des sept enfants vivants de Mary Caroline Heath et Edward Atkinson. De 1885 à 1889, il est élève à l'Université de Harvard dont il n'obtient aucun diplôme, du fait de son statut de *Special Student*. Il passe l'été 1889 dans l'atelier de Shepley, Rutan & Coolidge, célèbres architectes à Boston, puis entre au Massachussetts Institute of Technology (MIT) qui offre alors l'un des rares cursus en architecture aux Etats-Unis.[5] Il passe l'hiver 1890-1891 à Paris dans l'atelier d'Henri Duray et, de retour dans son pays, devient membre de la *Boston Society of Architects*. Le 29 mai 1900, il épouse Mittie Harmon Jackson. Le couple n'aura pas d'enfant.

À partir de l'été 1906, Atkinson est associé à Codman et Despradelle,[6] avec lesquels il semble avoir poursuivi une activité d'architecte au moins jusqu'à la mort de Despradelle en 1912. En septembre 1915, à quarante-neuf ans, il donne cependant une nouvelle direction à sa vie. Il abandonne en effet le métier d'architecte et devient trésorier de *The Vacuum Company*, une société spécialisée dans la fumigation du coton. Nous ignorons la raison de cette décision. Il poursuivra sa carrière dans les affaires jusqu'à sa mort en 1950, mais il ne renoncera pas pour autant à la réflexion. À partir de la fin des années 1920, il rédige en effet une série d'articles sur des sujets économiques et politiques aussi mystérieux que *Ethical Interest* (1929), *The Enigma of Profit* (1931), *The New Eagle* (1932), *Mathematics of the Commodity Dollar* (1933), *And Now Bimetallism* (1936).

Atkinson aura donc passé l'essentiel de sa vie dans la région de Boston, faisant une assez courte carrière d'architecte entre les années 1890 et 1910. Sa vie d'entrepreneur comme sa réflexion sur l'économie, le rapproche de son père Edward (1827-1905), entrepreneur, économiste, militant engagé contre l'esclavage.[7] Homme prolifique, Edward Atkinson publie de très nombreux essais sur l'économie, le commerce, les questions monétaires, les statistiques, le transport ferroviaire, la construction et même la nutrition.[8] Il est le contemporain et l'un des voisins à Brookline, près de Boston, du célèbre paysagiste Frederick Law Olmsted. Au cours des années 1880, il publie plusieurs textes sur le problème de la résistance au feu des bâtiments. Dans différents articles qu'il consacre à ce sujet, Edward Atkinson promeut une approche rationnelle et pragmatique de la construction, et condamne la séparation qu'il juge artificielle entre les métiers d'architecte et d'ingénieur. Cette position est de toute évidence partagée par son fils.

De fait, le fort tempérament d'Edward Atkinson, l'étendue de ses idées et l'originalité de ses points de vue, ont eu une influence certaine sur ses enfants. «It is not surprising that such an unconventional father would have unconventional children», écrit G. Howe Colt.[9] À travers ses souvenirs de famille, l'auteur de *The Big House* donne une description assez précise de la personnalité de William,[10] l'architecte «brillant et excentrique» de la maison qui fait l'objet du livre. Il ressort de cette synthèse le portrait d'un homme aux multiples talents, inventif mais probablement trop timide pour faire apprécier ses idées. Une anecdote non datée est à souligner: Atkinson est la risée du conseil municipal de Brookline lorsqu'il présente le projet d'une école chauffée par le soleil, en avance de plusieurs décennies sur les bâtiments solaires qui verront le jour tout au long du vingtième siècle.

Production de William Atkinson dans le domaine de l'architecture

Sur les quatre-vingt quatre années de son existence, William Atkinson n'a donc consacré qu'une vingtaine d'années à l'architecture. Le tableau ci-dessous donne la liste commentée de ses publications pendant cette période.

_Tableau 1.
Publications connues de W. Atkinson dans le domaine de l'architecture.

1894	A. Worcester and W. Atkinson, *Small hospitals; establishment and maintenance, and suggestions for hospital architecture, with plans for a small hospital*, Wiley and Sons, New York 1894. Atkinson rédige la seconde partie de cet ouvrage général sur les hôpitaux.
1895	*Newport Hospital, Newport, R.I., Mr. William Atkinson, Architect, Boston, Mass.*, in *American Architect and Building News*, Volume XLIX, N. 1019, July 6, 1895. Publication du plan et de la façade principale du projet d'hôpital conçu par Atkinson à Newport.
1896	*Design for a Four-room School-house on Boylston St., Brookline, Mass. Mr Atkinson, Architect, Boston, Mass*, in *American Architect and Building News*, Volume LIII, N. 1074, July 25, 1896. Publication du plan et d'une vue extérieure d'un projet d'école probablement non construit à Brookline, près de Boston.
1897	W. Atkinson, *An Improved Skeleton Construction*, communication in *American Architect and Building News*, Volume LV, N. 1098, January 9, 1897. Dans cet article de deux pages, Atkinson suggère de déplacer les poteaux à l'intérieur des immeubles en structure métallique.
1903	W. Atkinson, *The Orientation of Hospital Buildings*, The Brickbuilder, Volume 12, N. 7, July 1903. Ce texte sera reproduit dans la même revue en 1909. Dans son ouvrage de 1912, Atkinson mentionne une version plus ancienne de cet article publiée dans le *National Hospital Record*. Nous n'avons retrouvé aucune trace de cette publication.
1905	W. Atkinson, *The Orientation of Buildings and of Streets in Relation to Sunlight*, "Technology Quarterly", Vol. XVIII, N. 3, September, 1905. Il s'agit des actes d'une conférence donnée par Atkinson le 26 janvier 1905 devant *The Society of Arts*.
1906	W. Atkinson, *The Orientation of Buildings and of Streets in Relation to Sunlight*, in *American Architect & Building News*, Volume LXXXIX, N. 1575, March 3, 1906. Cet article est principalement une reprise de l'article précédent.
1907	W. Atkinson, *Orientation of Hospital Buildings in Relation to Sunlight*, in A.J. Ochsner, *The organisation, Construction and Management of Hospitals*, Cleveland Press, Chicago 1907. Ce chapitre d'ouvrage reprend des éléments des articles de 1903 et de 1905.
1908	W. Atkinson, *Analytical Index of the Boston Building Laws*, Boston Society of Architects, June 1908. Nous n'avons pas eu accès à cette publication.
1909	W. Atkinson, *The Orientation of Hospital Buildings*, The Brickbuilder, Vol. XVIII N. 2, Extra Edition, Special Number on "The Hospital Building Competition", February 1909. Il s'agit d'une reproduction de l'article de 1903.
1912	W. Atkinson, *The Orientation of Buildings; or, Planning for Sunlight*, John Wiley & Sons, New York 1912. Il s'agit de la publication principale d'Atkinson qui résume ses travaux dans le domaine de l'ensoleillement.

91

Le premier écrit d'Atkinson est sa contribution au livre *Small Hospitals*, publié en 1894. Atkinson n'y développe aucune théorie de l'ensoleillement, mais il donne le plan d'un hôpital orienté suivant la trame diagonale — signe que ses idées sur l'orientation sont déjà bien établies — et il invoque pour la première fois la nécessité du «plan d'ensoleillement» comme outil de conception. Ce n'est qu'en 1903 que sont publiés les premiers dessins montrant l'analyse d'ensoleillement de volumes élémentaires. La clarté de ces épures et du texte qui les accompagne, montre qu'Atkinson travaille depuis plusieurs années sur ce sujet, comme le confirme sa publication de septembre 1905 dans "Technology Quarterly". Atkinson y présente en effet, sur un peu plus de vingt pages, ses idées essentielles concernant l'orientation des bâtiments. L'analyse solaire des rues est déjà parfaitement développée avec un ensemble conséquent de tracés solaires. Ces idées seront reprises dans son ouvrage publié en 1912, *The Orientation of Buildings; or, Planning for Sunlight*. Ainsi lorsqu'Atkinson publie cet ouvrage majeur, il s'agit essentiellement d'une reprise de travaux réalisés depuis presque vingt ans, et déjà publiés en partie. L'ouvrage ajoute cependant des éléments inédits. En particulier, ses travaux de 1910 sur la *sun box* (dispositif permettant de mesurer le pouvoir calorifique du soleil à travers une fenêtre, dont nous parlerons plus loin) sont publiés ici pour la première fois.

En tant qu'architecte, la production de William Atkinson se résume à peu de choses. Il est l'auteur de *The Big House*, la maison familiale que lui confie son frère Ned en 1902. Sa seule réalisation antérieure est l'hôpital de Newport à Rhode Island, construit dans les années 1890. L'hôpital est toujours en activité et malgré les modifications réalisées au cours du temps, on distingue encore assez nettement l'orientation diagonale de son plan général. Un autre projet de maison construite par Atkinson à Marshfield, dans le Massachusetts, a été publié dans "The Architectural Record" en juin 1908.[11] Nous pouvons enfin supposer qu'Atkinson est l'auteur de sa propre maison d'été à Boxford, également dans le Massachusetts, elle-même orientée diagonalement.

Contribution de William Atkinson au développement de la science de l'ensoleillement

Positions apparentes du soleil et analyse des ombres portées

La représentation des ombres est un exercice classique de l'éducation des architectes au dix-neuvième siècle. Cependant, les ombres en question sont toujours dessinées selon la convention académique d'un rayon solaire fictif éternellement fixé à 45°. William Atkinson dénonce cette convention qui fait de la représentation du projet une fin en soi, et qui empêche l'architecte de s'approprier la dynamique réelle de l'ensoleillement.[12]

Pour dessiner les ombres réelles, il est nécessaire de connaître la position apparente du soleil en tout lieu et à toute date et heure. Jusqu'en 1905, Atkinson utilise les tables astronomiques de l'Observatoire de Harvard.[13] Ses analyses d'ensoleillement sont donc alors établies pour la latitude de Boston. En 1912 cependant, Atkinson entreprend d'exposer une méthode permettant à tout architecte de constituer ses propres tables, et donc d'acquérir son indépendance dans l'analyse solaire.

Sa méthode est basée sur la projection stéréographique connue pour ses propriétés géométriques. Atkinson explique pas à pas comment construire la projection stéréographique des trajectoires apparentes du soleil, pour toute latitude et à toute date, en faisant preuve d'une remarquable efficacité pédagogique. Bien que son nom soit rarement cité, cette méthode connaîtra un grand succès tout au long du vingtième siècle dans les manuels d'architecture.

La maîtrise du tracé des ombres réelles ouvre la voie au développement de l'analyse d'ensoleillement dont Atkinson pose des bases majeures. En superposant sur une même figure les tracés d'ombrage instantané à différents moments d'une même journée, il élabore les notions de «courbe d'ombre» et de «surface d'ombre totale», c'est-à-dire la partie de l'espace qui n'est jamais exposée au soleil pendant la journée considérée. Atkinson donne une représentation numérique et graphique de ces

92

_Figure 1.
William Atkinson, en haut: détermination des durées d'ombrage au sol d'un cube orienté suivant les directions cardinales et diagonales (les chiffres indiquent la durée d'ombrage de chaque zone). En bas: représentation graphique des résultats de la figure précédente (dans W. Atkinson, *The Orientation of Hospital Buildings*, "The Brickbuilder", July 1903 [1907, 1909], pp. 136,137).

_Figure 2.
William Atkinson, Courbes d'ombre principales de différentes formes élémentaires suivant leur orientation (dans W. Atkinson, *The Orientation of Hospital Buildings*, "The Brickbuilder", July 1903 [1907, 1909], p. 138).

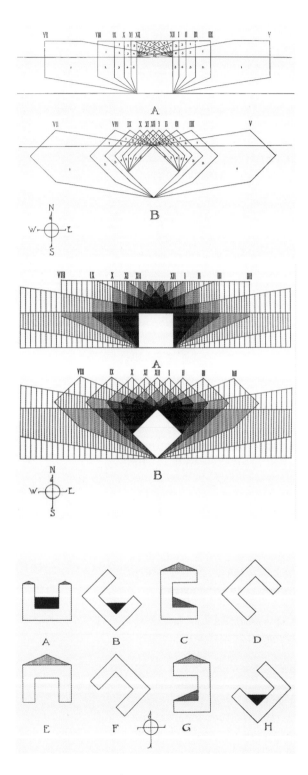

résultats. Il obtient ainsi une approximation des effets d'ombrage (fig. 1) qui lui permet de démontrer qu'un cube orienté diagonalement produit une surface d'ombre totale moindre que le même cube orienté suivant les directions cardinales.

En généralisant cette analyse à diverses formes élémentaires et en ne conservant que les «courbes d'ombre» les plus significatives, Atkinson produit un ensemble de figures dont l'interprétation est immédiate: pour toutes les formes analysées, l'orientation diagonale est celle qui produit la surface d'ombre la moins importante. C'est à partir de ces dessins (fig. 2) publiés en 1903 qu'Atkinson énonce la supériorité de l'orientation diagonale sur laquelle il ne reviendra plus jamais.

Analyse des taches solaires et expérience de la *sun box*

L'analyse des effets du rayonnement solaire à travers les ouvertures fait logiquement suite à celle des ombres portées. Dans cette perspective, Atkinson dessine les projections du soleil sur le sol d'une pièce standard à travers une fenêtre également standard. En répétant le tracé heure par heure, il mesure la surface des taches solaires obtenues et reporte ces données sur un diagramme temporel. Il obtient ainsi une courbe, dont la surface représente «la quantité totale d'ensoleillement admise par la fenêtre durant la journée».[14]

Par cette opération, Atkinson parvient donc à transformer un ensemble de tracés géométriques en un indicateur unique, une «quantité d'ensoleillement» qui peut être mesurée et comparée. Il en déduit à nouveau que les expositions diagonales (sud-est et sud-ouest) sont les meilleures car elles admettent une grande «quantité» de soleil en hiver, et une faible «quantité» en été. Elles sont de ce point de vue comme l'exposition au sud, mais elles présentent l'avantage d'être moins sensibles à une obstruction éventuelle en hiver, ce qu'il démontre par de nouveaux calculs.

Atkinson s'essaye ensuite à une interprétation thermique de ces résultats. En prenant en compte la constante solaire et en simplifiant le

93

problème, il met en évidence le considérable pouvoir calorifique du soleil à travers une fenêtre, c'est-à-dire l'effet de serre. L'objectif de l'expérience menée avec la *sun box* est précisément de vérifier ce résultat. La *sun box* (fig. 3) est une boîte cubique isolée, dont l'une des faces est composée d'une vitre scellée de manière à rendre l'intérieur étanche à l'air. Un thermomètre est placé au fond de la boîte. Deux *sun boxes* (fig. 4) ont été construites et placées dans des expositions diverses. Les expériences réalisées de juin à décembre 1910 confirment les analyses d'Atkinson quant à l'intérêt de l'exposition au sud et aux inconvénients des expositions est et ouest, et ils ne changent rien quant à sa préférence pour les expositions diagonales.

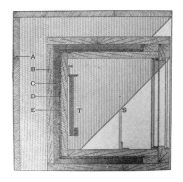 

_Figure 3.
William Atkinson, *Sun box*, coupe transversale montrant le capot (A), la boîte extérieure (B), la lame d'air (C), le feutre isolant (D), la boîte intérieure (E), le thermomètre (T) et son pare-soleil (S) (dans W. Atkinson 1912, voir note 1, p. 64).

_Figure 4.
William Atkinson, Deux *sun boxes* (dans W. Atkinson 1912, voir note 1, p. 65).

De ces résultats, Atkinson tire une conclusion générale qui apparaît avec le recul du temps assez prophétique: «Chaque habitation peut être transformée en une sun box en isolant correctement les murs extérieurs».[15] Il cite en exemple la "sun house", une petite construction établie dans le jardin de Samuel Cabot, à Canton, dans le Massachusetts, plus large que profonde, ouverte au sud par une grande baie vitrée, et dans laquelle des températures élevées sont observées même en hiver.[16]

Planification des hôpitaux et régulation des tissus urbains

Le plaidoyer d'Atkinson pour l'orientation diagonale des hôpitaux est un élément distinctif de sa pensée dans ce domaine. En effet, la majorité des auteurs défendent alors l'orientation nord-sud (exposition est-ouest) ou l'orientation est-ouest (exposition nord-sud). Les partisans de l'exposition est-ouest mettent en avant l'assurance d'un ensoleillement continu le matin puis l'après-midi. Atkinson condamne ce choix qui, pour les latitudes moyennes, offre en réalité très peu de soleil en hiver. L'exposition nord-sud est défendue par d'autres auteurs parce qu'elle permet d'obtenir la meilleure irradiation en hiver, et la plus faible en été, lorsque l'excès de chaleur est à éviter. Cependant, cette exposition nord-sud paraît lui poser deux problèmes pour les hôpitaux: d'une part, elle implique une grande surface d'ombre permanente sur la partie nord du bâtiment; d'autre part, elle impose un plus grand espacement entre les pavillons pour satisfaire les exigences d'ensoleillement.[17]

Reprenant en 1912 la question de l'architecture des hôpitaux dans sa globalité, Atkinson propose un nouveau principe de construction «pyramidale», dans lequel les pavillons – toujours orientés diagonalement – sont organisés en U et disposés en gradins. Cette disposition est supposée offrir une construction compacte tout en assurant un ensoleillement optimal. Atkinson produit à ce sujet des vues axonométriques d'ombrage pour 10 h, 12 h et 14 h au solstice d'hiver. Ces dessins d'une étrange modernité sont peut-être la première «simulation d'ensoleillement» de l'histoire de l'architecture, au sens où nous entendons ce terme aujourd'hui. Leur précision démontre la maîtrise qu'Atkinson a de la géométrie solaire et valide l'idée générale qui l'anime depuis 1894: inviter les architectes à analyser par eux-mêmes l'ensoleillement de leur projet.

Fig. 5

94

Cette disposition en gradins sera sévèrement critiquée par le surintendant du *Mount Sinai Hospital* à New York.[18] Celui-ci met en avant les circulations complexes qu'elle impose, et la nécessité d'un personnel plus nombreux pour gérer le même nombre de malades. Il met également en cause l'idéalisme d'Atkinson et la primauté qu'il accorde aux questions solaires au regard de l'ensemble des autres paramètres de conception et de gestion des hôpitaux.

La question de la régulation solaire des tissus urbains découle chez Atkinson de ses recherches sur les hôpitaux: non seulement la nature des problèmes géométriques est la même, mais de plus l'objectif est également similaire, si l'on considère que l'ensoleillement des rues a un rôle préventif vis-à-vis du développement des maladies soignées à l'hôpital.

L'essentiel de ses propositions sur ce sujet sont formulées dans la publication de 1905 et reprises dans *The Orientation of Buildings; or, Planning for Sunlight*. Dans "Technology Quarterly", Atkinson considère d'abord la rue dans son ensemble, avant d'analyser le cas particulier des bâtiments isolés. Sur ce dernier point, il publie une analyse des ombres portées par un gratte-ciel fictif (environ 90 mètres) construit au centre de Boston. Cette analyse influera de manière certaine sur la réglementation de la ville limitant les hauteurs des constructions au début du vingtième siècle.[19]

Considérant la rue dans son ensemble, Atkinson reprend la notion de «quantité d'ensoleillement» élaborée pour l'analyse du rayonnement à travers les fenêtres. Il examine cette quantité dans trois gabarits de rues, suivant trois orientations, et aux trois dates clés des solstices et équinoxes. Au total, ce sont donc vingt-sept cas qui sont étudiés et comparés. Les diagrammes ainsi produits découpent le profil de rue en différentes zones d'exposition au soleil. À partir de ces résultats, Atkinson est conduit à conforter sa théorie générale. Il compare en effet l'ensoleillement des différents cas et en déduit que l'orientation diagonale est celle qui offre la «meilleure distribution» de l'ensoleillement tout au long de l'année.[20]

Ces analyses ont été publiées pour la première fois en 1905, puis reprises en 1906 et 1912. Elles ont également été reproduites par H. Inigo Triggs dans un ouvrage de 1911 publié en Angleterre.[21] Nous n'en trouvons ensuite plus de trace,

Fig. 6

95

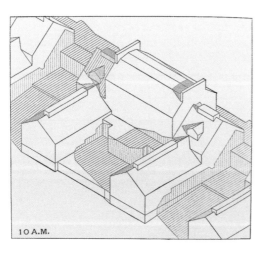

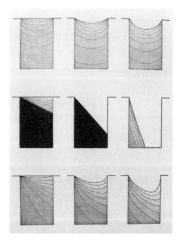

_Figure 5.
William Atkinson, Projet d'hôpital pyramidal, visualisation des ombres à 10h au solstice d'hiver (dans W. Atkinson 1912, voir note 1, p. 102).

_Figure 6.
William Atkinson, Analyse de la quantité d'ensoleillement dans un profil de rue suivant trois orientations et trois dates clés (dans W. Atkinson 1912, voir note 1, p. 116).

probablement parce que leur construction géométrique est de prime abord assez difficile. Elles apparaissent aujourd'hui d'une très grande modernité: en découpant le profil de rue en zones distinctes, et en mesurant la «quantité d'ensoleillement» de chaque zone, Atkinson anticipe en effet l'idée de cartographie solaire urbaine, telle que nous la concevons aujourd'hui au moyen d'outils numériques.

Conclusion

Les éléments rapidement exposés dans cet article donnent une vue d'ensemble de la vie de William Atkinson et de sa contribution au développement d'une science de l'ensoleillement en architecture en Amérique du Nord. Atkinson introduit l'idée d'un «plan d'ensoleillement» en lieu et place des recommandations vagues et contradictoires qui prévalaient jusqu'alors. Il expose une méthode qui deviendra célèbre pour connaître la position apparente du soleil en tout lieu et en toute date. À partir du tracé des ombres portées et des taches solaires, il introduit des concepts clés de l'analyse d'ensoleillement. Ces différentes objectivations du phénomène solaire posent ainsi les prémisses de ce que nous appelons aujourd'hui la simulation d'ensoleillement en architecture. La constance de sa position en faveur de l'orientation diagonale montre son engagement dans la recherche d'une certaine «efficacité solaire» de l'environnement construit.

Comment expliquer l'abandon de ces recherches après 1912, au regard de l'importance que prendra la question solaire dans le développement de la modernité architecturale et urbaine dans les premières décennies du vingtième siècle ? L'une des raisons est probablement la réception limitée de *The Orientation of Buildings; or, Planning for Sunlight.* Les idées et outils que propose Atkinson semblent arriver trop tôt; il faudra attendre en effet le début des années 1930 pour que la réflexion sur l'architecture et l'urbanisme solaires prenne son essor aux Etats-Unis, avec Henry Wright et les frères Keck, ou encore la création du fonds Godfrey L. Cabot au MIT.[22]

Une autre raison est à chercher dans la personnalité de William Atkinson et dans la nature des idées héritées de son père Edward. De ce point de vue, la recherche d'une «efficacité solaire» de l'environnement construit pourrait être comprise comme le résultat d'une approche libérale de la production de l'espace, dont les ressorts sont plus politiques qu'architecturaux. On comprendrait alors mieux qu'Atkinson ait consacré la moitié de la vie aux affaires et à la réflexion théorique sur les réformes économiques, l'architecture étant peut-être pour lui un moyen, plutôt qu'une fin en soi.

_ 1. W. Atkinson, *The Orientation of Buildings or Planning for Sunlight*, John Wiley & Sons, New York 1912.

_ 2. L. Mumford (éd.), *Roots of Contemporary American Architecture,* Reinhold, New York 1952, pp. 11-12; K. Butti, J. Perlin, *Golden Thread: 2500 Years of Solar Architecture and Technology*, Cheshire Books, Van Nostrand Reinhold Company, New York-London 1980; J. Stein, *Bringing Architecture to Light: The Pioneering Work of William Atkinson*, "Society of Building Science Educators (SBSE)", USA, 1997. À notre connaissance, ce texte n'a jamais été publié.

_ 3. Les éléments rapportés dans cet article résultent d'une recherche menée au Centre Canadien d'Architecture de Montréal à travers son programme d'accueil de chercheurs (édition 2012). Nous adressons nos plus vifs remerciements à Phyllis Lambert et Mirko Zardini qui ont permis cet accueil, ainsi qu'à Marie-France Daigneault-Bouchard et Alexis Sornin, pour leur aide dans la recherche. Merci également à Martha Clark, archiviste du *Boxford Historic Document Center*, pour nous avoir mis sur la piste du roman *The Big House*.

_ 4. G. Howe Colt, *The Big House: A Century in the Life of an American Summer Home*, Scribner, New York 2003.

_ 5. La formation en architecture à l'Université de Harvard ne débutera qu'en 1893.

_ 6. Français d'origine, Désiré Despradelle devient professeur d'architecture au MIT en 1893.

_ 7. Cf. H.F. Williamson, *Edward Atkinson: the biography of an American liberal, 1827-1905*, Old Corner Book Store, Boston 1934. De nombreux autres écrits abordent différents aspects de la vie et de l'œuvre de Edward Atkinson.

_ 8. Il est aussi l'inventeur du four *Aladdin* qui permet la cuisson lente de plusieurs plats simultanément. Très rationnel, ce four est un exemple de la recherche permanente faite par Edward Atkinson de l'économie de moyens et de l'efficacité de l'action.

_ 9. G. Howe Colt, *The Big House*, voir note 4, p. 23.

_ 10. G. Howe Colt, *The Big House*, voir note 4, pp. 62-63.

_ 11. *In and About the Suburban Home*, "The Architectural Record", vol. XXIII, n. 6, June 1908. La maison est attribuée faussement à Thomas Atkinson mais c'est bien William qui en est l'auteur.

_ 12. W. Atkinson, *The Orientation of Buildings*, voir note 1, p. 94.

_ 13. *Ibidem*, pp. 204-205.

_ 14. *Ibidem*, p. 54.

_ 15. *Ibidem*, p. 78.

_ 16. K. Butti, J. Perlin, *Golden Thread*, voir note 2, de même que J. Stein, *Bringing Architecture to Light*, voir note 2, attribuent cette construction à Atkinson pour le compte de Samuel Cabot. En réalité, rien ne permet de l'affirmer, sachant que les expériences sur la *sun box* ont été réalisées en décembre 1910 et que Samuel Cabot est décédé en 1906.

_ 17. W. Atkinson, *The Orientation of Buildings*, voir note 1, p. 83.

_ 18. S.S. Goldwater, *Notes on Hospital Planning*, "The Brickbuilder", vol. XXI, n. 7, juillet 1912, pp. 175-178.

_ 19. W. Atkinson, *The Orientation of Buildings*, voir note 1, "Préface", pp. v-vi.

_ 20. W. Atkinson, *The Orientation of Buildings*, voir note 1, p. 115.

_ 21. H.I. Triggs, *Town Planning, Past, Present and Possible*, Methuen & Co, London 1911.

_ 22. Du nom du frère de Samuel Cabot, propriétaire de la *sun house* photographiée dans W. Atkinson, *The Orientation of Buildings*, voir note 1.

Marie Theres Stauffer

Les Heures Claires

The Play of Light and Shadow in the Villa Savoye

One of the best-known residential houses constructed by the architects Le Corbusier and Pierre Jeanneret, the Villa Savoye, has another name that is less familiar: *Les Heures Claires*.[1] Probably because the architects themselves referred to the house as the "Villa Savoye" in all of their publications, this name prevailed in the subsequent architectural discourse.[2] In this essay, I propose to take the alternative name, which might date back to the original owners,[3] as a point of departure for an analysis of the importance of light and shadow in the house. Le Corbusier himself repeatedly referred to this theme in his comments about the villa in Poissy. Although just brief references, it is evident from them that considerations about light, shadow and darkness did determine fundamental aspects of the building. In addition, the numerous texts by Le Corbusier from this period show that the topic was always present and, for him, represented a constitutive element of architecture in general.

"Un réceptacle de lumière"

In the volume *Vers une architecture,* Le Corbusier began some fundamental thoughts on residential architecture as follows: "Une maison: Un abri contre le chaud, le froid, la pluie, les voleurs, les indiscrets. Un réceptacle de lumière et de soleil".[4] In other words, the main task of a dwelling is to provide shelter and light. The build-ing in Poissy is able to meet these demands, without restraint, as it benefits from an ideal setting. It was constructed between 1928 and 1931 in the midst of a green
Fig. 1 field above the Seine valley. The lighting conditions are favorable on all sides of the building and dependent only on the position of the sun.[5] Thus, the name *Les Heures Claires* was well chosen for this building.

But the name also carries a metaphorical meaning: the building was to be used primarily as a rural retreat, which was easy to reach from the home of the Savoyes in Paris via a 30 kilometer ride on a well-built road.[6] Accordingly, the name can be understood as an expression of the opportunity to spend serene hours, dedicated to pleasant and entertaining activities.[7] This included days in the company of guests: the generous design of the living area provided the adequate setting for events that corresponded to the lifestyle of the more wealthy inhabitants of the town at this time. Indeed, *Les Heures Claires* should be considered in the context of the tradition of the country house building type, a place in which the owners receive and entertain guests (and simultaneously express their good taste and social standing).

However, if one understands the *Heures Claires* literally as hours of leisure in bright sunlight, a dimension emerges that is of a particularly contemporary nature. At the end of the 19th century, scientific findings regarding the correlation between light and hygiene, as well as the therapeutic benefits of air and sunbathing, had become more widespread. In the 1920s, it was the women of French society that made suntanned skin fashionable. Whether or not the Savoyes followed the example of Mademoiselle Chanel and returned to Paris with suntans from cruises along the Riviera, is another question.[8] In any case, the "steamboat" in Poissy (the villa was repeatedly compared to a passenger ship) provided a specific locale for sunbathing: the solarium on the roof of the building. Curved and flat walls protected the solarium from westerly and northerly winds. This enclosure, which also includes an open-air salon with a bench, table and flowerbeds, accentuates the contours of the building in a way that is distinctive: the "free" form of the roof structure contrasts with the strict prism of the main volume. At the same time, the curved walls of the solarium playfully suspend the symmetry of the northwest and southeast façades. As a result, the expressive roof structure has a double function: on the top level, it defines a zone dedicated to the lifestyle of that period, and in view of the overall volume, it served as a determining compositional element. Le Corbusier himself was very aware of its multifunctionality: "Pour couronner l'ensemble, un solarium dont les formes courbes ... apportent un élément architectural très riche".[9] This "richness" reveals its entire aesthetic potential in the sunlight: the zones of light and shade dramatically increase the plasticity of the polymorphic walls and constantly change throughout the day.

For Le Corbusier, light represents a constituent element in architecture. In *Almanach d'architecture moderne* (1925) he succinctly summarized this opinion: "La sensation architecturale primordiale, physiologique, capitale, celle de la lumière".[10] One can perceive the essence of a more extensive theory in this statement, which also inspired the title of this volume: "L'architecture est le jeu savant, correct et magnifique des volumes assemblés sous la lumière".[11] In the sentences immediately following, Le Corbusier emphasized the relevance of the volumes as well as their specific geometric form:

_ Figure 1.
Le Corbusier, Villa Savoye, view from west, Poissy, 1928-1931 (photo by Marius Gravot, © FLC / 2014, ProLitteris, Zurich).

Fig. 2

100

Nos yeux sont faits pour voir les formes sous la lumière; les ombres et les clairs révèlent les formes; les cubes, les cônes, les sphères, les cylindres ou les pyramides sont les grandes formes primaires que la lumière révèle bien; l'image nous en est nette et tangible, sans ambiguïté. … C'est la condition même des arts plastiques.[12]

What seems to be a description of the appearance of the Villa Savoye with its (almost) cubic main volumes and the undulating shape of the solarium had in fact already been expressed years earlier. In the first part of the *Three Reminders to Architects*, published in the volume *Vers une architecture* (1923) and addressing questions of volumetry, Le Corbusier expressed his conception of the correlation between a three-dimensional design and the perception of it in the expression "forms in light".[13] It is a well-known fact that he himself repeated this phrase, just as the historians and critics who dealt with his work did. Le Corbusier's expression finds a basis in his previous examination of architecture and should be placed in relation to his reflections on historic monuments that are structured using basic geometric forms:

L'architecture égyptienne, grecque ou romaine est une architecture de prismes, cubes et cylindres trièdres ou sphères: les Pyramides, le Temple de Louqsor, le Parthénon, le Colisée, la Villa Adriana.[14]

101

In one of the subsequent sections, he added the following to his list:

[L]es Tours de Babylone, les Portes de Samarkand … , le Panthéon, le Pont du Gard, Sainte-Sophie de Constantinople, les mosquées de Stamboul, la Tour de Pise, les coupoles de Brunelleschi et de Michel-Ange, le Pont-Royal, les Invalides.[15]

_ Figure 2.
Le Corbusier, Villa Savoye, sketch, Poissy, 1928-1931 (in Le Corbusier, *Précisions sur un état présent de l'architecture et de l'urbanisme*, Crès, Paris 1930, p. 139, © FLC / 2014, ProLitteris, Zurich).

Le Corbusier's examination of these monuments during his journeys in 1911 and 1922,[16] coupled with book research, led to his conclusions about the "use of primary elements": the specific, regular alignment of basic geometric shapes, which fundamentally determined the architect's creative work in the 1920s and for many years afterwards. In order not to pollute the effect of the "pure" geometric forms in architectural practice, an adequate approach to the surfaces is required. Le Corbusier came to speak of this in the "second reminder": "L'architecture étant le jeu savant, correct et magnifique des volumes assemblés sous la lumière, l'architecte a pour tâche de faire vivre les surfaces qui enveloppent ces volumes".[17] Here too, there is a clear parallel to the gradual transitions form light into shadow in the solarium in Poissy: in order to make them visible, Le Corbusier and Jeanneret used a homogenous, smooth plasterwork, accentuating the volumes. Hence the Villa Savoye is a specific example among a series of buildings, in which the impact of the elementary forms in light – and concomitantly, the complexity of their meaning – is demonstrated. In the solarium – as a built element on top of the building – the theme has been distilled, so to speak.

102

Movement under light

Solariums and spacious roof terraces are a frequent feature of Le Corbusier's and Jeanneret's oeuvre in the 1920s. However, the "sunny room" in Poissy is especially important because it forms the culminating point of the central access structure in the building. With the ramp, Le Corbusier and Jeanneret conceived of a particularly luxurious variation for *Les Heures Claires's* vertical connectivity: the ramp takes up a great deal of space and enables people to walk up and down elegantly. Situated in the centre of the building, it first links the entrance hall on the ground floor to the living spaces on the first floor, and then leads to the open air of the roof: from the "unhealthy" and "damp" grass "up into the air and the light", as Le Corbusier said when he explained his concept of living in the upper story.[18]

In the available literature, the ramp has often been interpreted as an architectural means of continuing the gliding motion of a motorized vehicle.[19] The car was a determining factor of this building type, the country house, as it gave its urban users access. Ideally, the Savoyes and their guests left Paris on a bright sunny day, travelled through the light-flooded countryside with the car roof down, and came to a halt in the shade of the house's protruding upper story.[20] After the ride in the intense sunlight, the arrivals were welcomed by the subdued light of the entrance hall. Apart from its dimness, its light is characterized by two more features: firstly, the spacious lawns in front of the hall, together with the trees at the edge of the site, create an intense mix of different shades of green, which helps create a crisp, fresh ambience. Secondly, the subdued brightness of the entrée is broken by the light entering from the open space above the ascending ramp. A double signal results: both the upward sweep of the sloping level and the light entering the building provide a warm welcome to the upper story.

It is well-known that the ramp relates to Le Corbusier's concept of the *promenade architecturale*, a concept that links contemplation with movement in the built environment. Thus, Le Corbusier wrote the following about *Les Heures Claires*: "Dans cette maison-ci, il s'agit d'une véritable promenade architecturale, offrant des aspects

Figg. 3, 4

_ Figure 3.
Le Corbusier, Villa Savoye, approach to the house beneath the building, Poissy, 1928-1931 (photo by Marius Gravot, © FLC / 2014, ProLitteris, Zurich).

_ Figure 4.
Le Corbusier, Villa Savoye, entrance hall, Poissy, 1928-1931 (photo by Marius Gravot, © FLC / 2014, ProLitteris, Zurich).

_ Figure 5.
Le Corbusier, Villa Savoye, hall on the main floor, Poissy, 1928-1931 (in H.-U. Khan, *Internationaler Stil - Architektur der Moderne von 1925 bis 1965*, ed. by P. Jodidio, Taschen, Köln 2001, p. 83, © FLC / 2014, ProLitteris, Zurich).

constamment variés, inattendus, parfois éton-nants".[21] For the first time, he mentions this concept in relation to the Maison La Roche (1923), where he compares it to a "play": "On entre: le spectacle architectural s'offre de suite au regard; on suit un itinéraire et les perspectives se développent avec une grande variété".[22] The fact that the perception of architecture is a visual process, which requires mobility, no doubt is generally valid. However, Le Corbusier draws particular conclusions from these circumstances and responds to them with his designs. In this context, the ramp is of special significance: in the Maison La Roche it was used for the first time in an interior space, as was the *promenade architecturale*.

The architect likewise mentions the role of light in the context of the Maison La Roche. Directly after the assertion that the building's perspectives have been developed in a range of different ways, the architect writes: "[O]n joue avec l'afflux de la lumière éclairant les murs ou créant des pénombres".[23] Hence the *promenade architecturale* has also been essentially linked to light and darkness from the very beginning. In Poissy, this is already evident at the beginning of the ramp in the hall via the brightness pouring in from above, which gradually intensifies while crossing this sloping level: the light entering the building from the southeast through a triangular window increases in the first part of the ramp, while, on sunny days, the second part reveals a dramatic shadow on the dazzling white rear wall. Le Corbusier commented on this theme as far back as 1923: "Faire des murs éclairés, c'est constituer les éléments architecturaux de l'intérieur".[24] At this point he also speaks of "respect for the wall", which he connects to the "love of light".[25]

Once visitors have reached the living story, they are exposed to the intense brightness of the light pouring in from the adjacent open-air terrace, accentuating the smooth surface of the walls and the curved parapet of the spiral stairs (fig. 5). Light from the "hanging garden" not only determines the entrance to the living story but is also a central feature of all the adjacent rooms:

103

[L]es différentes pièces viennent se coudoyer en rayonnant sur le jardin suspendu qui est là comme un distributeur de lumière appropriée et de soleil. C'est le jardin suspendu sur lequel s'ouvrent en toute liberté les murs de glaces coulissants du salon et plusieurs des pièces de la maison: ainsi le soleil entre partout, au cœur même de la maison.[26]

Indeed, one of the main challenges posed by the almost quadratic plan of the Villa Savoye is the task to draw light into the building's interior, something that would not have been possible via the façade alone. The fact that this "light distributor" Fig. 2 was set up in the southwest of the first floor is due to the orientation of the plot. With reference to this, Le Corbusier noted: "L'orientation du soleil est opposée à celle de la vue. On est donc allé chercher le soleil par la disposition en décrochement sur le jardin suspendu".[27] Hence Le Corbusier and Jeanneret responded to a site that provides a view of the valley in the north, while sunlight streams in from the opposite direction.

In this context, the comment made by Le Corbusier in *Almanach d'architecture moderne* (1925) about residential buildings in Pompei is revealing:

Au temps des Romains, les maisons de Pompéï nous montrent qu'il n'y avait pas, où à peu près de fenêtres; il y avait seulement des baies ouvrant sur des jardins ou des cours intérieures. La grande baie était le passage de lumière et il y avait la porte qui était le passage de l'homme.[28]

The Roman atrium building, the cloisters in the charterhouse of Ema or the vestibules of mosques, which Le Corbusier studied and recorded in sketches during his travels, are all part of the extensive horizon of such a "light distributor" within the building.[29] However, the "hanging garden" in Poissy is not completely introverted like the examples mentioned before: there is a long horizontal opening across the whole length of the outside wall, which provides a view of the garden. This type of opening was also used on all four façades on the first floor: "La maison est … percée tout le tour, sans interruption, par une fenêtre en longueur …, [p]renant vue et lumière sur le pourtour régulier de la boîte".[30] Inside the building light intensities are differentiated clearly. Rooms such as the salon, which open up onto the "hanging garden" via room-high glazing, are much brighter than, for example, the bedrooms or the kitchen, which are illuminated only via horizontal windows.[31] These differ, in turn, from the interior zones that are illuminated only by dramatic light entering directly from above through the skylights: the bathroom of *madame* or the corridor leading to the room of her son. The subtle gradation of the room lighting is enhanced by several colored walls, which have been painted in different shades of red and blue. The colors of the flooring (light-grey tiles, red brick, parquet and black rubber) provide an additional means of modulating brightness values.[32]

The different lighting of the rooms is a conscious design choice by Le Corbusier, and is also visible in other of his buildings. Brightness floods into the living spaces, while the light in the bedrooms and circulation rooms is weaker.[33] Another consequence of this differentiation is that passage through the building is full of contrasts, very much in accordance with the *promenade architecturale*, which seeks to provide alternating views. No doubt the long-term impact of the buildings the young Le Corbusier visited during his *Voyage d'orient* helps explain light modulations in his later works:

A Brousse, en Asie Mineur, à la Mosquée Vert, on entre par une petite porte à l'echelle humaine
… Vous êtes dans un grand espace blanc inondé de lumière. Au delà se présente un second espace
semblable et de même dimension, plein de pénombre et surélévé de quelques marches (répéti-
tion en mineur); de chaque côté, deux espaces de pénombre encore plus petits. De la lumière à
l'ombre, un rhytme.[34]

105

Fig. 6

In this case, Le Corbusier emphasizes the importance of the rhythmic sequence
of lighting scenarios, which he developed into a compositional formula in the
volume *Précisions sur un état présent de l'architecture et de l'urbanisme* (1930): a
sketch shows a fictive person passing through the rooms of the building, which
have diverse proportions and different lighting; by means of ceiling-high glazing or
windows of different heights and widths, the levels of brightness and darkness are
copiously variegated: "Ces volumes succesifs éclairés diversement, *on les respire*: le
souffle en est actionné".[35] For Le Corbusier, the perception of light has a direct influence on the human body, on the vital function of the breath. It is therefore hardly
surprising that Le Corbusier declared in the following sentence: "[L]a lumière est
pour moi l'assiette fondamentale de l'architecture".[36]

The potential that lies in sequences of brightness and darkness, which had become literally clear to the architect in view of the Green Mosque, was manifested in
the Villa Schwob (1916) in La Chaux-de-Fonds for the first time with its full scope
of differentiation.[37] In Le Corbusier's complex residential buildings from the 1920s,
these graduations of light are constant, taking on a different form in each of them:
in Maison La Roche (1923-1925), as well as in Maison Cook (1925), Villa Stein-de
Monzie (1926) and Villa Church (1927).

The engineer and the sculptor

The fact that architecture at the end of the 19th century and the beginning of the 20th
century was also a significant source for Le Corbusier's "light compositions",[38] is only
partially evident in Le Corbusier's writings. In *Vers une architecture* (1923) in particular, he refers to the equally spacious and regularly aligned windows found in the in-

dustrial buildings of his time. However, what remains to a large extent unmentioned are the buildings and designs of the European avant-garde architecture constructed in the years from 1910 onwards, which also provided the architect with a range of diverse imagery.[39] Large windows and completely glazed walls are a central design feature, used for all building types: pavilions, factories, schools, office buildings, residential buildings, etc. Reasons for favoring glass were varied. Many held the opinion that glass, steel and concrete were the appropriate materials for the machine age – an era of industrially fabricated building components for constructions that were to be flooded with natural light by day and lit with electric lamps by night.

In the 1920s, Le Corbusier made use of the artificial illumination in a very specific way. Initially he had only bare light bulbs installed in the Maison La Roche, here understood as a clear commitment to industrial production.[40] The lighting in Poissy is equally radical: bare bulbs and plain, white wall lamps distribute sober light. Le Corbusier and Jeanneret created stronger accentuations in the entrance hall with aluminum lamps, directed towards the ceiling and flanking the entrance portal. The long light trough made of metal and hung in the salon is positively imposing. There, and also in the hall, white ceilings serve as reflectors, radiating a diffuse light, "[in] a condition analogous to [their] intentions in daylighting – 'what use is a window, if not to light the walls?'"[41] However, Le Corbusier and Jeanneret seem to distinguish clearly between natural daylight and artificial electric light. But their use of all these light sources reveals a clear dedication to the machine age, as well as a commitment to simple furnishings and fittings subordinated to the architectural space.

Fig. 7

The basis for such a commitment is consequently expressed in Le Corbusier's aforementioned dictum of "pure forms in light": "L'architecture est le jeu savant, correct et magnifique des volumes assemblés sous la lumière". Further, Le Corbusier expounds: "Nos yeux sont faits pour voir les formes sous la lumière …".[42] This statement is in accordance with the basic principles of optics. The Arab mathematician, optician and astronomer Alhazen (965-1039/1040) recorded the fact that sight is based on light reflecting off an object and then entering the eye, as far back as the 11th century; hence light is a precondition for visual perception.[43] This physics-based definition is given a decisive aesthetic orientation through the fact that in the previous sentence Le Corbusier speaks of the "magnificent play of volumes", subsequently directly emphasizing the design-ability, so to speak, of light and shadow: "[L]es ombres et les clairs révèlent les formes".[44] Light and shadow are hence catalysts, which enhance the three-dimensionality of the volume. This is evident in Poissy, with a level of clarity that can scarcely be surpassed. In order to make the striking volumetry of the Villa Savoye comprehensible, a very well-balanced relationship between zones of light and shadow is required. The bright main story, cantilevering on three sides, contrasts with the shaded ground floor. In Le Corbusier's Œuvre complète, designed by the architect himself, mainly images of these three façades are presented, conveying the impression of an almost weightless volume set on slim supports. Images of the south side of the house, which features a façade rising from the ground floor up as far as the residential level, are rarely published. This side of the building, oriented towards the driveway, contradicts the image that Le Corbusier wished to convey of the building in Poissy: "La maison est une boîte en l'air".[45] In order to make this volume rise up in an "utopian" elevation, the archi-

107

Fig. 1

tect darkened the other three, shady sides with additional measures: here, the walls were painted green, causing them to merge with the surrounding lawn. The color is so dark that in the black-and-white photographs taken in the 1930s, the painted walls seem to be replaced by deep shadows without substance. A similar effect was also achieved in the areas of glass panels around the entrance hall: the green areas are reflected in the ceiling-high windows, causing also here a kind of double obscuration. As a result, the ground floor is almost extinguished by the darkness and the block of the main story appears to have been moved "into the air".

The fact that illuminated and shaded sections of the solarium wall form a dynamic contrast to the rectangular main story, was already stressed at the beginning of this essay. However, on the basis of the last observations, it becomes clear to what extent Le Corbusier worked on a "composition". As far back as 1923 he wrote that the plan, the volume and the surface of a building are only partially determined by the requirements for use. Another part arises from the imagination, from the three-dimensional design. Hence Le Corbusier, who was also active as an artist, consciously allowed himself the freedom to subordinate function to form. Accordingly, the design of the appearance reshapes the function that has been fulfilled: "[L'architecte] a discipliné les revendications utilitaires en vertu d'un but plastique qu'il poursuivait".[46] In particular in view of the design of the façade, the "face" of the building, Le Corbusier commented: "[l'architecte] a fait jouer la lumière et l'ombre".[47] In this context, "face" refers not only to the frontal view but equally to the "profile" (*modénature*), to the relationship between the surfaces, which run on different levels and are animated by light. "A la modénature on reconnaît le plasticien; l'ingénieur s'efface, le sculpteur travaille".[48]

_ 1. I would like to sincerely thank the publishers of this volume for their important suggestions and comments, as well as Kurt W. Forster, Stefan Kristensen, Laura Mahlstein, Stanislaus von Moos, Felicity Lunn, Raphaël Nussbaumer, Arthur Rüegg and Coralie de Sousa.

_ 2. Le Corbusier, P. Jeanneret, *Œuvre complète 1910-1929*, vol. 1, ed. by W. Boesiger, O. Stonorov, Les Editions d'Architectures, Zurich 1929, p. 187; Le Corbusier, P. Jeanneret, *Œuvre complète 1929-1934*, vol. 2, ed. by W. Boesiger, O. Stonorov, Les Editions d'Architectures, Zurich 1934, pp. 23-31; Le Corbusier, *Précisions sur un état présent de l'architecture et de l'urbanisme*, Crès, Paris 1930, pp. 136-139. In the printed texts by Le Corbusier, as well as in the material in the archives, there is no indication that the name of the building in Poissy originated from the architect. Although Le Corbusier had named several of his buildings, for example the house of his mother (*Le Lac*), the Villa Stein-de Monzie (*Les Terrasses*) or the house in Les Mathes (*Le Sextant*). However, these are not names with metaphorical dimensions like *Les Heures Claires*.

_ 3. The name appears in the head of letters sent to Le Corbusier by the Savoyes (e.g. letter of November 4, 1939, Fondation Le Corbusier, Paris, correspondence between Le Corbusier and the Savoyes, H1 12 156). In a text about his grandparents' house, Jean-Marc Savoye often uses the expression *Les Heures Claires*, which shows that the name was common in the family. See J.-M. Savoye, *Introduction*, in J. Quetglas, *Les Heures Claires*, Associació d'idees, Sant Cugat del Vallès 2009, pp. 12-15, p. 14; see also Quetglas on the subject of the name *ibidem*, pp. 474-475, yet he can give no account of it. In francophone circles of artists and art lovers from 1910 onwards and in the 1920s, the poetry volumes of the Belgian author Emile Verhaeren were highly valued: *Les heures claires* (1896), *Les heures de l'après-midi* (1906) and *Les heures du soir* (1911).

_ 4. Le Corbusier, *Vers une architecture*, Crès, Paris 1923, p. 89.

_ 5. Since the second half of the 20th century, parts of the site have been built over, however the house is still set in the middle of a meadow, unobstructed on all sides.

_ 6. See W.J.R. Curtis, *Le Corbusier. Ideas and Formes*, Phaidon, Oxford 1986, p. 96; T. Benton, *Les villas parisiennes de Le Corbusier 1920-1930*, Edition La Villette, Paris 2007, p. 188.

_ 7. This meaning is indicated not least by figures of speech that can often be found on sundials: "Je ne donne que les heures claires" or "je ne compte que les heures claires".

_ 8. E. Riot, *Woman in love, artist or entrepreneur? The edifying, mystifying life of Coco Chanel*, "Society and Business Review", 2013, n. 8(3), pp. 281-313.

_ 9. Le Corbusier, P. Jeanneret, *Œuvre complète 1910-1929*, see footnote 2, p. 187.

_ 10. Le Corbusier, *Almanach d'architecture moderne*, Crès, Paris 1925, p. 31.

_ 11. Le Corbusier, *Vers une architecture*, see footnote 4, p. 16.

_ 12. *Ibidem*, p. 16.

_ 13. See Le Corbusier, *Trois rappels à messieurs les architectes. Premier rappel: Le volume*, in Le Corbusier, *Vers une architecture*, see footnote 4, pp. 11-20. *Vers une architecture* includes a collection of texts by Le Corbusier, the first version of which had already been printed in the magazine "L'Esprit Nouveau", a magazine published by the artist in collaboration with the painter Amédée Ozenfant. *Trois rappels … Le volume* was published in the first issue of the magazine in autumn 1920. See J.-L. Cohen, *Présentation de la nouvelle edition*, in Le Corbusier, *Vers une architecture*, Flammarion, Paris 2005 (1923), pp. I-VI, p. IV; see also S. von Moos (ed.), *L'Esprit Nouveau. Le Corbusier und die Industrie 1920-1925*, exhibition catalogue (Zürich, Museum für Gestaltung), Ernst, Berlin 1986.

_ 14. Le Corbusier, *Vers une architecture*, see footnote 4, pp. 16-19.

_ 15. Le Corbusier, *Vers une architecture*, see footnote 4, p. 19.

_ 16. In August 1922 Charles-Éduard Jeanneret (as Le Corbusier was still called at that time) travelled to Rome with Amédée Ozenfant and Germaine Bongard. During this trip, he created the drawings found in the article entitled "La leçon de Rome". They reflect the "purist approach" of Ozenfant and Le Corbusier. See H.A. Brooks, *Le Corbusier's Formative Years. Charles-Edouard Jeanneret at La Chaux-de-Fonds*, University of Chicago Press, Chicago 1997, p. 296; S. von Moos, A. Rüegg, *Le Corbusier before Le Corbusier. Applied Arts, Architecture, Painting, Photography, 1907-1922*, Yale University Press, New Haven 2002, p. 196.

_ 17. Le Corbusier, *Vers une architecture*, see footnote 4, p. 25.

_ 18. "D'ailleurs, l'herbe est malsaine, humide, etc. pour y habiter; par conséquent, le véritable jardin de la maison … sera … au-dessus du sol, à trois mètres cinquante: ce sera le jardin suspendu dont le sol est sec et salubre" (Le Corbusier, P. Jeanneret, *Œuvre complète 1929-1934*, see footnote 2, p. 24). In connection with the Maisons La Roche and Jeanneret, Le Corbusier had already commented: "on fuit la rue, on va vers la lumière et l'air pur" (Le Corbusier, P. Jeanneret, *Œuvre complète 1910-1929*, see footnote 2, p. 65). Le Corbusier had also transferred this principle on a large scale to urban development; in connection with the "skyscrapers (gratte-ciels)" of his Plan Voisin for Paris, he wrote: "Il[s] crée[nt] une ville en hauteur, une ville qui a ramassé ses cellules écrasées sur le sol et les a disposées loin du sol, en l'air et dans la lumière" (Le Corbusier, *Almanach d'architecture moderne*, see footnote 10, p. 176).

108

_ 19. See W.J.R. Curtis, *Le Corbusier*, see footnote 6, p. 95; K.A. Eberhard, *"Machine à habiter". Zur Technisierung des Wohnens in der Moderne*, Diss. ETHZ, Zürich 2008; T. Benton, *Les villas parisiennes*, see footnote 6, p. 186; S. von Moos, *Le Corbusier. Elements of a Synthesis*, 010 Publishers, Amsterdam 2009, pp. 209-210 (original edition: *Le Corbusier. Elemente einer Synthese*, Huber, Frauenfeld 1968); M.T. Stauffer, *Poetik der Wohnmaschine. Die Villa Savoye (1929–1931) von Le Corbusier und Pierre Jeanneret*, in N. Balzer, J. Burckhardt, M.T. Stauffer, Ph. Ursprung (eds.), *Art History on the Move*, Diaphanes, Berlin-Zürich 2010, pp. 331-345. Le Corbusier indicated this meaning of the ramp not least with the explanations of the functional concept that he developed for the house. He wrote for example in *Précision sur un état présent de l'architecture et de l'urbanisme:* "Sous la boîte [i.e. l'étage d'habitation principale, M.T.S.], passant à travers les pilotis, arrive un chemin de voitures faisant aller et retour par une épingle à cheveux … Les autos roulent sous la maison, se garent ou s'en vont. De l'intérieur du vestibule, une rampe douce [conduit] sans qu'on s'en aperçoive ou presque, au premier étage, où se déploie la vie de l'habitant" (Le Corbusier, *Précisions*, see footnote 2, p. 136). In the publication in vol. 1 of *Œuvre complète,* the architect wrote "Sous les pilotis s'établit la circulation automobile … et une rampe très douce conduit insensiblement à l'étage" (Le Corbusier, P. Jeanneret, *Œuvre complète 1929-1934*, see footnote 2, p. 187).

_ 20. It goes without saying that the covered arrival setting is also suitable for bad weather, when the town dwellers wanted to escape the rain that was just setting in and had the car driven up to house.

_ 21. Le Corbusier, P. Jeanneret, *Œuvre complète 1929-1934*, see footnote 2, p. 24.

_ 22. Le Corbusier, P. Jeanneret, *Œuvre complète 1910-1929*, see footnote 2, p. 60.

_ 23. Le Corbusier, P. Jeanneret, *Œuvre complète 1929-1934*, see footnote 2, p. 60.

_ 24. Le Corbusier, *Vers une architecture*, see footnote 4, p. 150.

_ 25. *Ibidem*, p. 150.

_ 26. Le Corbusier, *Précisions*, see footnote 2, p. 136.

_ 27. Le Corbusier, P. Jeanneret, *Œuvre complète 1910-1929*, see footnote 2, p. 187.

_ 28. Le Corbusier, *Almanach d'architecture moderne*, see footnote 10, p. 30.

_ 29. From 1909 onwards, Le Corbusier undertook several journeys through Europe including its eastern boarder areas.

_ 30. Le Corbusier, *Précisions*, see footnote 2, p. 136. With "boîte" Le Corbusier means the house, which at the beginning of his text in *Précisions* is described as a "box suspended in the air".

_ 31. Le Corbusier had talked in length about the advantages of horizontal windows. It is not possible to explore this in depth in this text.

_ 32. It is unfortunately not possible to go into more detail about the importance of color in Le Corbusier's work.

_ 33. See also P. Serenyi, *Le Corbusier in Perspective*, Prentice-Hall, Englewood Cliffs (N.J.) 1974, p. 61.

_ 34. Le Corbusier, *Vers une architecture*, see footnote 4, p. 147. In connection with this he also speaks about the fact that light creates a cheerful ambience, while shadow makes people sad. This "light psychology" does not appear relevant in the context of Villa Savoye. See also F. Samuel, *Le Corbusier in Detail*, Architectural Press, London 2007, pp. 73-75.

_ 35. Le Corbusier, *Précisions*, see footnote 2, comment on diagram p. 132, sketch p. 133.

_ 36. *Ibidem*, p. 132.

_ 37. See S. Berselli, *"Clarté" ou "clair-obscur sentimental"?*, "K+A", 64, 2013, n. 3, pp. 20-27.

_ 38. "Je compose avec la lumière" (Le Corbusier, *Précisions*, see footnote 2, p. 132).

_ 39. As an exception, Le Corbusier mentions for example industrial buildings such as Giacomo Mattè-Trucco's FIAT factory in Turin-Lingotto and an industrial complex and hangars in Paris-Orly by Freyssinet & Limousin (see Le Corbusier, *Vers une architecture*, see footnote 4, pp. 239-242).

_ 40. See also F. Samuel, *Le Corbusier in Detail*, see footnote 34, pp. 91-95; M. Raeburn, V. Wilson (eds.), *Le Corbusier – Architect of the Century*, exhibition catalogue (London, Hayward Gallery, 5 March-7 June 1987), Arts Council of Great Britain, London 1987, p. 51.

_ 41. R. Banham, *The Architecture of the Well-tempered Environment*, Architectural Press, London 1969, p. 151. See also F. Samuel, *Le Corbusier in Detail*, see footnote 34, pp. 91-92.

_ 42. Le Corbusier, *Vers une architecture*, see footnote 4, p. 16.

_ 43. Alhazen (also called Ibn Al-Haytham), *Kitab-al-Manazir*, 1021; see *Le septième livre du traité "De aspectibus" d'Alhazen, traduction latine médiévale de l'Optique d'Ibn al-Haythan. Introduction, édition critique, traduction française et notes*, ed. by P. Pietquin, Académie Royale de Belgique, Bruxelles 2010.

_ 44. Le Corbusier, *Vers une architecture*, see footnote 4, p. 16.

_ 45. Le Corbusier, *Précisions*, see footnote 2, p. 136. In connection with this, it is revealing that the photo of the southeast façade published in *Œuvre complète* was taken from between the bushes of the garden. As a consequence of this choice of perspective, the white walls of the ground floor are obscured by one of these plants. See Le Corbusier, P. Jeanneret, *Œuvre complète 1929-1934*, see footnote 2, p. 31.

_ 46. Le Corbusier, *Vers une architecture*, see footnote 4, p. 178.

_ 47. *Ibidem*, p. 178.

_ 48. *Ibidem*, p. 178.

109

Valeria Farinati

Una casa a orientamento variabile

Villa Girasole e il tema dell'esposizione alla luce solare
nei primi decenni del Novecento

Villa Girasole, la casa di villeggiatura rotante progettata e realizzata a Marcellise, nelle colline veronesi, dall'ingegnere Angelo Invernizzi (1884-1958), con la collaborazione dell'architetto Ettore Fagiuoli, tra la fine degli anni Venti e la prima metà degli anni Trenta,[1] rappresenta un caso di studio significativo attraverso il quale esaminare la penetrazione, nella cultura architettonica italiana, delle teorie igieniste e degli studi sull'esposizione solare degli edifici, che conobbero diffusione internazionale a partire dal secondo decennio del secolo.

Fig. 1 La proprietà inconsueta di Villa Girasole era quella di poter ruotare, come il fiore da cui mutuava il nome, inseguendo la luce del sole, nel corso del giorno e delle stagioni. Il corpo rotante dell'abitazione padronale, dalla struttura in cemento armato, presenta un linguaggio razionalista ed è rivestito da lamine di alluminio, come un'architettura navale o aeronautica. Tale rivestimento riflette la luce solare diurna e forse, negli intendimenti dei progettisti, doveva proteggere gli interni dall'eccessivo irraggiamento della stagione estiva, quella di abituale utilizzo della casa. La possibilità di ruotare il corpo di abitazione consentiva inoltre agli abitanti di situare in pieno sole, o in zone d'ombra, i locali di soggiorno, quando necessario. Così la casa era descritta, nel gennaio 1935, appena ultimata, in un ampio articolo, illustrato da molte fotografie, nella rivista "Architettura": «La costruzione ha la possibilità di poter volgere contemporaneamente tutti i suoi ambienti verso il punto cardinale preferito, sia per esporli al sole o all'ombra, che per ripararli dal vento o rinfrescarli con la brezza estiva».[2]

Nella notte, il rivestimento metallico cattura la luce lunare, restituendo suggestivi riflessi argentei. Il ruolo giocato della luce, in Villa Girasole, è fondamentale. La casa è costruita in posizione dominante, con la sua torre girevole conficcata nel terreno. Una galleria scavata nelle pendici della collina conduce al nucleo rotante, nel punto estremo in cui la luminosità del cielo, dalle superfici vetrate della torre, può penetrare. Di lì, salendo l'ampia scala elicoidale, o trasportati dal moderno ascensore, si può risalire dal ventre buio della casa verso l'origine della luce. Dal monumentale loggiato sul giardino, situato nella parte basamentale, cilindrica, si

_ Figura 1.
Angelo Invernizzi, Villa
Girasole, Marcellise, Verona,
1931-1935 (foto Enrico
Cano, 2005).

ascende dunque, via via, alle ali abitate e rotanti, fino a passeggiare sui tetti piani a terrazza, come sul ponte di una nave e, ancora più in alto, intorno alla lanterna della torre, ammirando il paesaggio delle colline coltivate.

Le stanze situate nelle due ali dell'abitazione si affacciano, con ampie porte e finestre, su una terrazza, una sorta di ponte-solarium sopraelevato che ruotava, insieme al resto della casa, sulla sommità del basamento cilindrico. La rotazione poteva avvenire indifferentemente nei due sensi – orario e antiorario – intorno all'asse fisso verticale, coincidente con la torre, sostenuta e guidata da una ralla centrale a rulli conici posta in fondo al pozzo scavato nella collina. Alla sommità del basamento cilindrico, quindici carrelli sorreggono la struttura fuori terra, scorrendo lungo rotaie concentriche. Motori applicati ai due carrelli imprimevano una forza motrice elettrica complessivamente inferiore a tre cavalli, avviando la rotazione dell'intero sistema, il cui comando era affidato a semplici pulsanti elettrici posti al piano terreno dell'abitazione, presso la scala. La rotazione completa si poteva compiere in nove ore e venti minuti, con una velocità periferica di quattro millimetri al secondo.[3]

Fig. 2

La questione dell'orientamento degli edifici, tanto dibattuta negli anni in cui la villa vedeva la luce, veniva qui superata d'un balzo. L'orientamento della casa non era più fisso e stabilito una volta per tutte dal progettista, ma poteva essere variato secondo una decisione presa dagli abitanti stessi. Le ali si potevano infatti orientare contemporaneamente, come lancette interdipendenti di un orologio, verso uno dei punti cardinali, a seconda delle condizioni di irraggiamento desiderate, scegliendo a piacimento le condizioni di illuminazione e di esposizione al calore del sole, decidendo l'inclinazione secondo la quale i suoi raggi sarebbero penetrati nell'edificio. A schermare, quando necessario, quella luce, si predisponevano serrande avvolgibili di colore azzurro, azionate elettricamente dall'interno della casa.

L'attenzione per l'illuminazione naturale degli interni è testimoniata, oltre che dall'uso di ampie superfici vetrate, anche dalla messa in opera, nella cupola ribassata della torre centrale e nel ballatoio intorno alla lanterna poligonale, di diffusori circolari di vetrocemento armato Novalux, forniti dalla ditta Saint Gobain, che garantiscono un'illuminazione zenitale e sono la fonte principale della luce sfavillante che inonda il pozzo delle scale.[4]

Fig. 3

_ Figura 2.
Angelo Invernizzi,
Villa Girasole, schema
prospettico della struttura,
1935 ca (Archivio del
Moderno, Mendrisio, Fondo
Angelo Invernizzi).

113

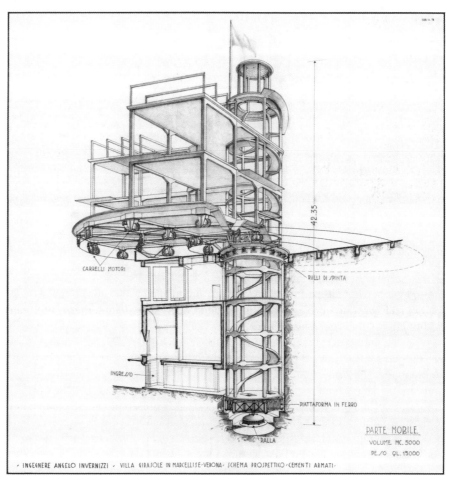

114

Ma, nel progettare Villa Girasole, si prestava anche molta attenzione all'illuminazione artificiale, notturna, degli spazi esterni. Nel portale d'ingresso alla parte basamentale si poneva un'illuminazione elettrica indiretta, schermata da giganteschi candelabri di pietra rosa, costituiti da tronchi di cono sovrapposti, secondo un motivo in voga per lampade e lampadari alla fine degli anni Venti. Inoltre, la ditta Osram realizzava un «progetto d'illuminazione razionale» delle fontane, utilizzando proiettori subacquei a luce bianca, blu e rossa.[5]

Negli interni della villa predominano i toni caldi e solari del giallo cromo scelto per tappezzare le pareti. Il piano terreno dell'abitazione rotante è occupato dagli ambienti di soggiorno, pranzo, studio e ricevimento, oltre che dalla cucina, situata in un locale dalla pianta trapezoidale, posto nell'intersezione fra una delle due ali e la torre, e certamente ispirata alle cucine "moderne" presentate nei manuali e nelle riviste contemporanee.[6] Nel piano superiore si situano invece le stanze da letto padronali, dotate di terrazza per i bagni di sole, e quelle a un letto, per "uomo" e per "signora", con un lavabo posto in una nicchia celata da una tenda.[7] L'idea suggestiva di una luce notturna, lunare, è presente nella scelta del colore di una delle

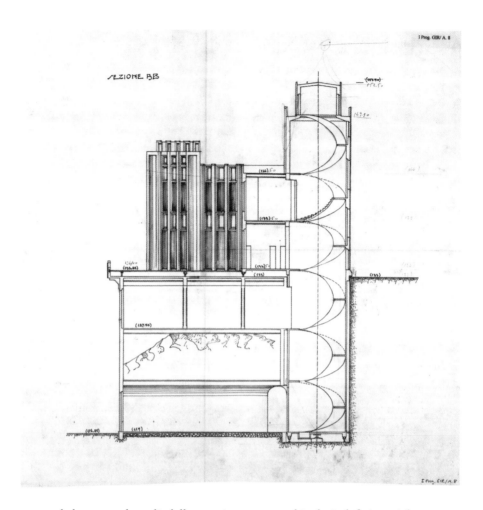

_ Figura 4.
Angelo Invernizzi, Villa
Girasole, sezione, 1929
ca (Archivio del Moderno,
Mendrisio, Fondo Angelo
Invernizzi).

stanze da bagno padronali, dalle pareti a tessere multicolori, definita nei documenti d'archivio color "chiaro di luna".

Fig. 4

La villa era stata progettata a partire dal 1929 e presentava inizialmente un rivestimento déco,[8] poi abbandonato, a partire dal 1930, per l'adozione di un più aggiornato linguaggio razionalista, diffusosi in Italia attraverso le esperienze internazionali e nazionali puntualmente pubblicate da un'aggiornata e vivace stampa periodica. Tale agilità nel transitare, ecletticamente, da un linguaggio architettonico all'altro, si deve al collaboratore di Invernizzi, l'architetto, scenografo e disegnatore veronese Ettore Fagiuoli (1884-1961). La parte meccanica si deve invece a un altro progettista, l'ingegnere Romolo Carapacchi (1900-1974). La grande e moderna abitazione borghese destinata alla villeggiatura estiva della famiglia Invernizzi, venne infine costruita, poco alla volta, prevalentemente durante la bella stagione, negli anni tra il 1931 e il 1935.[9]

Nell'intendimento dell'ingegnere Angelo Invernizzi la propria abitazione rotante doveva essere, oltre che un terreno di sperimentazione di soluzioni tecniche poi applicate nel corso della quotidiana attività di costruttore edile a Genova, anche un prototipo, così come lo erano, in quegli anni, le case realizzate per le esposizioni di Stoccarda, di Monza o di Milano. Un prototipo da brevettare, un giorno, per una futura, auspicabile produzione e diffusione industriale.

Se nessuna fonte, scritta o orale, denuncia esplicitamente il rapporto di Villa Girasole con le contemporanee teorie elioterapiche e sull'orientamento delle architetture, è lo stesso edificio a parlare diffusamente e senza reticenze, a partire dal suo nome, di una manifesta relazione con una cultura allora intrisa, in ogni ambito – medico, igienico, urbanistico e architettonico – di un profondo convincimento nelle eccezionali virtù risanatrici del sole e della luce.

Soltanto una quindicina d'anni prima, nel 1912, William Atkinson (1866-1932), un architetto di Boston che già nel 1894 aveva pubblicato alcune riflessioni sull'importanza dell'esposizione solare per l'architettura ospedaliera,[10] estendendo il proprio pensiero all'orientamento degli edifici e delle strade urbane, pubblicava a New York il volume *The Orientation of Buildings or Planning for Sunlight*.[11]

Pressoché contemporaneamente, nell'area culturale francofona, fin dal settembre 1906, l'astronomo Justin Pidoux e l'architetto Charles Barde, entrambi di Ginevra, avevano presentato al secondo congresso internazionale di igiene, tenutosi in quella città, un lavoro sull'orientamento e l'esposizione ai raggi solari dei locali abitati. Presente in quell'occasione, l'architetto Adolphe Augustin Rey (1864-1934) si era in seguito unito a loro nel progettare una più ampia pubblicazione dedicata a questi temi. Nel 1915 Rey firmava autonomamente un ampio articolo, dal titolo *The healthy City of the Future. Scientific Principles of Orientation for Public Roads and Dwellings*, in "The Town Planning Review", periodico del dipartimento di "Civic Design" della Scuola di architettura dell'Università di Liverpool, pubblicato a partire dal 1910 con la direzione di Patrick Abercrombie.[12] Alcuni anni dopo, "The Town Planning Review" pubblicava, in due parti distinte, un intervento di A. Trystan Edwards, dal titolo *Sunlight in Streets*.[13] Infine, nel 1933, si recensiva, nelle pagine della medesima rivista, il rapporto sull'orientamento degli edifici pubblicato dal "Committee on the Orientation of Buildings" istituito dal Royal Institute of British Architects.[14] Nel frattempo, l'architetto Adolphe Augustin Rey, prima ricordato, presentava al Congresso di Igiene dell'Istituto Pasteur di Parigi del 1921, con l'astronomo ginevrino Justin Pidoux, una comunicazione dal titolo significativo: *Une révolution dans l'art de bâtir: l'orientation solaire des habitations*. Nel 1928 veniva infine pubblicato il frutto del lavoro di due decenni, il volume firmato a tre mani da Rey, Pidoux e Barde, *La science des plans de villes. Ses applications à la construction, à l'extension, à l'hygiène et à la beauté des villes. Orientation solaire des habitations*.[15]

Fig. 5

Per quanto riguarda l'Italia, una percezione molto chiara della penetrazione delle teorie internazionalmente diffuse sull'orientamento degli edifici e l'esposizione alla luce del sole, in chiave di igiene urbana e architettonica, si ottiene esaminando i primi numeri di "Urbanistica", rivista dell'Istituto Nazionale di Urbanistica, la cui pubblicazione prendeva avvio nel 1932.

Accanto ai temi del risanamento dei quartieri malsani e alla questione del "diradamento" a fini igienici e sociali, trattati da personalità quali Gustavo Giovannoni

_ Figura 5.
Esempio di orientamento secondo l'asse eliotermico di un villino a schiera (in A.-A. Rey, J. Pidoux e Ch. Barde, *La science des plans de villes*, Lausanne-Paris 1928, p. 141).

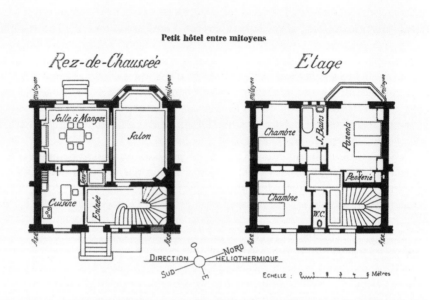

117

e Luigi Piccinato, dalle pagine del periodico emergono con frequenza informazioni sul ruolo e l'importanza della luce. Si parla, a titolo di esempio, di norme per l'illuminazione naturale degli ambienti chiusi, preparate dalla *Deutsche Beleuchtungstechnische Gesellschaft* e pubblicate nel 1933 nella rivista "Licht".[16] E, ancora, degli effetti luminescenti delle radiazioni ultraviolette e delle loro applicazioni,[17] oltre che della variazione della facoltà visiva in funzione della variazione dell'illuminazione naturale.[18] Si tratta inoltre la questione dell'igiene delle "abitazioni minime", affrontando, ancora una volta, il tema dell'illuminazione e della ventilazione degli ambienti e dibattendo sulla forma delle finestre, per le quali si andava manifestando la tendenza all'adozione "modernista" della forma con asse maggiore orizzontale, tendenza alla quale si contrapponeva l'idea che le finestre con asse maggiore verticale fossero più adatte alla latitudine italiana, dove il sole raggiunge un'altezza zenitale rilevante, permettendo al tempo stesso di ventilare efficacemente anche lo spazio prossimo al soffitto.[19] Nelle pagine del periodico dell'Istituto Nazionale di Urbanistica è ricorrente anche il riferimento alla lotta contro la tubercolosi, attraverso l'istituzione, diffusa in tutto il territorio nazionale, di sanatori e ospizi marini, in cui l'elioterapia si accompagnava alla balneoterapia.

Ma la dimensione internazionale assunta dalla cultura dell'abitazione e della pianificazione urbana è rivelata soprattutto dall'«inchiesta tecnico edilizia sull'orientamento delle vie più favorevoli alla buona insolazione degli alloggi», promossa a livello internazionale dall'International Federation of Housing and Town Planning - Internationaler Vervand fur Wohnungswesen und Stadtebau - Fédération Internationale pour l'Habitation et l'Urbanisme.[20] Lo scopo dell'inchiesta, diffusa in Italia, appunto, da "Urbanistica", era di riunire in una completa nota bibliografica tutti gli studi sull'argomento. Dalle pagine del periodico si invitavano dunque i lettori a inviare direttamente le citazioni bibliografiche italiane, ovvero i propri dati o pareri, al segretario generale della Federazione, Hans Kampfmeyer, a Francoforte.[21]

Si recensiva anche un articolo dell'architetto Giorgio Rigotti su *L'insolazione degli edifici*, apparso nel 1934 nella rivista "Torino": «Problema di notevole importanza quello dell'insolazione degli edifici, trascurato per molto tempo, ma che oggi giustamente è parte importante dell'urbanistica. E non più al singolo edificio deve essere volto lo studio, ma all'insieme, al quartiere che ne deriverà così una fisionomia particolare e caratteristica. Naturalmente il problema dell'insolazione è coordinato, e subordinato, ad altri molteplici, primo fra tutti quello della viabilità, che può richiedere direzioni di vie non ideali per quell'aspetto. È compito dell'urbanista armonizzare tutti gli elementi, specie se contrastanti». L'autore applicava alla città di Torino il metodo di determinazione proposto dall'architetto americano Fischer, le cui carte solari, dette anche "carte di Fischer", riportavano, per qualsivoglia località, il percorso apparente del sole, nei giorni caratteristici dell'anno (solstizi ed equinozi), sul piano azimutale e su quello zenitale, consentendo così anche di analizzare l'irraggiamento solare degli edifici.[22]

118   Infine, a dimostrare la necessità e la volontà di una condivisione delle idee e delle tecniche elaborate internazionalmente nel campo della pianificazione urbana, "Urbanistica" si faceva portavoce del progetto, promosso in Italia dall'Istituto Nazionale di Urbanistica, di un *Lessico internazionale dei termini tecnici riguardanti le abitazioni e i piani regolatori,* redatto in quattro lingue (italiano, inglese, francese e tedesco), in accordo con la *International Federation for Housing and Town Planning*. Un'opera non perfetta, secondo l'articolo di "Urbanistica", ma un «opportuno tentativo per favorire la volgarizzazione di concetti urbanistici».[23] Il lessico internazionale dei termini urbanistici, ovvero l'*International Glossary of technical Terms used in Housing and Town Planning,* offerto ai lettori, in promozione, insieme all'abbonamento alla rivista per l'anno 1935, avrebbe poi conosciuto numerose edizioni, anche nel dopoguerra, con l'aggiunta, alle quattro lingue originali, della lingua spagnola.

Il mondo dell'architettura non si poteva sottrarre a tale rapido diffondersi internazionale di idee che accomunavano diverse discipline, da quelle mediche e della salute pubblica, fino all'urbanistica e all'igiene abitativa. L'attenzione degli architetti per il tema dell'orientamento delle abitazioni e, in particolare, delle case unifamiliari, è bene esemplificato da un articolo apparso nel 1928 in "Domus", la rivista fondata, proprio in quell'anno, da Gio Ponti. Nel numero di aprile, infatti, l'architetto Enrico Agostino Griffini pubblicava la casa di abitazione di campagna di Bruno Taut a Dahlewitz (1926-1927), a sud di Berlino, il cui corpo principale, destinato al piano terreno alla vita diurna e al piano superiore al riposo notturno, presentava una singolare pianta a quarto di cerchio, con l'angolo di 90 gradi, formato dai due prospetti principali, orientato a occidente.[24] Così la descriveva lo   Fig. 6
stesso progettista, Bruno Taut, in *Ein Wohnhaus,* il volumetto dedicato alla sua opera: «La forma della casa è una cristallizzazione delle condizioni ambientali. Essa viene sostenuta dal colore, utilizzato qui in funzione di estrema contrapposizione: infatti in contrapposizione al verde esteso della natura e come contrappunto

al sole declinante e ai riflessi delle nuvole, la facciata occidentale è tutta bianca, mentre quella orientale, in direzione della strada, è nera: l'orientamento della casa nello spazio viene quindi decisamente sottolineato, la luce e il calore del sole del mattino vengono "aspirati" all'interno della casa, grazie anche alle capacità di assorbimento termico del nero».[25]

Nell'articolo di Griffini su "Domus", la didascalia accostata al disegno della pianta della casa di Taut a Dahlewitz così ne motivava le singolarità e irregolarità: «La forma originale di questa pianta, giustificata dall'opportunità di evitare ogni esposizione a tramontana del corpo principale, conduce a una distribuzione dei locali compatta, razionale e piacevole». E ancora, nel testo dell'articolo: «La forma planimetrica a triangolo appare giustificata dalla opportunità di evitare ogni esposizione a nord di pareti e finestre. Piante di tale forma, o comunque irregolari, danno luogo, è vero, a locali irregolari, ma le irregolarità si traducono spesso in altrettante risorse in una casa moderna, inquantoché da esse possono scaturire soluzioni veramente pratiche e attraenti». La cucina e i locali di servizio annessi occupavano la porzione occidentale, dalla forma trapezoidale, dell'arco di cerchio, mentre i locali di servizio del piano terreno erano relegati a una bassa appendice tangente il corpo principale, con pianta pressoché rettangolare.[26]

La casa di Bruno Taut a Dahlewitz era inoltre riproposta in Italia, tre anni dopo, dallo stesso Griffini, assai attento alle esperienze dell'architettura tedesca, in un suo fortunato manuale, oggetto di numerose ristampe, *La costruzione razionale della casa*.[27]

Ma la fortuna italiana della casa di campagna di Taut non si esauriva qui: la sua cucina era presa a esempio da Piero Bottoni per quella della "Casa elettrica",[28] una delle 36 abitazioni sperimentali progettate e realizzate, nel 1930, alla IV Triennale di Monza, facendo seguito all'esperienza compiuta tre anni prima nel quartiere modello del Weissenhof di Stoccarda. I prototipi realizzati alla IV Triennale di Monza, pubblicati nel catalogo dell'esposizione, trovavano anch'essi ampia descrizione nelle pagine di "Domus".[29]

_ Figura 6.
Bruno Taut, Casa Taut, veduta aerea, Dahlewitz, 1926-1927 (in B. Taut, *Ein Wohnhaus*, Stuttgart 1927, frontespizio).

Dunque, in questo ricco contesto culturale, nel fermento di idee internazionali ampiamente diffuse negli ambiti dell'architettura e dell'urbanistica italiani, continuamente aggiornati attraverso i manuali e la stampa periodica specializzata, che, a partire dalla fine degli anni Venti, conosceva in Italia una grande fioritura e la nascita di nuove testate, si concretizzava l'esperienza singolare di Villa Girasole, nettamente distinta, per la sua funzione abitativa, da analoghi esperimenti contemporanei, legati invece a realizzazioni sanitarie e ospedaliere.

119

La contiguità di Villa Girasole con la cultura igienista di un'epoca contraddistinta dal trionfo risanatore della luce solare, il cui uso terapeutico, quasi taumaturgico, precedeva, incontrastato, il ricorso, nel periodo postbellico, agli antibiotici, è indicata dall'insorgere di un equivoco tassonomico che avrebbe accompagnato la fortuna di questo edificio eliocentrico, assimilando erroneamente Villa Girasole a un prototipo di edificio di cura, di sanatorio o di *solarium*.

Già nel 1935 il dottor Jean Saidman scriveva all'ingegnere Angelo Invernizzi, come a un collega, attribuendogli il ruolo di «directeur du solarium» di Marcellise.[30] Jean Saidman (1897-1949), promotore e fautore della luminoterapia, si era specializzato nell'elio-attinoterapia, pratica terapeutica in cui l'azione dei raggi naturali del sole si accompagnava all'uso delle radiazioni luminose artificiali, ultraviolette (dalle proprietà antibatteriche) e infrarosse. Direttore di un dispensario di lotta contro la tubercolosi e il rachitismo, primo presidente della Società Francese di Fotobiologia, creatore nel 1925 dell'Istituto di Attinologia di Parigi – istituto di ricerca e di cura, attrezzato con una "spiaggia artificiale" per i piccoli pazienti – il dottor Saidman, nel 1930, aveva fatto costruire una singolare macchina architettonica terapeutica, il solario rotante di Aix-Les-Bains, in Savoia, seguito nel 1934 da un altro *solarium tournant* a Jamnagar, nello Stato di Nawanagar, in India, l'unico ancora oggi esistente, e da un terzo solario rotante sorto accanto al grande sanatorio elioterapico marino di Vallauris Le Cannet, nelle Alpi Marittime, tra Cannes e Antibes.[31]

L'equivoco doveva quindi proseguire con la pubblicazione, nel 1937, della pianta, dello schema prospettico della struttura in cemento armato e di diverse fotografie di Villa Girasole nella sezione dedicata agli ospedali e ai sanatori dell'*Encyclopédie de l'Architecture. Construction modernes,* edita a Parigi da Albert Morancé.[32]

120

_ Figura 7.
Pier Luigi Nervi, Progetto per una palazzina girevole, piante del piano inferiore e superiore, 1934 (MAXXI, Museo nazionale delle arti del XXI secolo, Roma, Archivio Pier Luigi Nervi).

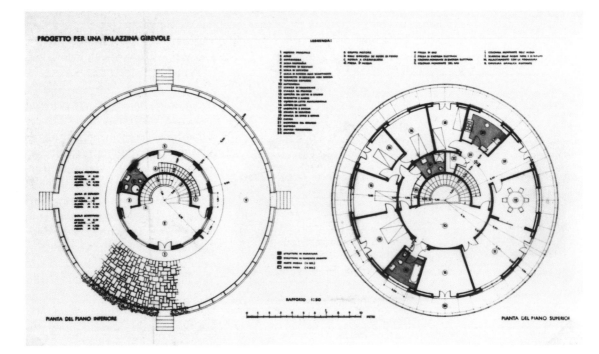

Villa Girasole era invece una grande casa di villeggiatura borghese, dotata di un ampio parco con svariate essenze, di una piscina, di un campo da tennis e di un lago artificiale, creato per scopi utilitari, come serbatoio d'acqua per i terreni coltivati a vigna, ulivi e ciliegi, tutt'intorno al giardino vero e proprio, ma nel quale ci si poteva anche tuffare e andare in barca. Un luogo di benessere, salute e gioie familiari, in cui il gusto dell'ingegnere per la sperimentazione, la sfida tecnologica e la trasformazione del territorio si coniugava al piacere di assecondare la propensione dei giovani per il lato ludico e sportivo della villeggiatura, nel tempo dilatato delle vacanze estive, dedicate al riposo e a un'attenzione ormai trionfante per la cura del corpo, all'aria aperta e al sole.[33]

Che poi quello di Villa Girasole non fosse un episodio avulso, curioso e marginale, così come lo aveva dipinto nel 1937 la rivista "Casabella", diretta da Giuseppe Pagano,[34] con una deliberata volontà di rimozione storica che sarebbe stata perpetuata, in seguito, da pressoché tutta la storiografia d'architettura italiana, è testimoniato da un altro progetto, pubblicato negli stessi anni da un importante periodico culturale. Un progetto non realizzato, ma anch'esso ideato da un giovane ingegnere che avrebbe goduto, in seguito, di un felicissimo destino professionale. Negli stessi anni della realizzazione di Villa Girasole, la rivista "Quadrante", diretta da Massimo Bontempelli e Pietro Maria Bardi, pubblicava infatti un ulteriore tentativo di affrancare l'architettura dalla sua staticità, annullando il sistema consueto di relazioni con i quattro punti cardinali e consentendo all'abitante di orientare liberamente, a piacimento, i prospetti della propria casa nel paesaggio e verso il sole, o l'ombra, a seconda del tempo meteorologico e delle stagioni.

121

_ Figura 8.
Pier Luigi Nervi, Progetto per una palazzina girevole, prospetto e sezione, 1934 (MAXXI, Museo nazionale delle arti del XXI secolo, Roma, Archivio Pier Luigi Nervi).

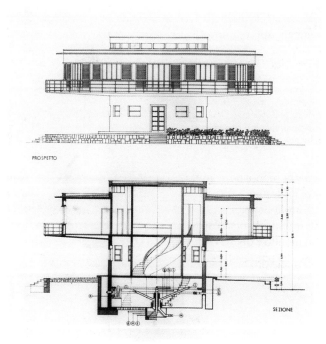

_ Figura 9.
Pier Luigi Nervi, Progetto per una palazzina girevole, veduta prospettica, 1934 (MAXXI, Museo nazionale delle arti del XXI secolo, Roma, Archivio Pier Luigi Nervi).

Figg. 7-9

Si trattava della piccola casa girevole, poi non realizzata, progettata nel 1934 da Pier Luigi Nervi. Analoga a Villa Girasole per la struttura in cemento armato, doveva ruotare grazie a tre gruppi di rulli in acciaio che scorrevano entro guide circolari, una solidale con la parte mobile, l'altra con la fondazione. Il movimento di rotazione, ottenuto grazie a un motore elettrico e a sistemi di ingranaggi, sarebbe stato lento, avrebbe richiesto una scarsa potenza e avrebbe raggiunto quasi i 360 gradi. Nell'articolo su "Quadrante", illustrato da due disegni, si mettevano in luce in questi termini gli aspetti innovativi del progetto:

> L'ingegnere Pier Luigi Nervi ha studiato una piccola casa d'abitazione girevole che sarà conosciuta con interesse dai nostri lettori, giacché oltre alla originalità contiene un sintomo notevole degli sviluppi della tecnica edile che, senza passare da avventuristi a ogni costo, è prevedibile liberi un bel giorno le abitazioni dalla schiavitù dell'immobilità. ... Dall'esame dei disegni apparisce come sia possibile, con la disposizione studiata, ottenere il grande vantaggio della orientabilità degli ambienti rispetto al sole o al paesaggio senza sensibili sacrifici economici, difficoltà costruttive o infelice disposizione planimetrica dell'appartamento.[35]

La seconda guerra mondiale segnerà una cesura, indurrà a sviluppare in altre ramificazioni – per adottare un'immagine darwiniana[36] – i saperi medici, le pratiche terapeutiche, i modi dell'abitare.[37] Il che contribuisce a spiegare, con diversi altri fattori, perché questi singolari esperimenti, prima di essere riconosciuti come emblematici di un mondo e di una cultura, siano stati destinati all'oblio o alla silenziosa incomprensione dei più.

_ 1. *Villa Girasole. La casa rotante / The Revolving House,* testi di A. Galfetti, K. Frampton, V. Farinati, foto di E. Cano, Mendrisio Academy Press, Mendrisio 2006 (2a ed. Mendrisio Academy Press / Silvana Editoriale, Mendrisio / Cinisello Balsamo 2014); V. Farinati, *La luce e il Girasole,* "Elementi", luglio-dicembre 2010, n. 4, pp. 8-13. Costituitasi nell'aprile 2002 a Mendrisio, per volontà della signora Lidia Invernizzi, figlia dell'ingegnere progettista e realizzatore, la Fondazione "Il Girasole – Angelo e Lina Invernizzi" è stata recentemente trasferita a Verona, presso la Fondazione Cariverona, che continuerà a provvedere alla valorizzazione e alle complesse attività di conservazione della villa e del suo parco.

_ 2. *Villa "Girasole" in Marcellise (Verona). Ing. Angelo Invernizzi e arch. Ettore Fagiuoli,* "Architettura", XIV, gennaio 1936, pp. 1-10, citazione a p. 1.

_ 3. Da alcuni anni la rotazione non viene più effettuata, a causa di cedimenti del terreno, ma è allo studio il progetto di ristabilire le condizioni che consentano di fare girare nuovamente Villa Girasole.

_ 4. Archivio del Moderno, Mendrisio, Fondo Angelo Invernizzi, Villa Girasole, lettera da Genova di Angelo Invernizzi al geometra Mario Daverio a Marcellise, 15 dicembre 1933. Un primo riordino dei documenti relativi a Villa Girasole, che costituiscono una serie ben definita, all'interno del fondo Angelo Invernizzi, fu condotto, attribuendo l'attuale segnatura ai disegni, dall'architetto Simone Nicolini, che pubblicò il catalogo dei disegni di Villa Girasole nella sua tesi di laurea (S. Nicolini, *"Villa Girasole" in Marcellise-Verona: conoscenza e conservazione. Catalogo dei disegni, 1929-1935,* relatori P. Paganuzzi, P. Michieletto, correlatore C. Modena, Istituto Universitario di Architettura di Venezia, Dipartimento di Costruzione dell'Architettura, anno accademico 1997-1998). Successivamente, dopo il deposito all'Archivio del Moderno di Mendrisio, l'architetto Nathalie Kupferschmidt curò il riordino, il condizionamento e la descrizione su schede cartacee dell'intero fondo.

_ 5. *Ibidem*, GIR/A.70(VAR), GIR/A.72(VAR), 29 aprile 1935.

_ 6. *Ibidem*, GIR/A.10(VAR), "Pianta del piano terreno" (con indicazione della funzione delle stanze), 1931 ca.

_ 7. *Ibidem*, GIR/A.12(VAR), "Pianta del primo piano" (con indicazione della funzione delle stanze), 1931 ca.

_ 8. *Ibidem*, I Prog. GIR/A.8, "Sezione AB", 1929 ca.

_ 9. Il cantiere di Marcellise era seguito dal geometra Mario Daverio, in continuo contatto epistolare con l'ingegnere Invernizzi a Genova. I cartoni dei mosaici si devono al pittore genovese Oscar Saccorotti, mentre la stilizzazione di Villa Girasole riprodotta nel pavimento del piano terreno e nell'atrio della portineria è dell'artista Felix De Cavero.

_ 10. *Small Hospitals, establishment and maintenance, by A. Worcester A.M., M.D., and Suggestions for Hospital Architecture by William Atkinson, Architect*, John Wiley & Sons, New York 1894.

_ 11. W. Atkinson, *The Orientation of Buildings or Planning for Sunlight*, John Wiley & Sons, New York 1912.

_ 12. A.A. Rey, *The healthy City of the Future. Scientific Principles of Orientation for Public Roads and Dwellings,* "The Town Planning Review",vol. VI, July 1915, n. 1, pp. 2-9. Il primo numero del primo volume della rivista appariva nell'aprile 1910 con il titolo "The Town Planning Review. Quarterly. The Journal of the Department of Civic Design at the School of Architecture of the University of Liverpool. Edited by Patrick Abercrombie in collaboration with C.H. Reilly and S.D. Adshead".

_ 13. A.T. Edwards, *Sunlight in Streets,* "The Town Planning Review", vol. VIII, April 1919, n. 1, pp. 93-97; vol. IX, March 1921, n. 1, pp. 27-36.

_ 14. *The Orientation of Buildings (the Report of the R.I.B.A. Joint Committee on the Orientation of Buildings),* Royal Institute of British Architects, London 1933.

_ 15. *La science des plans de villes. Ses applications à la construction, à l'extension, à l'hygiène et à la beauté des villes. Orientation solaire des habitations, par Adolphe-Augustin Rey, S.G. - A.D.G. - I.C. - A.F., membre du Conseil supérieur des habitations, Paris, Justin Pidoux, astronome honoraire de l'observatoire de Genève, Charles Barde, architecte à Genève,* Payot & Cie éditeurs - Dunod éditeur, Lausanne - Paris 1928.

_ 16. *Illuminazione naturale degli ambienti chiusi,* "Urbanistica. Rivista dell'Istituto Nazionale di Urbanistica", III, gennaio-febbraio 1934, n. 1, p. 45.

_ 17. *Gli effetti luminescenti delle radiazioni ultraviolette e le loro applicazioni,* "Urbanistica", III, gennaio-febbraio 1934, n. 1, p. 45.

_ 18. *Variazione della facoltà visiva in funzione delle variazioni dell'illuminazione naturale,* "Urbanistica", III, gennaio-febbraio 1934, n. 1, p. 45.

_ 19. C.F. Cerruti, *Igiene delle abitazioni,* "Urbanistica", III, settembre-ottobre 1934, n. 5, pp. 306-307; C. Regazzi, *Igiene delle abitazioni minime,* "Atti Sindacati provinciali Fascisti Ingegneri della Lombardia", marzo 1934.

_ 20. *Inchiesta tecnico edilizia,* "Urbanistica", III, marzo-aprile 1934, n. 2, p. 105.

_ 21. Le questioni poste ai lettori italiani erano le seguenti: «1. Titoli ed autori di libri o riviste che trattino l'argomento sia in se stesso, sia fra altri argomenti d'architettura e d'edilizia. 2. Quali architetti si interessino in Italia notoriamente a questo problema e possano dare un quadro preciso delle condizioni di fatto italiane. 3. Il pensiero di chiunque sui seguenti argomenti: a) se c'è un

123

orientamento tanto favorevole in confronto ad altri, che si debba tendere ad orientare tutte le case e tutti gli alloggi in tal modo; b) a quali condizioni e per quale forma di casa sia da ritenere utile e necessario un determinato orientamento; c) per quali locali sia da ritenere preferibile teoricamente un orientamento determinato, anche senza tener conto della forma della casa; d) se si ritenga desiderabile, ovvero addirittura necessario, che alloggi aventi uguale pianta abbiano identico orientamento; quale influenza abbia questo presupposto nella comprensione del piano d'assieme; e) se siano altri elementi e quali che possano in talune circostanze giustificare eccezioni a queste regole dell'orientamento; f) quale orientamento sia ritenuto il migliore per i seguenti tipi di case: casa per una sola famiglia, isolata, doppia, allineata; casa d'affitto, con due o con tre o con più alloggi per piano».

_ 22. V. Civico, *L'insolazione degli edifici*, "Urbanistica", III, marzo-aprile 1934, n. 2, p. 111; G. Rigotti, *Un metodo rapido per determinare l'insolazione degli edifici*, "Torino", gennaio 1934. Le "carte di Fischer" saranno in seguito riportate nei manuali dello stesso Giorgio Rigotti (*Urbanistica. La Tecnica*, Utet, Torino 1947), di Luigi Dodi (*Elementi di urbanistica*, Milano 1945), nonché nel diffusissimo *Manuale dell'architetto*.

_ 23. *Lessico internazionale dei termini tecnici riguardanti i piani regolatori*, "Urbanistica", III, maggio-giugno 1934, n. 3, p. 197.

_ 24. E.A. Griffini, *Alcuni interni di case modernissime. La cucina e i locali annessi*, "Domus. Architettura e arredamento dell'abitazione moderna in città e in campagna. Rivista mensile diretta dall'architetto Gio Ponti", I, 15 aprile 1928, n. 4, pp. 40-43. Nello stesso anno Griffini proponeva su "Domus" altri esempi di architetture razionaliste realizzate all'estero, divulgando in Italia, in particolare, l'esperienza del Weissenhof di Stoccarda: *Esempi stranieri modernissimi di case economiche. Testo dell'architetto Enrico A. Griffini*, "Domus", I, 15 marzo 1928, n. 3, pp. 12-15; *Le case del razionalismo moderno alla mostra di Stoccarda. Testo dell'architetto Enrico A. Griffini*, "Domus", I, 15 giugno 1928, n. 6, pp. 17-20. Forse non è casuale che Griffini utilizzasse gli stessi termini poi usati da Invernizzi nel definire Villa Girasole. Griffini affermava infatti, nell'articolo sul Weissenhof di Stoccarda (pp. 17-18): «Tra i bisogni della vita, principalissimo è la casa, e il poter disporre di una *casa comoda e bella* è aspirazione sempre più largamente e intensamente sentita. In questa nostra meravigliosa epoca che ha creato il transatlantico e la ferrovia, l'aeroplano e il dirigibile, ben poco cammino ha però fatto la casa: essa si è trovata costantemente intralciata dalle pastoie della tradizione. ... Prodotto tipico e magnifico del nostro secolo è la macchina. ... Questa armonia che si verifica nella macchina non è cercata: nasce dalla rigoroso applicazione del calcolo. ... Il costruttore di macchine produce, senza volerlo, forme armo-

niche. ... Le cabine dei piroscafi, le celle degli aeroplani e dei dirigibili, gli scomparti delle vetture Pullmann, che altro sono se non tangibili esempi di moderne abitazioni ove tutte le esigenze domestiche, anche le più raffinate, trovano i più completi soddisfacimenti?». Vi sono, nelle parole di Griffini, divulgate in Italia da una rivista come "Domus", non strettamente riservata agli addetti ai lavori, evidenti echi del dibattito tra forma tecnica e forma architettonica, centrale soprattutto in Francia, dove, dopo avere affascinato Le Corbusier, le forme generate dalla velocità (nave, aeroplano e automobile) erano oggetto delle riflessioni degli esponenti dell'Union des Artistes Modernes. L'ingegnere Angelo Invernizzi, alcuni anni dopo, nel presentare alla stampa la sua opera, la definiva, molto semplicemente, «il risultato degli studi, dell'esperienza e della passione del suo costruttore per la *casa bella e comoda*» (Archivio del Moderno, Mendrisio, Fondo Angelo Invernizzi, Villa Girasole, lettera da Genova di Angelo Invernizzi a Giovanni Cenzato, giornalista del "Corriere della Sera", a Milano, 25 ottobre 1934).

_ 25. B. Taut, *Ein Wohnhaus*, W. Keller und Co., Stuttgart 1927. La citazione è tratta dalla traduzione italiana di F. Giannini Iacono, in B. Taut, *Una casa di abitazione*, a cura di G.D. Salotti, FrancoAngeli, Milano 1986, pp. 22-23. Sono anni, questi, in cui gli architetti sperimentano, per le case di propria abitazione, planimetrie inconsuete, non ortogonali, come nel caso dell'abitazione cilindrica di Kostantin Melnikov a Mosca, progettata nello stesso 1927, per la cui salvaguardia è in corso attualmente una campagna internazionale (cfr. "Do.co.mo.mo. Italia - giornale", XVII, n. 32, giugno 2013, p. 4).

_ 26. E.A. Griffini, *Alcuni interni*, cit. alla nota 24, p. 40. M. Savorra, *Enrico Agostino Griffini: la casa, il monumento, la città*, Electa Napoli, Napoli 2000.

_ 27. E.A. Griffini, *La costruzione razionale della casa*, Ulrico Hoepli, Milano 1932 (con prefazione datata 1931), pp. 41-44. Il disegno in inchiostro di china su carta da lucido rappresentante la pianta della cucina della casa di Taut, predisposto per la pubblicazione in *La costruzione razionale della casa*, è conservato nell'archivio professionale di Griffini presso l'Archivio Progetti dell'Istituto Universitario di Architettura di Venezia (fascicolo "Costruzione razionale della casa: materiali grafici utilizzati per la prima edizione", segnatura Griffini 4.3/04 doc; cfr. *Enrico Agostino Griffini, 1887-1952. Inventario analitico dell'archivio*, a cura di M. Savorra, Istituto Universitario di Architettura di Venezia, Archivio Progetti-Il Poligrafo, Venezia-Padova 2007, pp. 17, 185). Nel 1933, lo stesso Griffini riprendeva l'idea della pianta a quarto di cerchio per il progetto di una "villa in collina", proposto al concorso per una "villa moderna" bandito nel 1933 dalla V Triennale di Milano (A. Avon, *La casa all'italiana*, in G. Ciucci, G. Mura-

124

tore (a cura di) *Storia dell'architettura italiana . Il primo Novecento*, Electa, Milano 2004, pp. 162-179, ill. a p. 172).

_ 28. *La "casa elettrica" alla Triennale di Monza presentata dagli architetti Luigi Figini, Guido Frette, Adalberto Libera, Gino Pollini del gruppo "7" di Milano e Piero Bottoni di Milano*, "Domus", III, agosto 1930, n. 32, pp. 26-35; G.D. Salotti, *Commento*, in B. Taut, *Una casa di abitazione*, cit. alla nota 25, p. 77; G. Polin, *La casa elettrica di Figini e Pollini*, Officina edizioni, Roma 1983.

_ 29. Alla "Triennale di Monza" erano dedicati gran parte dei numeri 32 (agosto 1930) e 33 (settembre 1930) di "Domus", che ospitava anche, fin dal numero 31 (luglio 1930), molte pagine pubblicitarie delle ditte espositrici. La rivista pubblicizzava anche, offrendolo a un prezzo di favore ai suoi abbonati, il volume *36 progetti di ville di architetti italiani* (a cura dell'Esposizione triennale internazionale delle arti decorative industriali moderne alla Villa Reale di Monza, Casa editrice d'arte Bestetti e Tumminelli, Milano 1930).

_ 30. Lettera del Dr. Jean Saidman, dall'Istituto di Attinologia di Vallauris Le Cannet (Alpes-Maritimes) ad Angelo Invernizzi, a Marcellise, del 18 aprile 1935. Trovandosi a Milano in occasione di un congresso sulle onde corte Saidmann chiedeva a Invernizzi di poter visitare il suo «solarium», affermando di avere realizzato egli stesso i primi *solariums tournants* su basi scientifiche a Aix-les-Bains, a Jamnagar, nello Stato di Nawanagar, in India, e, appunto, a Vallauris, tra Cannes e Antibes (Fondo Angelo Invernizzi, Archivio del Moderno, Mendrisio). Nel fondo Angelo Invernizzi si ritrovano anche, nella raccolta di ritagli di stampa, diversi articoli dedicati alle realizzazioni del dottor Jean Saidman, uno dei quali datato 1931, epoca di realizzazione di Villa Girasole, in cui appaiono due foto del «nuovo sanatorio per gli ammalati che hanno bisogno dell'elioterapia» di Aix-les-Bains ("Il Tevere", 17 agosto 1931, p. 6).

_ 31. *Le Solarium tournant de l'Institut héliothérapique à Vallauris (France)*, "Ossature métallique", giugno 1937; T. Lefebvre, C. Raynal, *Les Solariums tournants du Dr Jean Saidman (Aix-les-Bains, Jamnagar, Vallauris)*, Éditions Glyphe, Paris 2010; C. Randl, *Revolving Architecture. A History of Buildings that Rotate, Swivel and Pivot*, Princeton Architectural Press, New York 2008, pp. 58-60.

_ 32. *Encyclopédie de l'architecture. Constructions modernes*, tome IX, fasc. 4, "Hôpitaux, Sanatoria", "Solarium. Villa "Girasole" à Marcellise (Italie), A. Invernizzi ing. et E. Fagiuoli architecte", planches 81-84, Éditions Albert Morancé, Paris 1937.

_ 33. *Alle fonti del piacere. La civiltà termale e balneare fra cura e svago*, a cura di N.-E. Vanzan Marchini, Leonardo Arte-Regione Veneto, Milano 1999.

_ 34. A. Gatto, *Fiera delle meraviglie*, "Casabella. Rivista mensile di architettura. Direttore architetto Giuseppe Pagano", XV, aprile 1936, n. 112, "Cronaca dell'architettura", p. 29.

_ 35. *Una casa girevole*, "Quadrante. Rivista mensile illustrata", maggio 1934, n. 13, p. 27; L. Bisi, *La casa girevole. Villa "Il Girasole" a Marcellise, Verona, 1935*, "Lotus International", 1983, IV, n. 40, pp. 112-128. L'autrice mette in luce, all'inizio dell'articolo, l'attenzione italiana, a partire dal 1938 (epoca in cui Villa Girasole era già conclusa da qualche anno), per un utilizzo "autarchico" del sole, quale fonte di energia, a scopo di riscaldamento di serre, costruzioni rurali e dell'acqua sanitaria per alberghi e ospedali.

_ 36. T. Pievani, *Diversamente sapiens. Il corallo di Darwin*, a cura di L. Noseda, Associazione Amici dell'Accademia di architettura di Mendrisio, Mendrisio 2010.

_ 37. J.-L. Cohen, *Architecture en uniforme. Projeter et construire pour la Seconde Guerre Mondiale*, catalogo dell'esposizione (Centre Canadien d'Architecture, Montréal, Québec, 13 aprile-18 settembre 2011), CCA-Hazan, Paris 2011.

125

Annarita Teodosio

Sguardi verso l'orizzonte

Le colonie marine italiane tra Tirreno e Adriatico

Genesi e geografia di una tipologia inedita

Sin dalla fine del XIX secolo, le sperimentazioni della medicina britannica dimostrano l'efficacia della talassoterapia per la cura di alcune malattie causate da regimi alimentari inadeguati, oltre che dalle scarse condizioni igieniche tipiche delle situazioni di estrema povertà.

In Italia, tra i maggiori fautori di tali teorie c'è il medico fiorentino Giuseppe Barellai, grazie al quale la costa toscana diventa uno dei luoghi inizialmente privilegiati per la costruzione di centri terapici che, a cavallo dei due secoli, hanno un'ampia diffusione anche sulle coste liguri e romagnole. Le prime colonie marine, istituite a partire da fine Ottocento da enti benefici privati o religiosi, sono essenzialmente luoghi di cura per malattie infantili. Tipologicamente assimilabili a dei sanatori, sono costituite da blocchi compatti rivolti al mare con coperture a falde (come il Sanatorio Comasco di Rimini e l'Ospizio Vittorio Emanuele II di Viareggio) o padiglioni ortogonali alla battigia collegati da percorsi coperti o scoperti (come la Murri di Rimini o la Parmense di Marina di Massa).

Durante il Ventennio, alle funzioni terapeutiche si affiancano quelle sociali e le strutture si caricano di significati simbolici, assumendo un ruolo fondamentale nel processo di "fascistizzazione" della nazione. Le colonie diventano una sorta di palestra per la formazione fisica e spirituale del futuro uomo fascista, luoghi asserviti a un'ideologia e a specifici modelli educativi che si riflettono anche nelle conformazioni spaziali e negli schemi funzionali adottati.[1] Si tratta di un tema progettuale impegnativo, una tipologia inedita e priva di riferimenti tradizionali, un'opportunità di verifiche tecniche e stilistiche, «formidabili macchine propagandistiche dell'impegno del regime per i ceti popolari ... laboratorio di sperimentazione per quei giovani architetti desiderosi di misurare nella realtà del progetto l'efficacia dei loro ideali etici ed estetici».[2]

Per adeguarsi alle rinnovate esigenze, l'organizzazione planimetrica e distributiva diventa sempre più articolata e complessa, arricchendosi di nuove funzioni (palestre, cappelle, teatri, aule per istruzione e attività collettive) e gli spazi, disposti secondo regole ben precise, ricalcano la ritualità dell'organizzazione della vita all'interno delle comunità. L'architettura, fortemente gerarchizzata, esalta la ripetitività e favorisce le funzioni di controllo negando qualunque dimensione individuale a favore di quella collettiva; anche il contatto con la natura appare mediato.

Con la caduta del fascismo in Italia mutano le condizioni socio-economiche e cambiano anche i modelli educativi di riferimento. Le colonie del secondo dopoguerra presentano connotazioni differenti e dimensioni molto ridotte: agli ambienti ispirati al cameratismo militaresco si sostituiscono strutture più piccole che tentano di riprodurre l'intimità familiare. Tra le realizzazioni di questo periodo, generalmente poco ragguardevoli per quantità e qualità, si distinguono alcune emergenze come la Enel di Rimini (arch. Giancarlo De Carlo, 1963), generata dall'assembramento di piccoli edifici che conformano una corte aperta verso il mare bordata da un porticato continuo; la Enpas di Cesenatico (arch. Paolo Portoghesi, 1959-1962), caratterizzata da una planimetria à redents che comporta differenti orientamenti dei vari segmenti dei prospetti; la Olivetti di Marina di Massa (arch. Annibale Fiocchi, 1948-1958), complesso dalle dimensioni contenute immerso in una pineta vicina al mare, ritenuto dalla critica architettonica una delle più importanti realizzazioni del periodo per l'accuratezza delle finiture, la semplicità formale e l'interpretazione del linguaggio razionalista.

La collocazione territoriale degli impianti non sembra rispondere a un progetto organico né a strategie unitarie, ma a esigenze particolari e fattori contingenti. La scelta delle regioni – principalmente Emilia-Romagna, Toscana e Liguria – scaturisce, presumibilmente, dalla tradizione insediativa prefascista, dalla disponibilità di infrastrutture di trasporto e dalla prossimità alle grandi città industriali del Nord Italia.[3] Poste ai margini del tessuto edificato, inizialmente le colonie costituiscono elementi propulsori per l'urbanizzazione della costa: sul litorale romagnolo, già investito dal boom turistico, suggeriscono nuove linee di espansione; in Toscana rappresentano un punto sostanziale della politica socio-urbanistica del Regime volta alla riqualificazione dell'area apuana.

Ma con la diffusione del turismo d'élite la loro presenza si rivela ingombrante e talvolta incompatibile coi villini della ricca borghesia, pertanto si rende necessaria una regolamentazione dell'organizzazione e del posizionamento degli insediamenti sul territorio.[4] Su entrambe le coste, gli stabilimenti vengono impiantati in zone libere e lontane dai centri abitati, dove si creano degli agglomerati come la "città delle colonie" di Bellaria-Igea Marina in Romagna o la città dell'infanzia a Calambrone in Toscana.

Se ogni rapporto col tessuto urbano è negato, molto stretto è il legame con la natura, inteso non come una necessità formale, ma ideologica, in quanto rappresenta un elemento fondamentale per lo sviluppo psico-fisico del bambino. Così pinete, dune e giardini diventano parte integrante del progetto e l'architettura si lega al paesaggio secondo profondi e precisi rapporti di interdipendenza.

Spazialità e percezioni: orientamento, esposizione e viste

Il patrimonio architettonico delle colonie marine, variamente dislocato sulle coste italiane e costituito da centinaia di edifici differenti per epoca di realizzazione, stile e tecniche costruttive, è molto consistente e variegato, pertanto sfugge a una classificazione completa ed esaustiva.[5] Probabilmente è da ritenersi tuttora valida quella sviluppata da Mario Labò nel 1941, da lui stesso definita "scolastica", basata sugli schemi planimetrici e strutturali adoperati: monoblocco, villaggio, pianta aperta, torre.[6]

I complessi edilizi, inseriti in luoghi ben areati e ampie zone verdi in prossimità del mare, aderiscono a precise logiche di occupazione del suolo derivanti da esigenze funzionali e igienico-sanitarie e, al di là di peculiarità formali e stilistiche, gli impianti derivano dalle differenti combinazioni di ambienti canonizzati. Solitamente il volume più importante è quello del dormitorio, dalla cui collocazione deriva la composizione generale. Il mare e la spiaggia sono gli elementi rispetto ai quali si conforma il complesso, ed esiste una vera e propria «gerarchia delle viste»:[7] la facciata principale rivolta al litorale coi dormitori e il refettorio; quella secondaria, sul lato opposto, con l'ingresso e gli spazi di gestione e servizio (uffici, infermerie, cucine e bagni); i luoghi per le attività fisiche all'aperto a diretto contatto con l'arenile; una fitta rete di collegamenti verticali e orizzontali, interni o esterni (scale, ballatoi, pensiline e porticati), che svolgono funzioni distributive e sono spazi di mediazione tra il dentro e il fuori.

L'esposizione degli ambienti, funzionale al pieno raggiungimento dei benefici della talassoterapia, gioca un ruolo fondamentale condizionando sensibilmente le scelte progettuali.[8]

Se le prime strutture, ispirate ai sanatori ottocenteschi, presentano l'orientamento est-ovest (e quindi fronti principali a nord e sud), successivamente la quasi totalità delle colonie marine viene collocata lungo l'asse NO-SE. Una direttrice che comporta l'allineamento con la costa sia in ambito tirrenico che adriatico, seppur in maniera speculare. Costituiscono un'eccezione gli edifici a torre, esposti uniformemente su tutti i lati; la Reggiana di Riccione coi suoi tre corpi sfalsati disposti lungo l'asse eliotermico; e alcune soluzioni più articolate come la Colonia dei Fasci all'Estero di Cattolica, composizione a ventaglio aperta verso l'orizzonte con dormitori dall'orientamento differenziato.

L'accentuata orizzontalità, che caratterizza molti degli edifici, si conforma spazialmente e morfologicamente al paesaggio litoraneo e consente la realizzazione di ampie facciate esposte a SO e NE, che fruiscono della ventilazione generata dalle brezze marine, ma anche dall'escursione termica tra pareti oppostamente orientate.[9]

Se nei refettori e negli altri spazi comuni risulta evidente la ricerca di un rapporto fisico e visivo con l'ambiente marino, nei dormitori, destinati unicamente al riposo, le aperture sembrano perseguire all'inizio quasi esclusivamente istanze igienico-sanitarie (ventilazione, illuminazione). In alcuni casi – come nella Pica di Marina di Ravenna o nella Farinacci di Forte dei Marmi – i bambini godono solo di limitati scorci sul paesaggio attraverso finestre poste alle spalle dei loro letti; altrove, un piano di imposta troppo alto rispetto al pavimento, pur garantendo l'apporto di luce e aria, addirittura non consente l'affaccio ai piccoli ospiti. Ciò per ragioni di sicurezza, ma anche per evitare correnti d'aria potenzialmente dannose tra i letti che

Fig. 1

129

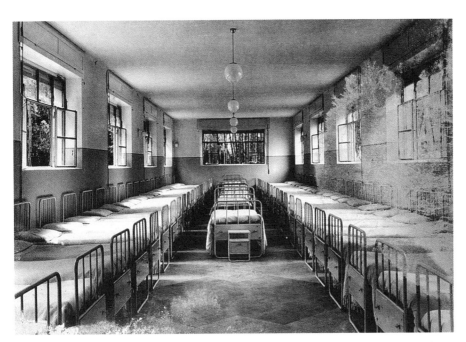

_ Figura 1.
Carlo Gaudenzi, Colonia marina Roberto Farinacci, il dormitorio, Forte dei Marmi, 1935 (in P. Camaiora, *Le colonie marine del Littorio sulla costa Apuo-Versiliese*, Associazione culturale Sarasota, Massa Carrara 2011, p. 151).

talvolta, come nella Monopoli di Stato di Milano Marittima, sono protetti da schermature realizzate con muretti di mattoni alti 120 cm.

Anche se il tema dell'esposizione sembra prevalere, non sono del tutto ignorate questioni legate alla percezione visiva dell'edificio e del paesaggio circostante. Percorsi panoramici ascensionali si snodano su imponenti rampe, come quelle racchiuse nella alta torre della Monopoli di Stato, o inglobate nella monumentale gabbia in cemento armato che costituisce il fulcro della vicina Colonia Varese: un affascinante diaframma fra la pineta e il mare, luogo di suggestivi effetti chiaroscurali generatori di un gioco di consistenza e inconsistenza, di effimero e incombente (fig. 2).

Non mancano neppure i terrazzi, il più panoramico dei quali è sicuramente quello sulla sommità della torre Fiat di Marina di Massa che, dall'alto dei suoi 52 metri, offre una vista talmente ampia sulla costa e sulle isole toscane da aver

_ Figura 2.
Mario Loreti, Colonia Varese (Costanzo Ciano), particolare della rampa, Milano Marittima, 1939 (in Istituto per i beni culturali della Regione Emilia-Romagna, *Colonie a mare*, 1986, vedi nota 1, p. 35).

_ Figura 3.
Giuseppe Vaccaro, Colonia
Agip (Sandro Mussolini),
Cesenatico, 1938 (in
*Architetture per le colonie
di vacanza. Esperienze
europee*, a cura di V.
Balducci, Alinea, Firenze
2005, p. 58).

Cesenatico - Colonia AGIP

131

Fig. 3

generato l'ipotesi, rivelatasi infondata, di essere stata una postazione di avvistamento dell'esercito tedesco durante la seconda guerra mondiale.

Se i prospetti delle prime colonie in muratura presentano un'impaginazione di gusto neoclassico con aperture semplici e limitate, a partire dagli anni Trenta l'evoluzione del linguaggio architettonico e delle tecnologie costruttive consente un progressivo svuotamento delle facciate che, ormai libere da vincoli strutturali, diventano sempre più permeabili e trasparenti, grazie anche alla diffusione di materiali come vetro, vetrocemento e nuovi sistemi di intelaiature per serramenti e schermature.[10] Ormai «gli edifici sono fatti per vedere non [solo] per essere visti».[11]

La Agip di Cesenatico è una sorta di "scatola trasparente" parallela al litorale: un'architettura esile e leggera che, come già nota Raffaello Giolli nel suo celebre articolo del 1938,[12] si proietta verso l'esterno mettendo in contatto il bambino con la natura e limitando al massimo tutto ciò che ostacola il rapporto visivo col mare. I prospetti principali, caratterizzati da vetrate continue, offrono viste privilegiate verso l'orizzonte e la campagna; il volume basso del refettorio ha grandi vetrate e coperture a *sheds* che consentono l'illuminazione dall'alto; il corpo principale, sollevato su pilastri, crea un vasto porticato coperto che offre ombra e riparo dal sole e dalla pioggia non interrompendo il passaggio d'aria e la continuità fisica e visiva tra il paesaggio retrostante e il mare. Il controllo climatico e illuminotecnico tra i due fronti oppostamente orientati è risolto da Giuseppe Vaccaro attraverso il sapiente uso di materiali e dispositivi opportunamente scelti: vetrate Termolux[13] apribili a ribalta dotate di tende avvolgibili oscuranti verso il mare, griglie fisse in cemento e persiane regolabili con alette in masonite verso monte. Anche per la Colonia Regina Elena di Formia, costruita in una «località ... assai felice, per particolari condizioni igieniche e panoramiche»,[14] Giulio Minoletti propone una soluzione interessante dal punto di vista tecnico ed estetico, disegnando una pensilina dimensionata in modo tale da precludere l'irraggiamento diretto solo nelle ore diurne dei mesi estivi. Nella Colonia Varese di Cervia, invece, un sistema di *brise soleil* in cemento armato scherma le aperture differenziate dei vari corpi di fabbrica e protegge le terrazze coronando l'edificio.

Nell'architettura delle colonie la luce gioca un ruolo fondamentale per la percezione fisica dei luoghi ma anche delle ideologie a essi sottese: elementi architettonici e sistemi di schermatura (*brise soleil*, feritoie e tagli, aperture differenziate) catturano, dirigono e modulano i flussi luminosi creando effetti diversificati scanditi dal trascorrere delle ore e delle stagioni. Nella ENEL di Giancarlo De Carlo, molto attenta alla relazione con il paesaggio circostante – ricercata con tagli visivi, spaccature agli angoli e aperture disassate poste ad altezza di bambino – i frangisole in legno filtrano la luce conferendo agli interni un'atmosfera quasi fatata. Nella torre della Colonia Fiat di Marina di Massa la luce piove dall'alto attraverso una grande volta a ombrello in vetrocemento che illumina il pozzo centrale intorno al quale una lunga rampa elicoidale è concepita come una camerata unica che si sviluppa per tutta l'altezza.

Gli edifici stessi diventano una sorta di grande contenitore che racchiude la natura grazie a un «sapiente gioco di luci, organizzate da uno studio accurato delle aperture, nell'andamento organico delle forme, e soprattutto nell'aura di grandioso silenzio spaziale colmato solo dal fitto vociare dei bambini».[15]

Da costa a costa

L'assenza di riferimenti tipologici tradizionali consente ai progettisti una maggiore libertà compositiva e stilistica, sicché gli edifici delle colonie generalmente non presentano addentellati coi rispettivi contesti di riferimento. Se in alcune strutture montane, come la Rinaldo Piaggio di Santo Stefano d'Aveto, appare evidente la volontà di sintesi col paesaggio, nelle colonie marine questo aspetto è solitamente negletto. Solo in rari casi le costruzioni alludono, per caratteri tipologici o materici, ai luoghi di provenienza dei loro piccoli ospiti. Denunciano un orientamento spiccatamente regionalista: la Bolognese di Rimini, con l'uso di mattoni a faccia vista; l'Opera Balilla Torino e Vercelli di Marina di Carrara, che ricorda una tipica fattoria piemontese per la copertura a falde inclinate rivestite in coppi, il sottogronda ornato da un traliccio rosso e l'organizzazione planimetrica generale.

Fig. 4

Ma al di là di queste sporadiche eccezioni, di norma le architetture sembrano dialogare solo con se stesse e il paesaggio marino circostante e non ambiscono a una relazione formale con l'intorno o a una contestualizzazione di tipo regionalistico. A prescindere dalla collocazione, gli edifici presentano alcune innegabili analogie (tipologiche, funzionali, tecnologiche e stilistiche); tuttavia un'analisi più approfondita lascia emergere anche alcune peculiarità che diversificano le strutture delle coste est e ovest.

La torre cilindrica di ispirazione futurista della Colonia Fiat di Marina di Massa, coi suoi 17 piani e 52 metri di altezza, e quella lamellare di ispirazione mendelsohniana della Colonia Fara di Chiavari, alta ben 43 metri, sono edifici che sembrano ricercare il contrasto piuttosto che la mimesi con l'orizzontalità dell'arenile e costituiscono due emblematiche esemplificazioni di una tipologia, quella a torre appunto, abbastanza rara e sicuramente ancora inedita per l'architettura delle colonie in ambiente adriatico.

Fig. 5

132

Piuttosto insoliti in Romagna sono anche gli impianti planimetrici, assimilabili a schemi circolari, di cui troviamo invece alcuni esempi sulla costa occidentale. Basti pensare alla stessa Fiat o alla Ilva di Forte dei Marmi (demolita nel 1944), una costruzione di tipo razionalista con un grande dormitorio di forma semicircolare proteso verso il mare; o alla Colonia dei ferrovieri di Marina di Pisa, col suo volume cilindrico cavo con la corte all'interno.

Inoltre, se le strutture della costa adriatica, promosse generalmente da enti benefici pubblici o religiosi, presentano mediamente dimensioni contenute, sul litorale toscano invece, esse costituiscono spesso le "case al mare" per i figli dei dipendenti delle industrie

_ Figura 4.
Francesco Mansutti, Gino Miozzo, Colonia Opera Balilla Torino e Vercelli, Marina di Carrara, 1937 (in P. Camaiora, *Le colonie marine del Littorio sulla costa Apuo-Versiliese*, Associazione culturale Sarasota, Massa Carrara 2011, p. 72).

133

_ Figura 5.
Vittorio Bonadè Bottino, Colonia Fiat (Edoardo Agnelli), Marina di Massa, 1933 (in P. Camaiora, *Le colonie marine del Littorio sulla costa Apuo-Versiliese*, Associazione culturale Sarasota, Massa Carrara 2011, p. 37).

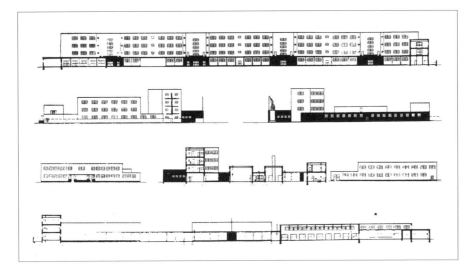

_ Figura 6.
Alfio Guaitoli,
Ettore Sottsass sr, Colonia
XXVIII ottobre (Torino),
prospetti e sezioni di
progetto, Marina di Massa,
1936 (in *Le colonie
marine della Toscana.
La conoscenza, la
valorizzazione, il recupero
dell'architettura per la
riqualificazione del territorio*,
a cura di V. Cutini, R. Pierini,
ETS, Pisa 1993, p. 126).

134   collocate nell'immediato entroterra. Pertanto, ci troviamo di fronte a complessi notevoli per superfici e capienza e con planimetrie molto variegate. Basti pensare alla XXVIII Ottobre (Torino) di Marina di Massa, composta da sei fabbricati disposti intorno a due corti, col dormitorio parallelo al mare, lungo circa duecento metri e con mille posti letto. Una struttura spesso assimilata a una fabbrica per la sua estensione e per tutti gli avveniristici impianti tecnologici di cui risultava dotata. A Tirrenia si trova invece Villa Rosa Maltoni, il più grande stabilimento climatico realizzato sulle coste italiane: un insieme molto articolato, costituito da vari edifici che si sviluppano lungo la costa per oltre quattrocento metri.

Fig. 6

Gli edifici delle colonie, nati come luoghi di cura, rispondono a precise esigenze di carattere funzionale, igienico-sanitario e poi simbolico ma, per molti progettisti, costituiscono anche un imperdibile laboratorio di sperimentazione stilistica e tecnologica, favorita dalla disponibilità di ingenti risorse economiche e nuovi materiali, oltre che dall'assenza di riferimenti tipologici troppo vincolanti. Queste architetture rappresentano anche una «straordinaria occasione per sperimentare quella ricerca sull'oggetto isolato nel paesaggio che costituì un momento rilevante dell'intero razionalismo europeo»[16] e che ha generato quell'idea di estraneità totale al contesto, comportando l'allusione al concetto di eterotopia di Michel Foucault, riproposta da molti studiosi.[17] Le colonie si configurano così come un "luogo-altro", al di fuori di tutti i luoghi, e intessono legami solo col paesaggio circostante attraverso un fitto dialogo con gli elementi naturali (mare, spiaggia, pinete, sole, luce e vento) che ne condizionano forma e collocazione. Pertanto, appare chiara l'impossibilità di tracciare un quadro dettagliato di peculiarità o una qualsivoglia classificazione, anche su base territoriale. Nonostante gli opposti orientamenti e i differenti contesti socio-culturali, è risultata infruttuosa anche la ricerca di elementi caratterizzanti connessi alla differente posizione degli edifici sul litorale italiano. Proprio in quest'ottica, dunque, è apparso quanto mai opportuno indagare la comune evoluzione del linguaggio e della tipologia, dettata da rinnovate esigenze funzionali, dal momento storico e dall'ideologia, dal volere dei committenti o dall'ardire degli architetti, più che da questioni geografiche.

_ 1. M. Callari Galli, *Annotazioni per una lettura antropologica del territorio*, in Istituto per i beni culturali della Regione Emilia-Romagna, *Colonie a mare. Il patrimonio delle colonie sulla costa romagnola quale risorsa urbana e ambientale*, Grafis Edizioni, Bologna 1986, pp. 41-50, qui p. 43.

_ 2. F. Irace, *L'utopie nouvelle: l'architettura delle colonie*, "Domus", n. 659, 1985, pp. 2-13.

_ 3. A partire dagli anni Trenta, le grandi industrie italiane promuovono l'istituzione di colonie estive per i figli degli operai loro dipendenti. In particolare, la creazione della grande Zona Industriale Apuana nell'entroterra toscano, istituita per favorire una ricollocazione degli operai del comparto marmifero ormai in crisi, innesca la costruzione dei numerosi centri climatici che popolano il litorale tirrenico tra gli anni Trenta e Quaranta.

_ 4. L'art. 2 del *Regolamento per le colonie marine* del 25 gennaio 1930 del Podestà di Rimini introduce una serie di prescrizioni urbanistiche e architettoniche, ma anche norme per la collocazione degli edifici, la cui costruzione deve avvenire in zone isolate e al di fuori del centro abitato. Ciò per ragioni igienico-sanitarie ma anche per evitare una eccessiva vicinanza con i villini della ricca borghesia.

_ 5. Nel 1882 in Italia si contano 22 ospizi marini (di cui 7 in Toscana e 2 in Romagna); un censimento del 1912 parla di diverse centinaia; attualmente le strutture sarebbero 88 sulla costa tirrenica e 246 in riviera romagnola.

_ 6. M. Labò, *L'architettura delle colonie marine italiane*, "Costruzioni", XIV, 1941, n. 167, pp. 2-6.

_ 7. E. Mucelli, *Colonie di vacanza italiane degli anni '30. Architetture per l'educazione del corpo e dello spirito*, Alinea, Firenze 2009, p. 63.

_ 8. Addirittura, per i bambini meno robusti, era previsto l'inizio della talassoterapia in una camera esposta a est o sud-est, a finestre aperte e porte chiuse. *Ibidem*, p. 31.

_ 9. Per un maggiore approfondimento si veda F. Franchini, *Colonie: le regole del costruito*, in F. Franchini (a cura di), *Colonie per l'infanzia tra le due Guerre. Storia e Tecniche*, Maggioli Editore, Santarcangelo di Romagna 2008, pp. 140-191, ove si propone un interessante studio basato su uno "Schema per l'orientamento delle stanze e dei fabbricati" tratto dal volume I del Cortelletti, *Elementi di composizione degli edifici civili* (1935, p. 193) e sul diagramma "Metodo per gli schemi distributivi", pubblicato in G. Vaccaro, *Schemi distributivi di architettura*, Librerie Italiane Riunite, Bologna 1935, p. 18.

_ 10. Per un maggiore approfondimento sull'evoluzione del linguaggio architettonico delle colonie si veda S. Talenti, A. Teodosio, *L'architettura delle colonie marine tra tradizione e innovazione*, in S. D'Agostino, G. Fabricatore (a cura di), *History of Engineering*, Proceedings of the V International Conference (Napoli, 19-20 maggio 2014), Cuzzolin, Napoli 2014, pp. 539-550.

_ 11. P. Carbonara, *Architettura pratica*, Utet, Torino 1954.

_ 12. R. Giolli, *La colonia AGIP a Cesenatico*, "Casabella", n. 130, ottobre 1938, p.6.

_ 13. Tipo di vetro che diffonde la luce e respinge i raggi solari.

_ 14. M. Labò, *L'architettura delle colonie marine italiane*, cit. alla nota 6, p. 30.

_ 15. G. Mulazzani, *Architettura e percezione nelle colonie*, in F. Franchini (a cura di), *Colonie per l'infanzia*, cit. alla nota 9, pp. 69-79, qui p. 72.

_ 16. F. Irace, *L'utopie nouvelle*, cit. alla nota 2.

_ 17. Tra gli altri, E. Mucelli, *Colonie di vacanza*, cit. alla nota 7, p. 99, riprende il concetto di eterotopia illustrato da Foucault che, partendo da una serie di considerazioni sull'idea di localizzazione, estensione e posizionamento definisce l'eterotopia come luogo-altro e individua una serie di tipologie architettoniche ascrivibili a questa categoria: collegi, ospedali, caserme, teatri, musei eccetera; cfr. M. Foucault, *Des espaces autres*, "Architecture, Mouvement, Continuité", n. 5, 1984, pp. 46-49.

135

Daniel A. Barber

Living with the Sun

Solar Radiation and the Modern American House, c. 1959[1]

In the post-war world, the modern American house was an important medium for experiments in ways of living. The architecture that emerged, in well known arenas such as that of the Case Study House program, and in the lesser known developments in solar housing that are the subject of this essay, was premised on the emergence of an individual now seen as willing to adjust their habits and practices to different patterns, behaviors and pleasures. Though this has generally been seen in the context of the growth of consumer culture, the convergence of lifestyle and technology in some architectural developments also indicates an interest in new patterns of living in relationship to resources and the environment. This convergence becomes evident in a competition for the design of a solar house, called *Living with the Sun* and organized by the Association for Applied Solar Energy in 1957. The winning entry was built in the suburbs of Phoenix, Arizona, as evidence of the new kinds of living that adaptation to solar patterns could provide.

By the time of the competition, elements of the architectural profession had engaged a number of design strategies focused on lifestyle improvement. For example, large expanses of glass and indoor/outdoor planimetric arrangements – both in part as attempts to bring the sun indoors, more for lifestyle effect than for heating – were among the more prominent design tropes of mid-century modern houses. The pre-war work in the American southwest of Frank Lloyd Wright, Rudolf Schindler and Richard Neutra involved elegant strategies using open plans, glass walls, and experiments in dynamic means to intermingle indoor and outdoor spaces.[2] By the late 1950s the region was a flourishing site for innovation: the work of Gregory Ain, Raphael Soriano, Charles and Ray Eames, John Lautner, Harwell Hamilton Harris, A. Quincy Jones, Julius R. Davidson, Craig Ellwood and Pierre Koenig, not to mention the still influential work of Wright, Schindler and Neutra, had carefully tuned a simplified approach to the organization of modern living, while also greatly expanding the relevant architectural techniques.

The Case Study House Program was especially influential. Supported by "Arts and Architecture" from 1945-1966, Case Study Houses were simultaneously test sites and demonstration houses, attempts to realize the promise of new materials and new building techniques on the residential sphere. Here as well, at stake was how the architect could best engage the engineering parameters of new technology, and the changes in living patterns these new arrangements could bring. Many of the Case Study Houses – including Craig Ellwood's Case Study House #18 (1957) and Pierre Koenig's Case Study House #22 (1959) both proposed as the solar house competition was taking place – have persisted as icons of the "good life" that modern architecture was seen to provide.

In part through the popularity of the Case Study houses, American residential architecture at mid-century reached a new level of both local appeal and global recognition. New design in the form of mid-century modern houses, furniture, and objects had entered the everyday life of millions of Americans, and was widely embraced as part of a simplified, elegant lifestyle. Reyner Banham later quoted the British architect Peter Smithson on his conviction that the appearance of the Eames' Case Study House (#8, 1949) led to "wholly new kind of conversations".[3] Banham's own interest in rethinking the technological premise of architectural modernity was strengthened in 1959 when Charles Eames made a presentation at the Royal Institute of British Architects that, Banham wrote, "introduced the concept of operational lore into architectural thought, and made with it a plea for the acceptance of scientific attitudes of mind".[4] At the end of the 1950s the formal and technological innovations of American residential modernism were poised to reconfigure both the practice of architecture and the practices and behaviors facilitated by a new kind of built environment.

The solar architectures of the late 1950s were concerned with control of light for its radiative properties. Design researchers developed careful calculations to understand the relationship between radiation, materials, and cubic volumes, and thus, the solar house offers an important aspect of the history of designing for light. The *Living with the Sun* competition intended to outline the possibilities for an architectural expression of solar living. Almost all of the plans selected by the jury were definitively modern; indeed, because of its pronounced affinities to the broader evolution of modern architecture, the competition can be seen as an important compendium not only of solar architecture but also of modern American residential design at the end of the decade of its most prolific development.

Though there were 1600 responses to the initial *Living with the Sun* call for entries, only 126 proposals were submitted to the jury after receipt of the detailed program.[5] This program outlined the required documents: entries were to include, in black ink on white paper mounted on a forty-inch square board, the following: a site plan, floor plans, all four elevations, at least one transverse section and one longitudinal section, a perspective drawing of the building, and "a cubage diagram". This last was essential, and was pursuant not only to the now well-established modern architectural principle to design through volume rather than mass, but also in order to facilitate economical solar heating.

The program also proposed that the design of the solar house would best develop in relationship to technical knowledge, without being subservient to it. There was, however, some ambivalence about this relationship evident in the competition documents. On the one hand, for the solar equipment itself the architect was ex-pected to follow the guidelines of the technological arrangement provided by the Association.[6] A general assumption was also made as to the area of solar collection required in order to heat the stipulated building volume and meet other heating needs: 120 square feet for water heating, 600 square feet for space heating, and 300 square feet for the swimming pool. All of these numbers assumed that the optimum tilt angle of 56°30' was deployed, and any diversion from that optimum would entail a larger area for collection.[7] Aside from these parameters, "it is not expected that the competitors 'invent' or even design in complete technical detail the devices involved with the collection of solar energy, the storing of same, or the re-utilization of it". Consulting engineers were to be tasked with the "technical design" of the system, and with adapting the winning design to the available technology. The tech-nological issues themselves were seen to be pre-established; the role of the designer was to understand their functioning and design the house accordingly.[8]

On the other hand, entries were expected to engage the solar system as a cre-ative aspect of their design. A last required document was a description, in less than two pages, of "the proposed method of operation of the solar heating equipment".[9] Each entrant was expected to familiarize themselves with recent experiments – an extensive bibliography was provided – and then to "commit the design of the house to a particular system" of solar heat collection, storage, and distribution. The rela-tive benefits of water, chemical and hybrid storage systems were outlined, as well as basic parameters for calculating the thermal capacity of materials and the electrical requirements of a given solar heating system.

The jury – consisting of Pietro Belluschi, Dean of the School of Architecture and Planning at MIT, as Chairman; Carlos Contreras, a Mexican architect and ur-ban planner; Thomas Creighton, editor of "Progressive Architecture"; Nathaniel Owings, partner at Skidmore, Owings and Merrill; and James W. Elmore, the lo-cal representative, a Phoenix architect and Associate Professor of Architecture at Arizona State College – met to review the entries from September 13 to 17, 1957. James Hunter, a Colorado architect, acted as the advisor and also participated in the selection process. A collection of sixty competition entries was published in 1959 in the book *Living with the Sun: Sixty Plans Selected from the Entries in the 1957 International Design Competition to Design a Solar-Heated Residence.* After a summary of the competition brief, the majority of the catalogue reproduced the for-ty-inch square panels of the competition entries in a fourteen-inch square format. Jury comments on all the entries were published at the end of the book, along with selections from the written material submitted with the drawings, concerning both details of the solar system and issues relevant to solar living.

The published entries demonstrated a wide range of solutions. As Belluschi wrote in the catalogue, "the novelty and challenge of the problem evidently acted as a stimulant to the imagination because there appeared a remarkable number of ideas which had validity, even though they were experimental in character. This fact was considered by the jury to be the main value of the competition".[10] The most striking aspect of the published entries, as Belluschi suggested, is the variety with which the solar imperative was expressed, and also how challenges of the techno-logical apparatus of the solar system and the formal disposition of the solar house

139

were met. Familiar modern design strategies were articulated for their relevance to solar house heating: the open plan corresponded to a careful and varied volumetric organization, precisely considering the amount of "cubage" that would be heated; the indoor/outdoor dynamic was developed as ventilation inducement or also, in many cases including the winning entry, relative to an internal patio or courtyard to be shaded by solar collectors. Other concerns relevant to modern design such a shading systems, use of new materials and extensive use of glazing also characterized plans for solar living.

As Belluschi, again, also wrote in his *Opening Statement*, "the solutions fell into two categories: in one, solar collectors were assumed to be an integral part of the house, controlling and limiting the design. In the other, it was believed to be more desirable to keep the heat-collecting mechanism as a separate entity, thus allowing a more conventional design of the house".[11] Most were in the first category: the second prize entry from Anna Campbell Bliss of Minneapolis developed a structural wall-as-collector sloped at the ideal tilt angle, using water circulating solar collectors. The jury comments indicated "that the main appeal of the scheme lay in the fact that the solar collectors themselves produced the architectural quality of the house". However, not consistently enough: while "the disposition of these collectors keeps the house from becoming too severe in appearance ... the north wall slopes in the same manner as the south wall, without having the same reasons for doing so, thereby becoming a cliché rather than a logical solution".[12]

Fig. 1

Many entries transposed this integration of the collector to the roof shape. Raymond J. Wisniewski, from Connecticut, offered a plan with an elaborate M-shaped roof to manage the desired tilt of the collector. The roof was actually a shed over the insulated volume of the house, and also shaded a number of outdoor living areas. Others were more elaborate still: Robert Dietz, a Seattle architect, proposed an A-frame roof over the main living space that recalled in its details traditional architecture of the Pacific Northwest while also maximizing collection efficiency. The jury called it "interesting ... but somewhat overpowering".[13] The Zurich architect Lisbeth Reimmann and the Phoenix architect William E. Evans both proposed more gentle A-frames, using this structure to maximize solar insolation in an isolated part of the house, thereby allowing some freedom in planning for the rest.

A number of proposals developed smaller symmetrically sloping shed roof elements, with their angle and placement optimized for solar collection. Recent MIT graduates Marvin E. Goody and Robert J. Pelletier were commended for the design of the roof-top collectors, though the jury was primarily interested in the proposal because the north and east elevations of the courtyard design were contained within an artificial hill, and thus "sunk into the ground". This produced significant insulation benefits. "Under proper hands," the jury wrote, "this modulation of the earth around the house could become an attractive feature", as in Frank Lloyd Wright's Solar Hemicycle House of 1946.[14]

Perhaps the most innovative roof envelope was Ashok Bhavnani's space frame proposal. A slightly cramped plan was organized as two narrow rectangles under a carefully articulated roof, collector and shading device. Where the space frame met the ideal collector angle, solar panels were embedded within it. The gaps between the vertical walls and the frame were used for heat storage and distribution. As

Fig. 2

Bhavnani, a recent graduate of the Princeton School of Architecture, put it, "the design is an integrated unit composed of a solar heating mechanism, a system of sunshades, and a system of ventilation, all tied together to form one all-encompassing parasol". A similar space frame/collector parasol, though here on a simple grid, was proposed by Berkeley architect Enrique Limosner; "an interesting architectural proposal" according to the jury, but, as they noted with Bhavnani's proposal, "likely to be too expensive".[15]

In Belluschi's second category, a number of entries separated solar collection from the architectural treatment of the building envelope. A sub-category here developed a creative range of roof top collectors. The third place entry, from MIT graduate students John N. Morphett and Hanford Yang, had diamond-shaped collectors arrayed in rows across the roof – because of their diamond shape they appear more as a field than a grid. The entrants proposed that the small collectors could be mass-produced and used in a variety of combinations. The jury found the collector's "small scale very appropriate for a residential character … in other words, the solar system is integrated with the architecture, and it appears to add to the attractiveness of the house, while at the same time fulfilling its purpose".[16]

Fig. 3

Manuel Dumlao, an architecture professor at Cranbrook, visually simplified this rooftop collector while complicating it technically. He placed a horizontal collector array on a flat roof. The eaves extended significantly beyond the house to both meet collector area requirements and provide shade. The roof actually contained two horizontal planes, with ventilation, insulation, and solar storage space in between. Another flat roof proposal, by Peter Rounds of Vancouver, placed horizontal collectors atop a semi-circular building arrangement in which living spaces were interspersed with courtyards. The collectors also functioned as additional insulation, thereby reducing the required heat load, and compensating for their less than optimal incidence angle. The insulating layer also helped to keep the house cool in the summer, as did an array of adjustable shading panels over the patios and terraces.

A number of plans proposed isolated collectors approaching the vertical, thereby requiring significantly more collector area to meet the heating requirements. Donald Colucci's stand-alone collector walls – which also served as perimeter walls and privacy screens – had "reflector pits" in front of them "to increase insolation during the winter months".[17] Morton Karp's decidedly Wrightian proposal, which was given an honorable mention, placed a "solar pit" of heat-storing gravel below a reflecting bank of collectors on a south-facing berm in the front of the house. The Turkish architect Enis Kortan, who had just been hired by Marcel Breuer's office, received an honorable mention for his staid rectangular house. The symmetrical layout separated public and private programs with a utility core, facing the living areas to the pool. "The plan is good and logical", as the jury comments noted, "though somewhat too rigid". The solar collector was completely isolated from the house, canted back from a wall that connected the house to the garage, alongside the pool. It was slightly parabolic to allow for the optimum incident angle on the lower third of the panel, and large enough to compensate for less-than-optimum tilt of the rest.[18]

In terms of solar equipment, a majority of the entries followed the parameters prescribed in the competition program. A standard "flat-plate collector" was used

141

as indicated in the brief, whether it was on the roof, part of the wall, or part of the garden. There was, however, significant and creative variation in systems of heat distribution. Roof channels, internal passageways, and other means of ventilation inducement accompanied a number of forced-air systems. Solar heat storage was usually in an underground water or pebble tank – and usually under the instrument room, which was itself most frequently placed next to the garage.

There was however a third category, not identified by Belluschi. Here, the architect attempted to design the entire solar system, rather than accommodate solar

_Figure 1.
Anna Campbell Bliss, second place entry to *Living with the Sun*, 1957 (in J. Yellott, ed., *Living with the Sun*, see footnote 10).

142

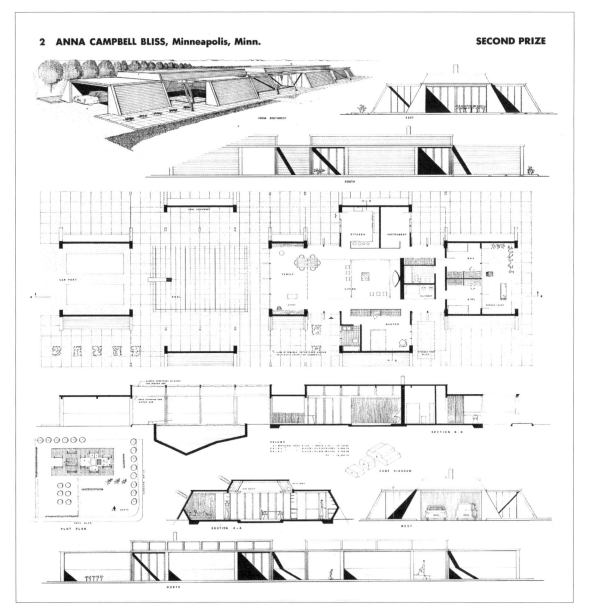

technology through design exploration. Two entries by Clive Entwistle, a British architect, arrived in Phoenix after the jury met but were published in the catalogue. His first entry had three large panels across the roof, which could rotate across a central horizontal axis to follow the sun during the day and during the seasons. Details for the collector's construction were provided. This proposal also generated what Hunter called "an ingenious solution" to solar shading: four layers of roof elements, or "interference panels", could be combined to allow solar radiation into the house, or block it completely, with numerous settings in between.[19] John

Fig. 4

_Figure 2.
Ashok Bhavnani, entry to
Living with the Sun, 1957 (in
J. Yellott, ed., *Living with the
Sun*, see footnote 10).

143

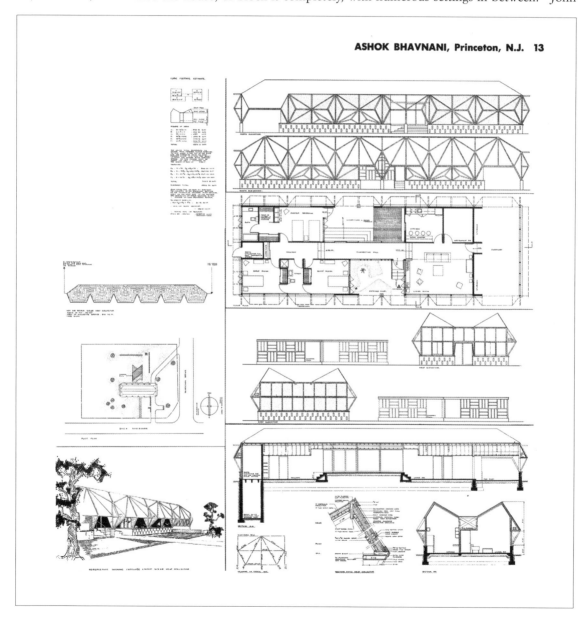

Palmer Hardwig's narrow house, with a bank of collectors on a heavily insulated roof sloped to the south, also proposed an internal window shading mechanism with a façade of "Polaroid disc" windows, in which an inner layer between glass panels could be rotated to block sun or allow it in. Victor Olgyay's plan also had an elaborate roof louver and deflector system, here connected to an innovative system of heat storage and circulation. He placed deflecting mirrors so as to concentrate solar radiation onto a floor of thick glass bricks. These bricks were the top layer of a solar absorption and storage panel. Underneath the glass brick, "concrete storage

_Figure 3.
John N. Morphett and Hanford Yang, third prize entry to *Living with the Sun*, 1957 (in J. Yellott, ed., *Living with the Sun*, see footnote 10).

144

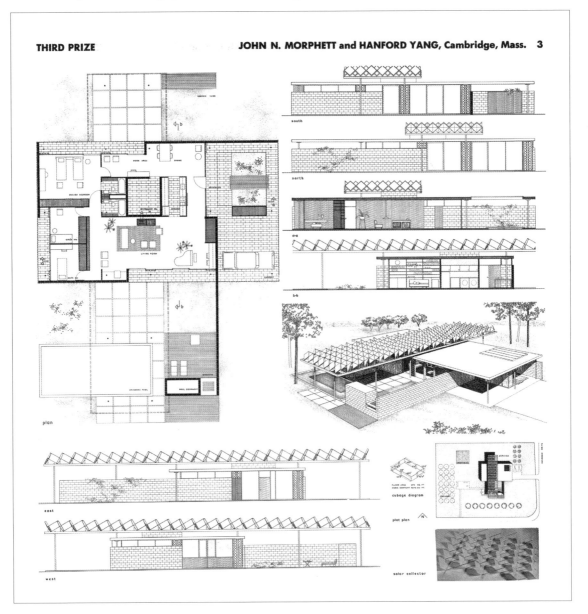

blocks" with a layer of chemical salts would liquefy and store heat by day, and then radiate it through the floor at night.

In the midst of this array of innovative ideas, a relatively straightforward plan emerged as a basic architectural arrangement for living with the sun, involving two programmatic volumes surrounding an internal court. This central court was used to separate public from private, was often covered by solar panels to increase collector area, operated as a thermal barrier, provided significant cross ventilation, and offered a private, open space to enjoy the solar lifestyle. The central court was oft-re-

_Figure 4.
Clive Entwistle, entry to
Living with the Sun, 1957
(in J. Yellott, ed., *Living with the Sun*, see footnote 10).

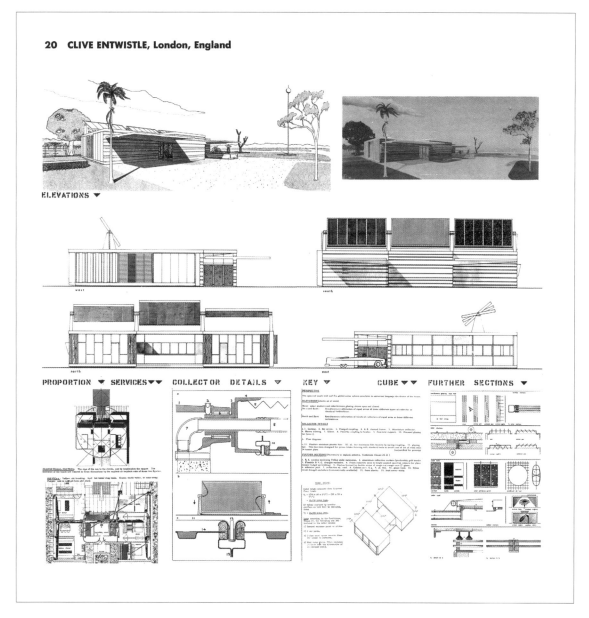

145

peated: Goody and Pelletier's fifth prize entry, already mentioned, surrounded a central court with four identical volumes, including the garage. In Davis, Brody and Wisniewski's plan, this court was partially covered by collectors and contained the pool. Floyd, Wainright and Ahern's proposal covered the court with a retractable solid velarium, allowing for significant seasonal adjustments of collector insolation and also of solar radiation entering the house through the central volume. Paolo Soleri's entry placed the court, with the pool, between two wings that were bermed on the other side, producing a largely underground house.[20]

_Figure 5.
Peter Lee, first place entry to *Living with the Sun*, 1957 (in J. Yellott, ed., *Living with the Sun*, see footnote 10).

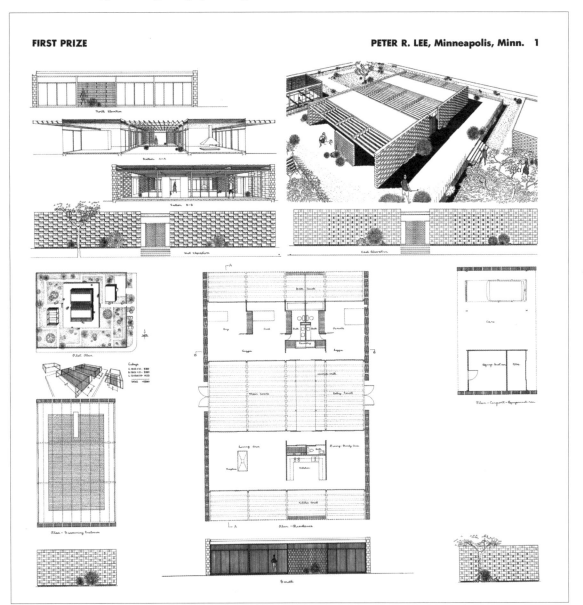

146

_Figure 6.
Peter Lee, The AFASE Solar House, Scottsdale, AZ, USA, 1958.

Fig. 5

The winning entry was by a University of Minnesota School of Architecture senior named Peter R. Lee. Even more than those just described, it reproduced a straightforward model of the rectangular courtyard house that had been in circulation since Ralph Rapson's influential Case Study House #4 (the "Greenbelt House") of 1945 – Rapson was Dean of the School of Architecture in Minnesota where Lee was a student. In Lee's plan, the program wings were on the north and south of the house, with a courtyard in between that allowed for entry and served as a passageway to the pool area.[21] Two perimeter walls of open concrete blocks shaded the exterior facades. The bedrooms, to the north, had a spacious loggia along the court, and were entered through collapsible partitions. The living and dining areas were almost completely open aside from a fire place and the kitchen – the kitchen itself was slightly off-center and lined up with the twin bathrooms of the bedroom wing on the opposite side.

The jury appreciated "the direct organization of the plan and the logic of the solar equipment". The latter entailed three banks of rotating "louver-collectors", over the court and extending the roof over patios to the north and south. With collection panels on one side, the louvers "were also provided with a reflecting back so that, when properly adjusted, they can reflect sunlight into the north windows during the winter, when no sunshine would normally reach this portion of the house". The adjustment of the collectors was manual, allowing for this reflective capacity and also allowing them to be tilted to maximize seasonal solar incidence. In the summer, they could be laid flat to best block the sun, keeping the house cool while still collecting heat for hot water and the pool.[22]

Amidst a number of promising entries, the jury chose Lee's plan because of "the way in which the mechanical devices are integrated into the design" and for its "livability", nicely clarifying the aims of the competition: the house offered an innovative mechanical system while also satisfying Belluschi's imperative for aesthetic appeal. Lee's plan was familiar enough to indicate that the architecture of the sun could look like other modern architectures. The results of the competition suggested that solar living could be integrated seamlessly into the design of modern houses and the new forms of living they proposed.

The lifestyle emphasis of the mid-century modern architecture can also be seen as an example of counter-conduct – a means to explore how social processes can have effects on wider political and economic structures.[23] *Living with the Sun* clarified the extent to which the formal and material flexibility of modern architecture allowed for varied expressions of solar living. Thus, the focus on the solar house not only suggests an expanded role for light in the history of modern architecture, it also helps to rethink the categories of *life* and *lifestyle*. In the solar house, the spatial condition to facilitate this lifestyle was concerned simultaneously with aesthetics and economics. Given the well-developed possibilities for solar living that the competition represents, it offers a new framework for rethinking the history of ways of living in the built environment, and new avenues towards understanding the relationship of design experimentation to environmental change.

148

_ 1. This essay is developed out of my forthcoming book, *A House in the Sun. Modern Architecture and Solar Energy in the Cold War*, Oxford University Press, New York 2015.

_ 2. R. Banham, *Frank Lloyd Wright Country*, "Lotus International", 2002, n. 114, pp. 22-37; R. Banham, *The Master Builders,* "Sunday Times Color Supplement", August 8, 1971, pp. 19-27.

_ 3. R. Banham, *Klarheit, Ehrlichkeit, Einfachkeit... and Wit Too! The Case Study Houses in the World's Eyes*, in E.A.T. Smith (ed.), *Blueprints for Modern Living. The History and Legacy of the Case Study Houses*, The Museum of Contemporary Art, Los Angeles 1989, pp. 183-196, p. 183.

_ 4. R. Banham, *1960 Stocktaking*, "Architectural Review", 127, 1960, n. 756, pp. 93-100, p. 100.

_ 5. *The Solar House. A Special Supplement to "The Sun at Work"*, "The Sun at Work", Fall, 1957, I-VII.

_ 6. The basic solar panel indicated in the program was based on experimentation carried out at MIT in the late 1940s. See D.A. Barber, *Experimental Dwellings. Modern Architecture and Environmental Research at the Solar Energy Fund, 1938-1963*, in A. Dutta (ed.), *A Second Modernism. MIT, Architecture, and the 'Techno-Social' Moment*, MIT Press, Cambridge 2013, pp. 252-285.

_ 7. J. Hunter, J.I. Yellott, *Program for an International Architectural Competition for a Solar House on the Theme "Living with the Sun"*, ISES Archives, 1959, box 4, folder 26, 10-11, 16.

_ 8. *Ibidem*, p. 4.

_ 9. *Ibidem*, p. 4.

_ 10. P. Belluschi, *Opening Statement of the Jury*, in J. Yellott (ed.), *Living with the Sun. Sixty Plans Selected from the Entries in the 1957 International Architectural Competition to Design a Solar-Heated Residence*, The Association for Applied Solar Energy, Phoenix 1959, p. vi.

_ 11. P. Belluschi, *Opening Statement,* see footnote 10, p. vi.

_ 12. *Jury Comments*, in J. Yellott (ed.), *Living with the Sun*, see footnote 10, p. vii.

_ 13. *Ibidem*, p. vii.

_ 14. *Ibidem*, p. vii.

_ 15. *Ibidem*, p. viii. See also *A Small House by A. M. Bhavnani*, "Arts and Architecture", April 1958, n. 21, p. 29.

_ 16. *Ibidem*, p. vii; Morphett and Yang had two entries in *Living with the Sun*, see also #60.

_ 17. *Ibidem*, p. vii.

_ 18. *Ibidem*, p. vii.

_ 19. *Ibidem*, p. viii.

_ 20. *Ibidem*, p. 53.

_ 21. Rapson became Dean at Minnesota in 1955. Lee was a Korean War veteran who started the architecture program that same year. He worked in the office of Campbell and Bliss, as did the second place winner Anna Campbell Bliss.

_ 22. *Jury Comments*, in J. Yellott (ed.), *Living with the Sun*, see foot a 10, p. vii.

_ 23. See M. Foucault, *Security, Territory, Population. Lectures at the Collège de France, 1977-1978*, Pallgrave MacMillan, New York 2007.

149

Dispositivi per la regia della luce naturale

Devices for the Manipulation of Natural Light

Charlotte Ashby

The Light of Other Worlds

The Art Nouveau Interior

The interior architecture of the European fin-de-siècle offers a diverse wealth of fantastical spaces. A huge variety of inventive design solutions were explored under the umbrella of the international Art Nouveau movement. The late 19th century interior has also been the subject of much reflection. Most prominently, for Walter Benjamin the Art Nouveau interior represented the demise of the interior as a site of bourgeois refuge. The *Gesamtkunstwerk* principle that transformed the interior into a work of art was, in his view, both an attempt to resist the commodification of modern life through the talismanic power of art and an example of the market's inexorable absorption of the art world.[1]

Carl Schorske's work on the Viennese fin-de-siècle takes a similar stance, with Art Nouveau embraced as part of the retreat of the Jewish avant-garde from politics into the realm of art.[2] The seminal work of Debora Silverman on the French fin-de-siècle, dedicated to Schorske, also presents the Art Nouveau interior as a psychological retreat and as part of a growing ambivalence to the positivism and technological triumphalism of the 1880s.[3] She stresses, however, that the interiority of Art Nouveau was not an anti-modernist reaction and that it was intimately connected with the social, economic and political conditions that shaped it. For her it is an engagement with the newly discovered realm of psychology that makes sense of this interior turn:

> *The redefinition of the interior world by psychological categories transposed the meaning of private space in an unprecedented and intrinsically modern way. For if the late nineteenth century produced the possibilities for a dynamic and collective existence, the space and setting of mass man, it also gave birth to the triumph of psychological man, whose liberty and isolation were heightened by the monumental configuration emerging in the metropolis.*[4]

Silverman's thesis is particularly valuable in the way it theorizes across the fine and applied arts. Her understanding of Art Nouveau is closely entwined with contemporary debates around the new science of psychology. Symbolism, which had been a notable movement in literature and the arts in France since the 1880s, embraced the uncharted landscape of the vulnerable, modern psyche as well as new realms of the self derived from religious and spiritualist mysticism. Silverman sees this thinking mapping directly onto the Art Nouveau interior:

> *The extension of Symbolist ideals to the applied arts was one source for the redefinition of the interior from accretion of material objects to an arena of self-discovery ... the Symbolists embraced the cult of artifice, of life from the inside out. The interior was no longer a refuge from but a replacement for the external world.*[5]

As well as interiors consciously orchestrated to shelter and console a fragile modern psyche, scholars have also examined the late 19th and early 20th century interior as a site for the involuntary revelation of the psychological life of the individual.[6] Many of these studies are couched, as Benjamin's was, in terms of failures: the failure of bourgeois sexual and gender relations and the failure to sustain the psychological wholeness of the individual against the onslaught of modernity.[7] The precarious state of the modern individual in personal and political terms was written into the fabric of the home. Looking closely at a few examples from across Europe, I would like to consider the fantasy space of the Art Nouveau interior in reference not to the private dreams of this vulnerable modern individual but instead as a site for collective dreaming. This opens up the possibility of understanding these interiors not just as retreat from the threats of the modern world but as spaces within which modern subjectivities and a modernist play with time and place could be mobilized in the service of imagining new futures. In these interiors the individual is framed as part of a wider community, in particular the "imagined community" of the nation.[8] My definition of Art Nouveau here includes buildings and paintings that could also be considered under the contemporaneous label National Romantic.

The connection between the individual psyche and the interior relates to new scholarship that has, as part of a wider sensory turn across the humanities, begun to look in more depth at architecture as a sensory journey.[9] These studies rightly critique the primacy of vision in Western culture and the conceptual exclusion of other ways of experiencing space. The present essay comes at this issue from an oblique angle. Light is, after all, perceived via the eyes and therefore operates within the hegemony of vision. At the same time, what I explore here is the realm of both the seen and the unseen and the intentional obscuration or manipulation of vision architects used to add emotive dimensions to their interior spaces. This approach touches on the wider phenomenological experience of architecture and the orchestration of a transformative experience through the Art Nouveau interior. Juhani Pallasmaa, in his work on architecture and the senses, has developed a paradigm for the consideration of architectural atmosphere.[10] He regards the architectural space we inhabit as something with the potential to mediate the relationship between the individual and their place in the world and in time: "Architecture does not make us inhabit worlds of mere fabrication and fantasy; it articulates the experience of our being in the world and strengthens our sense of reality and self".[11] This potential for emplacement means that architecture can be used to articulate an understanding of the world.

Light shapes our experience of space, not just through rendering its parameters visible but through animating our journey through it. We use light to orient ourselves, typically we are drawn from darkness to light. Light, especially overhead light, is uplifting, releasing us from architecture as a confining space. The necessary opposite of light is darkness, which is equally important in the Art Nouveau interior. As Pallasmaa put it, "Deep shadows and darkness are essential, because they dim the sharpness of vision, make depth and distance ambiguous, and invite unconscious peripheral vision and tactile fantasy".[12]

The stained glass revival is a key event in the history of Art Nouveau explorations of the possibilities of light. Stained glass was embraced initially as part of the mid 19th century boom in ecclesiastical building. From ecclesiastical projects the use of stained glass spread into domestic architecture. To be bathed in the multi-coloured, dappled light of a stained glass window retained the potential, even in secular settings, to suggest the other-worldly through cultural association.

The use of coloured light to transform the experience of the interior can be traced well back into the 19th century. Sir John Soane's house in London is an early example of an imaginative handling of illumination. He created varied light effects using lanterns and lightwells glazed in coloured glass as well as by commissioning stained glass windows. For the classical antiquities in his collection he favoured a yellow glass to recreate the golden sunlight of the Mediterranean and for the Monk's Parlour he employed fragments of 16th and 17th century stained glass to enhance the gothic atmosphere.[13] A visit to Soane's collection was intended to be experienced as a transportative journey with light handled for its ability to create atmosphere rather than simply to illuminate.

Light and coloured glass were already associated with transformative power in early Jewish and Arabic legends.[14] This association continues to the modern day; the illuminated interior is still the key space to evoke transcendental spirituality.[15] The exploitation of the psycho-emotional impact of light was a recurring theme through the 19th century as gas and electric illumination transformed the after-dark world. Richard Wagner's concept of the *Gesamtkunstwerk* or total work of art was powerfully resonant in intellectual circles around the fin-de-siècle.[16] The concept suggested a union of different art forms that could transcend the mundane and decadent modern world and create a utopian space of communal artistic transformation. The idea was not merely aesthetic, but a national regenerating force, elevating and uniting the *Volk*. In many transformative stage and exhibition events inspired by Wagner's ideas, darkness and light were employed as key elements in the manipulation of the audiences' experience.

Some innovative, beautiful and idiosyncratic domestic interiors created across Europe around 1900, reflect this new understanding of the psychology of space and the transformative power of art. Light, both natural and artificial, played a crucial role in these new interiors. For example, at Casa Lleó i Morera (1902-1905) in Barcelona Lluís Domènech i Montaner transformed an existing townhouse into a modern Catalan-Gothic-Moorish palace. The richly ornamented interiors are illuminated by extensive stained glass windows by Antoni Rigalt i Blanch. In his scheme for the glazed gallery facing the inner courtyard we see a mountainous Catalan landscape as an alternative vista. The space within is bathed in natural light, but it is not the light of the modern city. Instead it offers a vision of rural Catalonia that speaks both of nationalist nostalgia and of the dream of future independence.

Fig. 1

155

Art Nouveau interiors were designed to be experienced as multi-sensory environments. They reflect the ambivalent position of modern subjectivity, wavering between legibility and resistance to that legibility. They are composed of open-plan flowing spaces, rendered complex by means of shadowy recesses and passages. The large living room of Hvitträsk, the villa home of Eliel Saarinen (1903), offers an example of this.[17] It is accessed through the centre of the house, from darkness to light. Windows in the living room are used sparingly, often draped with gauzy curtains and overhung by verandas above. As a result, the space is never brightly illuminated.

The little extant daylight is augmented by firelight and candlelight. The monumental rounded forms of the brick stove incorporate both a closed stove contained within the brickwork and an open hearth in a fusion of the Nordic and British traditions. While the stove element is adequate for the heating of the room, the leaping flames of the open hearth make a vital psychological contribution to both the homeliness and modernity of the interior. Though this may seem contradictory, Fig. 2 the symbolic archaism of the open hearth in northern Europe, where more efficient brick stoves had been used for over a century, was as much a reference to the vogue for contemporary English Arts and Crafts architecture as it was an evocation of the ancient familial or tribal hearth. Similarly, the hearth is orientated towards the low-ceilinged alcove to one side of the living-room creating a cosy and – for the 1903 photograph – fur-lined space. Alcoves and inglenooks were another feature borrowed from English Arts and Crafts as simultaneously modern and psychologically comforting.

The candelabrum/oil lamp combination and the candles of the polished brass wall-sconces of the room perform a similar function – ostentatiously archaic and

156

_Figure 1.
Lluís Domènech i Montaner, Remodelling of Casa Lleó Morera, view of the interior of the gallery, windows by Antoni Rigalt i Blanch, Barcelona, 1902-1905 (photo by Baldomer Gili i Roig, c. 1910, Museu d'Art Jaume Morera, Lleida, Llegat Dolors Moros).

atmospheric in their contribution of flickering light. At night the large space would be dimly illuminated with pools of candle-light and oil lamps with areas of comparative darkness in-between. This was a conscious aesthetic choice as the studio above, where bright light was needed, was lit by large windows and incandescent gas mantles.[18]

Traces of contemporary responses to this interior are difficult to track down. The letters of Gustav Mahler contain an account of his visit to Hvitträsk in 1907. He described the house as "charming, à la Hohe Warte translated into Finnish", a reference to the dual household built by Josef Hoffmann for Koloman Moser and Carl Moll in the Viennese suburb of Hohe Warte. He also observed that "At dusk, we sat in the twilight in front of the open fire, where huge logs blazed and glowed as though in a smithy".[19] The comparison to a smithy, with the intensity of the single light source of the forge and the implied gloom of the remaining space, demonstrates the theatrical impact of the arrangements at Hvitträsk. Mahler's account is suffused with a sense of comfort and informality. The comparison to Hohe Warte may well have occurred to him because Hvitträsk was also composed of two connected living areas, one for Saarinen and one for his colleague Armas Lindgren. But the similarity also rests on their common commitment to the creation through architecture of a new way of living and a new synthesis of art and life. It is interesting to note that, upon moving into his new house, Moll produced a series of innovative canvases that took his home as subject, powerfully representing the relationship between the interior and the identity of its occupants.[20] *Self-portrait in the Studio* (c. 1906) and *My Living Room (Anna Moll at her Desk)* (1903) depict the interiors in daylight, but without reference to the external world. *My Living*

157

_Figure 2.
Eliel Saarinen, Hvitträsk, living room, Kirkkonummi, 1903 (in "Magyar Iparmű vészet", XI, 1908, p. 23).

Room features a large window illuminating the interior, but the view outside is obscured by a fine curtain.

Returning to Hvitträsk, in the living room, on the opposite side of the fireplace alcove, there is a broad arched opening onto the dining room. From the centre of the living room the eye is drawn to this space, which is more richly coloured than the main living room. The dining room contains a stained glass window by Olga Gummerus-Ehrström that presents a view of Hvitträsk in the background of a lady and musicians in 17th century dress, endowing the newly-built home with a fantasy history. The richly muraled vaulted plaster walls and ceiling evoke the interior of a

Fig. 3

_Figure 3.
Eliel Saarinen, Hvitträsk, dining room, Kirkkonummi, 1903 (photo by Esranur Efeoğlu 2012).

158

medieval church – an element of Finland's architectural heritage greatly prized at this period. The large ryijy rug that runs over the window seat and onto the floor contributes further to the warmth and tactility of this space. The window panes of the main windows are of mottled glass, gently obscuring the view outside and diffusing the light.

The seat beneath the window is arranged so that one has one's back to the window and this is the same for the window seat in the fireplace alcove. The occupant is angled inwards towards the hearth rather than outwards towards the world outside. Beatriz Colomina has commented on this tendency in the work of Adolf Loos, where views through windows are obscured by means of opaque glass or sheer curtains and sofas position occupants with their backs to the view. According to her thesis this is a facet of an intentionally orchestrated experience of the interior that provides the occupant with a sense of security.[21]

In Hvitträsk the principal public spaces, the living room and dining room, comprise a self-contained world, for which the journey from the entrance prepares the visitor. The massive log walls of the living room, plaster vaulting of the dining room and deep-set, overhung windows signal loudly the building's protective function and its relationship to Finnish heritage. Light acts upon surfaces, animating the material: bare pine glows softly, copper and brass shine and the coloured textiles, murals and stained glass glimmer. This interior is a theatrical space evoking the idea of a great hall – a pseudo-historical space, a heterochronia.[22] Stepping beyond the real world, alternative worlds could be imagined. When Hvitträsk was built, at a point of crisis in Finland's history as Finns strove to resist total unification with Imperial Russia, the past and future possibility of an independent Finland was an idea in need of such a home. So the glimpses of forest and lake that the windows do afford are transformed into a dimension of this vision.

Scholarship on Symbolism offers a valuable comparative lens for the understanding of these Art Nouveau interiors. In much of Northern and Eastern Europe Art Nouveau and Symbolist ideas were embraced, alongside influences drawn from a range of competing sources and inflected with local concerns. Michelle Facos' work on Swedish art of the fin-de-siècle is useful in clarifying these distinctions. Through the 1880s and 1890s Swedish artists flocked to Paris, as did artists from across Europe. There they were exposed in a chronologically compressed fashion to Naturalism, Symbolism and Impressionism. Absorption of these influences was propelled by a desire to create a modern national school of art for their home nations. As Facos points out, "to shift from Naturalism (representing nature from a personal perspective) to Symbolism (representing personal feelings through natural imagery) involved only a small step".[23] The objective and the subjective were fused in art works that employed the techniques of Naturalism with the goal of exploring psychological and spiritual truths.

What is particularly relevant here is the distinction Facos identifies between the character of French and Swedish Symbolism. Where French artists turned inwards, rejecting the social and political world, Swedish artists understood the subjectivity of their psychological landscapes as having a unifying resonance. Using the label National Romantic to distinguish this strand of Symbolism, Facos explains:

159

The belief in a collective unconscious meant that National Romantics accepted the resonance of authentic personal expression in other individuals belonging to the culture. While National Romanticism's preoccupation with cultural values was related to Symbolism's concern for meta-physical truths, National Romanticism's inherently altruistic social character was at odds with Symbolism's withdrawal from worldly matters.[24]

Akseli Gallen-Kallela's *Boy with Crow* (1884) is an example of the early phase of Nordic Symbolism. There is an engagement with modern social reality, associated with Naturalism, in the depiction of a ragged boy and an engagement with national specificity through the use of a Finnish model. At the same time, the subject is challenging in its obscurity. The boy isn't "picking potatoes" or "playing", his face turned away from us. The stillness of his pose speaks of mental absorption as he

Fig. 4

_Figure 4.
Akseli Gallen-Kallela,
Boy with a Crow, 1884
(photo by Hannu Aaltonen,
Finnish National Gallery).

160

gazes at something we cannot see. The large crow, prominent in the painting, cries out to be read, but conveys no legible message. The figure stands his ground, but at the same time the increasingly loose handling of the brushwork in the upper portion of the canvas causes it to shift optically between landscape and flat curtain of colour. The exclusion of a horizon that might serve to orient and secure the image enforces both its ambiguity and the restless return to the inner preoccupation of the boy. The painting is suffused with natural light, captured by the techniques of Naturalism Gallen-Kallela learnt in Paris, but access to the wider landscape is denied, propelling the viewer inwards.

The Swedish artist Richard Bergh described another work similarly transgressing the boundaries between Naturalism and Symbolism, Prince Eugen's *The Forest* (1892), as follows:

> *A pine forest at dusk; a glint of the evening sun between the tall blue trunks, which resemble thousands upon thousands of majestic pillars in a boundless church – in nature's own great temple. Over there, the glowing evening sun – any miles away –resembles a faintly shining choir window with gilt glass, towards which all the pillars, tall and majestic, lead.*[25]

This forest-as-a-temple image parallels the transformative Art Nouveau interior. By alluding to a church, Prince Eugen is also alluding to experiences that exist beyond the prosaic sites of reality. This painting is of no place, and yet of a place everyone who has ever walked in the Nordic forest has been, and therefore it is both psychological and, crucially, shared. The removal of markers of time and place allows the scene to transcend the specificities of a particular moment and reach towards the universal.

These two paintings are simultaneously open and closed. They are both contemporary and outside of time. The tight viewpoint can be seen as analogous to the exclusion of visual references to the outside world within the Art Nouveau interiors discussed above. Different mechanisms are used for different media. The paintings employ clipping to draw viewers towards the heart of the scene and yet to refuse them objective standpoints. At the same time, the legibility of Naturalism makes the scenes universal and not simply the private vision of the artist. In the Art Nouveau interiors the visitor is drawn in and circumscribed by means of the architecture and held there by the restriction of the view to the outside world. In architecture, windows which clipped the view would only serve to draw the visitor towards them, driven to make sense of what they can only partially see, but no one seeks to look beyond a stained glass window.

The fin-de-siècle was characterised across Europe by a conceptual grappling with the idea of the inner man, informed by a new awareness of the unconscious. I suggest that the rising engagement by both architects and artists with the inner world of the psyche should not necessarily be viewed in terms of a rejection of the political. The Art Nouveau interior had the potential to offer the modern man a way of engaging with his place in the modern world as well as with what he believed transcended the modern world and reached back into the past and forward into the future. The latter suggests the means by which such interiors could carry nationalist political aspirations, even whilst appearing to reject the real in favour of

161

the aesthetic. Hvitträsk, with its evocation of an ancient Finnish homestead, allows modern man to turn inwards, focus on the firelight and on his dreams, but with the expectation that they are shared dreams and ones that will re-emerge in national politics beyond the walls of the interior. The photograph of the interior of Casa Lleó Morera reveals the Art Nouveau interior as a site for collective rather than private dreaming. The men in contemporary dress that occupy the space are engaged in the perusal of the latest publications. They are figures of the Barcelona art world, including the photographer himself, the artist Baldomer Gili i Roig. Their activity within the Catalan national revival is perfectly framed by the space, not a retreat from the world but a transcending of the limits of present realities.

Across Europe, from Ireland to Russia and from Catalonia to Finland, Art Nouveau (often in these contexts referred to as National Romanticism) offered an architectural language that facilitated a simultaneous engagement with the past and the present, with the personal and the public: with the new frontier of the inner man and with national myths, national history and hopes for the nation. This perspective offers an expansion of Silverman's thesis. Rather than placing the collective and the personal in antagonistic opposition, many Art Nouveau projects fused the two and sought to express both rich inner worlds and common dreams.

_ 1. W. Benjamin, *Paris Capital of the Nineteenth Century*, in *The Arcades Project,* trans. by H. Eiland, K. McLaughlin, The Belknap Press of Harvard University Press, Cambridge MA 1999, pp. 8-9; 19-20. Discussed in C. Rice, '*So the flâneur goes for a walk in his room'. Interior, Arcade, Cinema, Metropolis,* in V. Di Palma, D. Periton, M. Lathouri (eds.), *Intimate Metropolis. Urban Subjects in the Modern City*, Routledge, London-New York 2009, pp. 72-89.

_ 2. C. Schorske, *Fin-de-siècle Vienna. Politics and Culture*, Weidenfeld & Nicolson, London 1980.

_ 3. D. Silverman, *Art Nouveau in Fin-de-Siècle France. Politics, Psychology and Style*, University of California Press, Berkeley 1989.

_ 4. *Ibidem*, p. 10.

_ 5. *Ibidem*, p. 77.

_ 6. F. Berry, *Lived Perspective. The Art of the French Nineteenth-Century Interior*, in J. Aynsley, C. Grant, H. McKay (eds.), *Imagined Interiors. Representing the Domestic Interior Since the Renaissance*, V&A Publications, London 2006, pp. 160-183.

_ 7. S. Sidlauskas, *Resisting Narrative. The Problem of Edgar Degas's Interior*, "The Art Bulletin", 75, 1993, n. 4, pp. 671-696; A.C. Kulper, *Private House, Public House. Victor Horta's Ubiquitous Domesticity*, in V. Di Palma, D. Periton, M. Lathouri (eds.), *Intimate Metropolis*, see footnote 1, pp. 110-131.

_ 8. B. Anderson, *Imagined Communities. Reflections on the Origins and Spread of Nationalism*, Verso, London 1991.

_ 9. See, for example, D. Howes (ed.), *The Empire of the Senses*, Berg, Oxford-New York 2005; M. Diaconu et al., *Senses and the City. An Interdisciplinary Approach to Urban Sensescapes,* Lit Verlag, Münster 2011.

_ 10. J. Pallasmaa, *The Eyes of the Skin. Architecture and the Senses*, Wiley & Sons, London 2012 (first edition 1996).

_ 11. *Ibidem*, p.12.

_ 12. *Ibidem*, p. 50.

_ 13. H. Dorey, '*Exquisite Hues and Magical Effects'. Sir John Soane's Use of Stained Glass at 13 Lincoln's Inn Fields*, "British Art Journal", V, 2004, n.1, pp. 30-40.

_ 14. R. Haag Bletter, *The Interpretation of the Glass Dream — Expressionist Architecture and the History of the Crystal Metaphor*, "Journal of the Society of Architectural Historians", 40, 1981, n. 1, pp. 20-43.

_ 15. M. Brennan, *Illuminating the Void, Displaying the Vision. On the Romanesque Church, the Modern Museum, and Pierre Soulage's Abstract Art*, "RES. Anthropology and Aesthetics", 52, 2007, pp. 116-127.

_ 16. D. Silverthorne, *Wagner's Gesamtkunstwerk*, in T. Shephard, A. Leonard (eds.), *The Routledge Companion to Music and Visual Culture*, Routledge, London-New York 2013, pp. 246-254.

_ 17. M. Hausen et al., *Eliel Saarinen. Projects 1896-1923*, MIT Press, Cambridge MA 1990, pp. 116-126.

_ 18. A. Amberg et al., *Hvitträsk. The Home as a Work of Art*, Otava, Helsinki 2000, p. 88.

_ 19. A. Mahler, *Gustav Mahler. Memories and Letters,* J. Murray, London 1973, pp. 218-219. Quoted in M. Hausen et al., *Eliel Saarinen*, see footnote 17, p. 346.

_ 20. T. Gronberg, *Vienna City of Modernity,* Peter Lange, Oxford-Bern-Berlin 2007, pp. 40-46.

_ 21. B. Colomina, *Sexuality and Space,* Princeton Architectural Press, New York 1992, pp. 74-75.

_ 22. M. Foucault, *Of Other Spaces, Heterotopias,* "Architecture, Mouvement, Continuité", 1984, n. 5, pp. 46-49 [http://www.foucault.info].

_ 23. M. Facos, *Nationalism and the Nordic Imagination. Swedish Art of the 1890s*, University of California Press, Berkeley-Los Angeles 1998, p. 117.

_ 24. *Ibidem*, p. 118.

_ 25. Quoted in K. Varnedoe, *Northern Light*, Brooklyn Museum, Brooklyn 1988, p. 98.

163

Marco Di Nallo

«Von zweiseitiger zur zusätzlichen Belichtung»

L'illuminazione naturale nella moderna architettura scolastica svizzera

A proposito dell'architettura scolastica, la luce è uno degli argomenti da sempre più dibattuti da pedagoghi, pediatri e architetti: l'orientamento degli edifici e i diversi dispositivi per la regia della luce naturale messi a punto nel corso del XX secolo hanno contribuito a plasmare il carattere fisico e psicagogico dell'ambiente scolastico. Il presente articolo intende illustrare l'evoluzione dei sistemi di illuminazione nella moderna architettura scolastica svizzera e il dibattito che ne conseguì, talvolta basato su posizioni architettoniche discordanti.

Luce, aria, sole: le premesse igieniste e i requisiti della nuova architettura scolastica

Nell'importante contributo d'ispirazione igienista *Les construction scolaires en Suisse* del 1907, l'architetto Henry Baudin (1876-1929) dedica un intero capitolo alla questione dell'orientamento e della luce naturale, illustrando esempi d'illuminazione unilaterale e multilaterale.[1] Come ricorda Alfred Roth in un suo resoconto dell'evoluzione dell'architettura scolastica in Svizzera, già verso la fine del XIX secolo, infatti, si sviluppa un tipo di scuola con aule dotate di ben tre lati finestrati: «Er ist gekennzeichnet durch eine mittlere Treppenhalle mit je einem Klassenzimmer links und rechts, deren drei freiliegende Fassaden mit Fenstern versehen sind».[2]

Il programma dell'edilizia scolastica offre agli architetti moderni la tanto sospirata possibilità di saldare il legame con il mondo della scienza e della tecnica.[3] La stagione protomoderna dell'edilizia scolastica è marcata dall'ideologia igienista: interlocutori e garanti scientifici degli architetti in questo periodo sono medici, pedagoghi e psicologi dell'infanzia. Proprio dall'ambiente scientifico – in particolare dall'elioterapia – derivano i contributi più significativi e influenti sulla moderna architettura scolastica.[4] Nei primi decenni del XX secolo i benefici derivati da un contatto diretto con la natura non sono affatto una novità, come osserva Baudin: «[l'idée] recommandée par J.-J. Rousseau, expérimentée par Pestalozzi et Froebel, elle n'avait jamais été mise en pratique d'une manière réelle et suivie. [...] Peut-être verrons-nous dans l'avenir l'abandon de l'école-caserne pour le système de l'école en plein air, car, aujourd'hui déjà, on étudie dans divers pays la question des pavillons scolaires isolés».[5] Sebbene le primissime scuole all'aria aperta siano delle baracche in legno dal carattere temporaneo o con un aspetto piuttosto *Heimatstil*, l'idea dell'insegnamento all'aria aperta esercita una grandissima influenza nel dibattito sulla moderna architettura scolastica.

Le nuove teorie pedagogiche degli anni Venti, che ponevano al centro dell'educazione non tanto il sapere da trasmettere quanto il bambino e le sue specifiche capacità mentali e motorie, e le prescrizioni igieniste di fine secolo trovano perfetta consonanza con le esigenze di "luce, aria e movimento", rivendicate dagli architetti del *Neues Bauen*.

«Licht, Luft und Sonne für die kranken Kinder. Warum nicht schon für die gesunden?»[6] compare su una delle tavole della mostra *Der neue Schulbau*, organizzata nel 1932 dall'architetto Werner Max Moser, dall'igienista Willi von Gonzenbach, e dal pedagogo Willi Schohaus, presso il Kunstgewerbemuseum di Zurigo.[7] L'idea alla base è quella di diffondere il modello della scuola all'aria aperta anche per i bambini sani. Attraverso i pannelli espositivi viene messa in atto una vera e propria propaganda del Moderno che mira a contrapporre i volumi massicci delle monumentali *Schulkasernen* alle costruzioni basse della scuola a padiglioni, in favore di un'architettura proporzionata alla scala del bambino, con ampi spazi verdi, ventilazione e illuminazione bilaterale.[8]

Questi obiettivi saranno ribaditi l'anno successivo nell'opuscolo *Das Kind und sein Schulhaus*. Fin dalla copertina il tono polemico dei curatori è evidente: un imponente edificio scolastico a più piani, caratterizzato da un rapporto pieni-vuoti molto sbilanciato a favore dei pieni, è segnato da una croce; una sorta di ammonimento su ciò che va evitato. Nel capitolo "Das Schulhaus als pädagogischer Zweckbau", Moser insiste sul ruolo dell'illuminazione naturale e sul rapporto tra interno ed esterno: «Auch die beste Raumform kann nur dann zu voller Auswertung kommen, wenn die Belichtung einwandfrei gelöst ist».[9] La soluzione suggerita è una classe dotata di una grande parete

_Figura 1.
Copertina del libro di W. v. Gonzenbach, W.M. Moser, W. Schohaus, *Das Kind und sein Schulhaus*, Schweizer Spiegel Verlag, Zürich 1933.

Fig. 1

_Figura 2.
Alfred Roth, progetto di un padiglione scolastico presentato alla mostra *Das neue Schulhaus*, sezione, 1953 (gta Archiv, Fondo Alfred Roth).

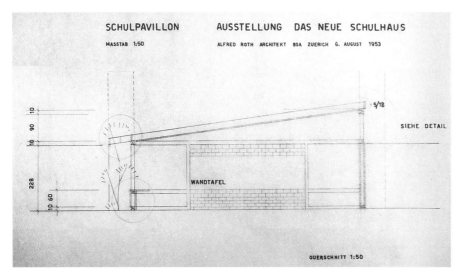

vetrata da un lato e di un sopraluce sulla parete opposta, ricavato grazie alla differenza di quota tra il soffitto della classe e quello del corridoio. I vantaggi mostrati sono il contatto diretto con la natura, alla quale è affidato un importante ruolo pedagogico, la riduzione delle zone d'ombra, una diffusione della luce più uniforme e la conseguente possibilità di disporre liberamente banchi e sedie, rigorosamente mobili, secondo le molteplici attività previste dalle nuove pratiche pedagogiche.

Fonte di luce aggiuntiva: Alfred Roth e *Das neue Schulhaus*

Nonostante la propaganda modernista, durante gli anni Trenta e Quaranta la doppia illuminazione delle aule, salvo alcune soluzioni degne di nota, rimane in Svizzera un'eccezione. La prima scuola a padiglioni con un sistema di illuminazione naturale analogo a quello suggerito da Moser è la scuola Bruderholz, costruita alla fine degli anni Trenta su progetto di Hermann Baur.[10] Le idee degli anni Trenta si diffondono soprattutto negli anni Cinquanta, grazie all'impegno di Alfred Roth, prima con la pubblicazione nel 1950 del fortunato volume trilingue *Das neue Schulhaus* e, tre anni più tardi, con l'omonima esposizione allestita presso il Kunstgewerbemuseum di Zurigo, in occasione del V Congresso internazionale di edilizia scolastica e dell'insegnamento all'aria aperta.[11] Nella mostra vengono presentate le questioni più attuali concernenti la pianificazione delle scuole, i nuovi principi pedagogici, la dimensione delle aule, la relazione con la natura e il suo ruolo nel progetto, la razionalizzazione della costruzione e i requisiti di illuminazione e ventilazione.[12] Due modelli al vero completano l'allestimento: al centro della sala interna un'aula con arredi progettata da Alfred Roth e nel cortile tre campate del sistema costruttivo *coque* di Jean Prouvé, entrambi con sistema d'illuminazione bilaterale.[13]

167

Figg. 2, 3

Nella sezione del proprio libro dedicata alle questioni tecniche, Roth affronta il problema dell'illuminazione naturale sia da un punto di vista quantitativo che qualitativo, prendendo a riferimento soprattutto studi inglesi e americani.[14] Attraverso dati

_Figura 3.
Jean Prouvé, Tre campate del sistema *coque* allestite nel cortile del Kunstgewerbemuseum, Zurigo, 1953 (gta Archiv, Fondo Alfred Roth).

scientifici il testo dimostra l'inadeguatezza dell'illuminazione unilaterale: «Il fattore di illuminazione diurna di una classe alta 3,30 e profonda 6,60 metri, varia da 12% in prossimità delle finestre a 0.95% sulla parete opposta. Di conseguenza soltanto le prime due o tre file di banchi vengono illuminate correttamente, mentre per ottenere un valore soddisfacente l'altezza dovrebbe essere portata a 4,20», comportando però un aumento di volume e quindi dei costi, nonché una dimensione poco proporzionata alla scala del bambino.[15] Roth riconosce come la soluzione al problema, ovvero l'illuminazione bilaterale, non sia affatto nuova e, a dimostrazione della propria tesi, cita esempi inglesi precedenti alla prima guerra mondiale, la Openluchtschool di Amsterdam di Duiker e il suo progetto di concorso per la scuola Kappeli.[16]

La fonte di luce aggiuntiva (*zusätzliches Tageslicht*) è ottenibile attraverso una grande varietà di soluzioni: con la parete verso il corridoio vetrata; con sopraluce nella differenza di quota tra aula e corridoio, come già suggerito da Moser; con luce zenitale; oppure, nei casi di edifici multipiano, eliminando il corridoio e interponendo un vano scale ogni due aule.[17] Un modello molto diffuso in Svizzera è quello con sopraluce posto tra due falde sfalsate, che conosce numerose varianti, sia con la fonte di luce aggiuntiva sul fronte opposto a quello finestrato che con il sopraluce disposto con lo stesso orientamento del lato principale, come nella scuola Matt a Hergiswil degli architetti Walter Schaad ed Emil Jauch.[18]

Non soltanto la quantità di luce, ma anche la sua qualità è un requisito fondamentale: «Fenster, Seiten- und Oberlichter müssen die anfangs erwähnten Forderungen nach gleichmäßiger Lichtverteilung, Ausschaltung von Blendung usw. erfüllen».[19] Anche materiali, colori e arredi contribuiscono alla diffusione della luce: pareti e soffitti, pavimenti e arredi devono essere realizzati con colori o finiture chiari, raccomanda Roth.[20] La doppia esposizione degli ambienti apre nuove possibilità anche all'orientamento, che non è più rigidamente a sud-est: grazie anche alle soluzioni per modulare la luce, gli edifici scolastici possono essere disposti più liberamente, sfruttando al meglio le condizioni del sito.[21]

Fig. 4

_Figura 4.
Tabella di confronto tra due progetti: a sinistra, Walter H. Schaad e Emil Jauch, Scuola Matt, Hergiswil, 1952-1954; a destra, Emil Jauch, scuola Felsberg, Lucerna, 1946-1948 (in H. M., *Schulhaus Matt in Hergiswil am See*, "Schweizerische Bauzeitung", a. 73, n. 5, 1955).

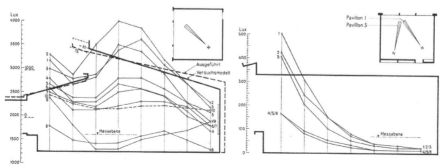

Mess-reihe	Zeit	Wetter	Dach-fenster	Vordach	Bemerkungen
1	15.00	schön	diffus	0	Oberseite vordere Dachfläche hellgelb
2	15.10	»	klar	0	» » » »
3	15.15	»	»	35 cm	» » » »
4	15.20	»	diffus	35 cm	» » » »
5	15.25	»	klar	75 cm	» » » »
6	15.30	»	»	75 cm	» » » ziegelrot
7	15.32	»	»	75 cm	Kontrollmessung zu 5
8	15.35	»	»	75 cm	Sonne untergegangen
9	9.15	leicht bed.	»	35 cm	Sonne hinter dünnem Wolkenschleier
10	15.30	schön	»	75 cm	Sonne eben untergegangen

Mess-reihe	Zeit	Wetter	Bemerkungen
1	16.05	bewölkt	an Rückwand (1,80 m Abstand)
2		»	in Raummitte
3		»	an Tafelwand (2,0 m Abstand)
4	16.15	»	an Rückwand (1,80 m Abstand)
5		»	in Raummitte
6		»	an Tafelwand (2,0 m Abstand)

Mentre nella prima edizione del libro *Das neue Schulhaus* più della metà dei sette casi svizzeri sono dotati di aule illuminate unilateralmente, nelle edizioni successive tutti gli esempi nazionali soddisfano i nuovi requisiti per l'illuminazione degli ambienti.[22] Questo testimonia non soltanto un'intensa attività edilizia nel settore dell'architettura scolastica, ma soprattutto la vivacità del dibattito e la varietà di soluzioni.

La luce al centro della disputa Roth-Schmidt

Roth, allora direttore di "Das Werk", porta avanti la propria missione anche attraverso la rivista, dedicando puntualmente articoli o numeri monografici al tema delle scuole. Le questioni sollevate non sono soltanto di ordine tecnico: all'interno del dibattito sull'architettura scolastica le posizioni sono spesso antitetiche, come quelle di Alfred Roth e Hans Schmidt, protagonisti sulle pagine di "Das Werk" di un'interessante disputa che ha tra i punti fondamentali quello dell'illuminazione naturale delle aule.

Tornato a Basilea dopo un lungo periodo trascorso in Unione Sovietica, Schmidt, che negli anni Venti e Trenta era stato uno dei più ortodossi avanguardisti svizzeri, co-fondatore della rivista "ABC", orienta la sua architettura verso forme tradizionali, classiche e rappresentative, senza però abbandonare la difesa di una *strukturelle Typisierung*. Durante questi anni le sue partecipazioni ai concorsi rimangono senza successo:[23] tra il 1948 e il 1955 Schmidt partecipa a tredici concorsi per edifici scolastici e solo in tre di questi riesce a ottenere un premio: Pratteln (1948, 5. preis), Gelterkinden (1951, 2. preis), Muttenz (1952, 6. preis). Nel miglior piazzamento ottenuto, quello di Gelterkinden, la giuria apprezza soprattutto l'impianto planimetrico, ma critica l'aspetto di *schulkaserne* e l'eccessiva profondità delle aule in relazione all'illuminazione unilaterale.[24] Un altro progetto di concorso da segnalare, anche se non premiato, è quello per la scuola di Allschwil del 1953, dove Schmidt, probabilmente influenzato dalla mostra di Alfred Roth, concepisce per la prima e unica volta un'aula quadrata, ma sempre con illuminazione unilaterale[25].

Nonostante questo episodio di apertura parziale verso le nuove teorie sull'architettura scolastica, l'anno successivo l'architetto basilese torna a difendere le proprie posizioni nel testo polemico *Schulzimmer und Schulhaus*, scritto in risposta al numero di marzo di "Das Werk", interamente dedicato ai «problemi attuali dell'edilizia scolastica».[26] L'articolo, ritenuto erroneamente inedito dagli studiosi,[27] viene pubblicato nel numero di maggio della rivista, con tanto di risposta di Alfred Roth, nei confronti del quale vengono mosse le critiche maggiori.[28]

A partire da questioni tecniche Schmidt mira a difendere un approccio razionalista – nell'accezione di Adolf Behne nel libro *Der moderne Zweckbau*[29] – e la ricerca di una standardizzazione e tipizzazione dell'architettura. Il testo solleva tre questioni principali: la forma quadrata dell'aula, l'illuminazione bilaterale e la dimensione della classe. Schmidt si dichiara risolutamente contrario alle soluzioni di doppia illuminazione e all'eliminazione della distribuzione a corridoio, portando a sostegno della propria tesi le foto pubblicate sul numero di marzo di "Das Werk", relative alla scuola elementare di Berkeley-St. Louis, progettata proprio da Alfred Roth, e alla scuola di quartiere di Trimbach nel Cantone Solothurn, di Hermann Frey.[30] Schmidt punta il dito sull'effetto di abbagliamento e sul rapporto tra altezza e profondità dell'aula: nel primo caso (pro-

Fig. 5

Fig. 6

169

_Figura 5.
Alfred Roth, Scuola Holy
Ghost, Berkeley-St. Louis,
1951-1952 (in A. Roth,
*Primarschule in Berkeley-
Saint Louis*, "Das Werk", a.
41, n. 3, 1954).

fondità dell'aula 8,20 m, altezza 3,35 m) denuncia un effetto di abbagliamento dovuto a un contrasto eccessivo nella parete con sopraluce, osservabile secondo l'autore anche nell'ombra presente sulla lavagna. Nella scuola di Trimbach, questo effetto non compare poiché, data la minore profondità dell'aula (7,25 m, e 3,50 m di altezza), la parete con sopraluce opposta al fronte finestrato è talmente ben illuminata da quest'ultimo che non si registra nessun contrasto. «Das Lichtband stört nich mehr – es ist überhaupt unnötig geworden!», conclude Schmidt, ritenendo sufficiente l'illuminazione unilaterale e rivendicando la validità della tipologia a corridoio degli anni Venti.[31]

Nella sua risposta, Roth sottolinea come nella scuola di St. Louis la situazione reale sia ben diversa rispetto a ciò che può mostrare la macchina fotografica, incapace di registrare le reazioni fisiologiche dell'occhio umano; sottolinea inoltre la presenza di grandi alberi, non visibili nella foto, introdotti per modulare la luce e ridurre l'abbagliamento.[32] Dopo questa argomentazione a difesa personale, Roth porta a favore della propria posizione diverse motivazioni: prima fra tutte il fatto che nel libro *Das neue Schulhaus* (così come nella mostra del 1953) la ricerca è rivolta non tanto all'introduzione di un'illuminazione bilaterale (*zweiseitiger Belichtung*), contro la quale si scaglia il testo di Schmidt, quanto piuttosto alla disposizione di una fonte di luce aggiuntiva (*zusätzliche Belichtung*), ottenibile attraverso una grande varietà di soluzioni. In ultimo Roth sottolinea l'importanza di una ventilazione incrociata (*querlüftung*) e la maggiore libertà che la doppia esposizione offre all'orientamento degli edifici. Particolarmente lodata da Roth è la tipologia con sopraluce posto tra le falde sfalsate del tetto, nella quale l'inclinazione del soffitto – da alcuni accusata di favorire una postura scorretta – consente sia di aumentare la riflessione della luce

171

_Figura 6.
Hermann Frey, Scuola
di quartiere, Trimbach,
1952-1953 (in H. Frey,
*Schulbauten mit zweiseitiger
Belichtung im Kanton
Solothurn*, "Das Werk", a. 41,
n. 3, 1954).

che di mantenere un'altezza limitata dell'aula, più adatta alla scala del bambino e in grado di creare un ambiente dal carattere più intimo e accogliente.

L'illuminazione bilaterale delle aule rimane una prerogativa importante dell'architettura scolastica, almeno fino all'inizio degli anni Settanta. Le questioni sollevate da Hans Schmidt rimangono quasi completamente inascoltate e la sua tanto auspicata ricerca di un tipo – «die Architektur erst dort beginnt, wo ein Typus ... feststeht»[33] – si risolve invece in una sperimentazione continua: nel corso degli anni Cinquanta e Sessanta ogni concorso svela nuovi progressi in termini di pedagogia, ambiente e illuminazione naturale. Soprattutto a partire dalla seconda metà degli anni Cinquanta, in seguito alla diminuzione di spazi liberi e al conseguente aumento del costo del terreno, vengono proposti edifici sempre più complessi, a due e più piani. Per risparmiare sull'occupazione di suolo, le aule sono allineate, terrazzate, raggruppate intorno a uno o più cortili o aggregate come le pale di un mulino attorno al blocco scale, ma sempre continuando a garantire l'illuminazione multilaterale.[34]

_ 1. H. Baudin, *Les constructions scolaires en Suisse*, Édition d'Art et d'Architecture, Genève 1907, pp. 169-201. Si veda anche Id., *Les nouvelles constructions scolaires en Suisse*, Édition d'Art et d'Architecture, Genève 1917.

_ 2. A. Roth, *Kurze Entwicklungsgeschichte des schweizerischen Schulbaus*, "Das Werk", 45, 1958, n. 9, pp. 312-315. Questo tipo costituisce un'anticipazione del modello a due piani con classi traversanti poste tra blocchi scale, suggerito da Roth stesso nel 1932 in occasione del concorso per la scuola Kappeli a Zurigo e proposto per la prima volta alla fine degli anni Venti da Franz Schuster a Francoforte.

_ 3. B. Reichlin, *La provincia pedagogica / The Pedagogic Province*, in P. Bellasi, M. Franciolli, C. Piccardi (a cura di), *Enigma Helvetia. Arti, riti e miti della Svizzera moderna*, Silvana, Cinisello Balsamo 2008, pp. 229-244.

_ 4. A. Rollier, *L'école au soleil*, Tarin, Lausanne 1915.

_ 5. H. Baudin, *Les constructions scolaires*, cit. alla nota 1, pp. 68-72.

_ 6. ETH Zürich, GTA Archiv, Fondo Haefeli Moser Steiger. Cfr. anche "Das Werk", 19, 1932, n. 5, p. 145.

_ 7. B. Maurer, *Befreites lernen – Le débat suisse sur l'architecture scolaire (1930-1950)*, in A.M. Chatelet, D. Lerch, J.N. Luc (a cura di), *L'école de plein air. Une expérience pédagogique et architecturale dans l'Europe du XXe siècle*, Edition Recherches, Paris 2003, pp. 190-210. B. Maurer, *Die Revolution hat nicht stattgefunden in der Erziehung – Werner M. Moser und die "Erziehung zur Architektur"*, in S. Hildebrand, B. Maurer, W. Oechslin (a cura di), *Haefeli Moser Steiger – Die Architekten der Schweizer Moderne*, Gta Verlag, Zürich 2007, pp. 116-141.

_ 8. B. Maurer, *Befreites lernen*, cit. alla nota 7, pp. 190-210.

_ 9. W.M. Moser, *Das Schulhaus als pädagogischer Zweckbau*, in W. v. Gonzenbach, W.M. Moser, W. Schohaus, *Das Kind und sein Schulhaus*, Schweizer Spiegel Verlag, Zürich 1933, p. 32.

_ 10. A. Roth, *Primarschule und Kindergarten auf dem Bruderholz Basel*, "Das Werk", 30, 1943, n. 6, pp. 179-185.

_ 11. A. Roth, *Das neue Schulhaus / The New School / La nouvelle école*, Girsberger, Zürich 1950. Il libro viene ripubblicato nel 1957, nel 1961 e nel 1964.

_ 12. La mostra viene allestita sempre presso il Kunstgewerbemuseum di Zurigo, dal 29 agosto al 21 ottobre. Cfr. H. M., *Ausstellungen: Das neue Schulhaus*, "Das Werk", 40, 1953, n. 10, pp. 161-162.

_ 13. H. M., *Ausstellungen*, cit. alla nota 12, p. 162, immagini. I disegni originali della mostra, inclusi i piani per la classe modello e la corrispondenza con Jean Prouvé, sono parte del fondo Alfred Roth conservati all'ETH Zürich, presso il GTA Archiv, Fondo Alfred Roth. Sul progetto di Jean Prouvé cfr. P. Sulzer, *Jean Prouvé. Œuvre complète / Complete Works*, vol. 3, *1944-1954*, Birkhäuser, Basel 2005, pp. 332-333.

_ 14. *Lighting Handbook*, Illumination Engineering Society, New York 1947; "The Architectural Record", March 1944, July 1945; "The Architectural Forum", October 1949; C.G. Stillman, R. Castel Cleary, *The Modern School*, The Architectural Press, London 1949. Cfr. A. Roth, *Das neue Schulhaus*, cit. alla nota 11, p. 54. La scelta si spiega in parte per la vicenda biografica di Roth, che tra il 1949 e il 1952, a intervalli di tempo, è professore alla Washington University di St. Louis, ma soprattutto per la difficile situazione postbellica dell'Europa continentale e il notevole avanzamento dell'architettura scolastica britannica.

_ 15. *Ibidem*, pp. 56-57.

_ 16. Sul progetto per la scuola Kappeli cfr.: S. von Moos, *Alfred Roth and the "New Architecture" / Alfred Roth und die «Neue Architektur»*, in *Alfred Roth: Architect of Continuity / Architekt der Kontinuität*, Waser Verlag, Zürich 1985, pp. 18-19; R. Gross, *Zum siebzigsten Geburtstag von Alfre Roth*, "Das Werk", 60, 1973, n. 6, pp. 705-708.

_ 17. A. Roth, *Das neue Schulhaus*, cit. alla nota 11, pp. 58-59.

_ 18. Cfr. A. Roth, *Schulhaus "Matt" in Hergiswil am See*, "Das Werk", 42, 1955, n. 3, pp. 69-76; H. M., *Schulhaus Matt in Hergiswil am See*, "Schweizerische Bauzeitung", 73, 1955, n. 5, pp. 59-62.

_ 19. A. Roth, *Das neue Schulhaus*, cit. alla nota 11, pp. 58-59.

_ 20. A. Roth, *Das neue Schulhaus*, cit. alla nota 11, pp. 60-61. Cfr. H. Balmer, *Die farbige Wandtafel: mit einem Hinweis auf Belichtung und Ausgestaltung des Klassenzimmers*, "Das Werk", 39, 1952, n. 3, pp. 77-80.

_ 21. H. Marti, *Fragen zum Schulhausbau*, "Schweizerische Bauzeitung", 69, 1951, n. 50, pp. 706-714.

_ 22. Cfr. le varie edizioni di A. Roth, *Das neue Schulhaus*, cit. alla nota 11. Tra la prima e la seconda edizione l'unico caso svizzero invariato è l'asilo a Wangen an der Aare, progettato dallo stesso Roth.

_ 23. Se negli anni Venti Hans Schmidt era particolarmente coinvolto nel dibattito architettonico, nella sua seconda fase di lavoro a Basilea la sua attività si sposta sul piano politico: nel 1943 egli diviene membro e consigliere del Partito comunista del lavoro (Partei der Arbeit - PdA) e partecipa a progetti di edilizia sociale e alla formazione di cooperative di costruzioni. Cfr. U. Suter, *Die beiden Basler Werkphasen von Hans Schmidt im Vergleich*, in U. Suter (a cura di), *Hans Schmidt 1893-1972. Architekt in Basel, Moskau, Berlin-Ost*, Gta Verlag, Zürich 1993, pp. 43-46.

_ 24. *Wettbewerb für ein Primar- und Realschulhaus in Gelterkinden*, "Schweizerische Bauzeitung", 69, 1951, n. 47, pp. 664-665; U. Suter, *Die*

172

beiden Basler Werkphasen, cit. alla nota 23, p. 287.

_ 25. Schmidt confronta il proprio progetto con quelli delle scuole Kappeli di Zurigo e Felsberg di Lucerna e riesce a ottenere la quantità di luce richiesta dal programma di concorso portando l'altezza dell'aula da 3 metri, come raccomandato dal programma, a 3,50 m. Cfr. U. Suter, *Die beiden Basler Werkphasen*, cit. alla nota 23, p. 304; T. Oberhänsli, *Vom "Eselstall" zum Pavillonschulhaus*, Luzern, Stadt Luzern, 1996, pp. 177-178.

_ 26. "Das Werk", 41, 1954, n. 3. Aktuelle Schulhausfragen.

_ 27. Cfr. U. Suter, *Die beiden Basler Werkphasen*, cit. alla nota 23, pp. 304 e 387; T. Oberhänsli, *Vom "Eselstall"*, cit. alla nota 25, pp. 177-178.

_ 28. H. Schmidt, *Schulzimmer und Schulhaus*, e A. Roth, *Antwort an Hans Schmidt*, "Das Werk", 41, 1954, n. 5, pp. 79-81. Cfr. U. Suter, *Die beiden Basler Werkphasen*, cit. alla nota 23, pp. 304 e 387.

_ 29. «Den "Rationalisten", denen es um die "normungsfähige, mechanische Form", um die geometrische Ordnung, die menschliche Gemeinschaft ging, standen die "Funktionalisten" gegenüber, die das Bauwerk als Maschine, als Werkzeug, als nicht auf die Umwelt bezogenes Individuum auffassten» (H. Schmidt, *Schulzimmer und Schulhaus*, cit. alla nota 27, p. 79). A. Behne, *Der moderne Zweckbau*, Drei Masken Verlag, Wien-Berlin 1926.

_ 30. A. Roth, *Primarschule in Berkeley-Saint Louis* e H. Frey, *Schulbauten mit zweiseitiger Belichtung im Kanton Solothurn*, "Das Werk", 41, 1954, n. 3, pp. 80-83, 94-96.

_ 31. H. Schmidt, *Schulzimmer und Schulhaus*, cit. alla nota 28, p. 79.

_ 32. Roth tende a giustificare ulteriormente l'effetto di contrasto specificando che per la parete era stato scelto un legno naturale chiaro, sostituito poi in sua assenza con un legno di sequoia rosso scuro. A. Roth, *Antwort an Hans Schmidt*, cit. alla nota 28, p. 80.

_ 33. H. Schmidt, *Schulzimmer und Schulhaus*, cit. alla nota 28, p. 79.

_ 34. In ultimo Roth sottolinea l'importanza di una ventilazione incrociata (*querlüftung*) e la maggiore libertà che la doppia esposizione offre all'orientamento degli edifici. Cfr. P. Waltenspühl, *Une choix didactique et architecturale pour les écoles*, "AVE", 1992, n. 18, pp. 3-14.

173

Giuliana Scuderi

Sistemi metallici,
filtro per gli involucri edilizi

Traguardi e sperimentazioni del XX secolo

L'architettura ha sempre intessuto un rapporto stretto con la luce in tutte le sue 175 accezioni, in quanto questa è elemento ordinatore e chiave espressiva degli spazi interni e contribuisce a definire un complesso sistema di soglie visuali e fisiche, oltre che relazioni molteplici con l'ambiente circostante. Il progetto della luce, quindi, influenza fortemente il carattere di estroversione o di introversione di un edificio: poche aperture evidenziano spazi raccolti e meditativi, canali di luce generano ambienti fortemente orientati mentre, se le aperture sono predominanti rispetto ai pieni, la percezione è di uno spazio aperto e in contatto con l'esterno.

Lo studio dell'uso e della funzione di un edificio sono elementi fondamentali per orientare in maniera efficace le scelte progettuali in materia di luce e ventilazione naturali, sebbene spesso l'influenza dominante sia costituita della cultura architettonica dei luoghi, con i suoi elementi stilistici tradizionali e il legame che questi hanno intessuto con il contesto climatico e ambientale di appartenenza.[1] Questo perché il soleggiamento è da sempre un fattore decisivo per definire il comfort interno di un edificio e, di conseguenza, la tradizione dello schermo solare si è sviluppata in maniera quasi parallela all'evoluzione dell'architettura, subendo le influenze culturali dei luoghi e sviluppandosi coerentemente a esse.

Nel XX secolo, le grandi innovazioni a livello costruttivo apportate dallo studio e dalla sperimentazione di nuovi materiali portano alla definitiva scissione tra struttura portante e involucro, il quale diventa il principale attore nella definizione delle caratteristiche estetiche e funzionali dell'edificio.[2] Il progetto delle schermature come unità tecnologica indipendente diventa pertanto lo strumento di definizione del rapporto di interazione con l'ambiente circostante, a seconda dei diversi gradi di trasparenza e di permeabilità alla radiazione luminosa e alla ventilazione naturale. I materiali metallici, importanti protagonisti della seconda metà del XX secolo, godendo di un'evoluzione strettamente legata alle loro caratteristiche di leggerezza e lavorabilità, hanno abbracciato il tema delle schermature solari con tecnologie innovative, generando sperimentazioni che sono risultate basilari per i più recenti studi riguardo gli involucri detti "intelligenti".[3] Va ricordato, tuttavia, che i metalli non hanno goduto di eguale fortuna in tutti i luoghi, vista la loro scarsa reperibilità, accompagnata a volte da difficoltà tecniche nella lavorazione. Nonostante questo, e il fatto che in molti paesi siano ancora principalmente utilizzati materiali da costruzione tradizionali, si è tentato di costruire un quadro abbastanza completo a livello geografico e climatico, riguardo l'utilizzo dei sistemi di schermatura metallici nel XX secolo.

Sperimentazioni ed esempi applicativi

I sistemi di controllo passivo sono importanti mezzi per assicurare il comfort interno di un edificio, soprattutto laddove le differenze climatiche sono tali da non permettere l'utilizzo di una sola soluzione costruttiva e tecnologica.

Oltre al clima locale, con le sue variazioni giornaliere e stagionali, è necessario valutare il moto apparente del sole nel cielo per conoscere l'angolo di incidenza della radiazione, dato che influenzerà l'orientamento dell'edificio e la disposizione dei suoi ambienti interni.[4] A tal proposito si cita l'esempio singolare di Villa Girasole (Mezzavilla di Marcellise, 1935), che presenta una struttura in cemento armato rivestita da lamine leggere in alluminio ed è progettata per ruotare di 360° attorno a un perno centrale, in modo da adeguarsi appunto alla traiettoria del sole nel cielo.[5]

Altri fattori fondamentali per il progetto sono l'orografia del terreno e l'esposizione dei pendii, così come la quota sul livello del mare e la distanza dallo stesso, nonché la presenza prossima di costruzioni o di vegetazione che può influenzare l'incidenza della radiazione luminosa su di un edificio. Anche le caratteristiche del suolo dovrebbero essere alla base delle scelte progettuali, in quanto a diversi materiali corrispondono diverse capacità di assorbimento del calore, così come diversi gradi di riflessione. Per questi motivi, i frangisole assumono una varietà di conformazioni classificabili ad esempio in interni o esterni, orizzontali o verticali, dispositivi mobili o fissi, soluzioni miste o accoppiate, sistemi che permettono di ottenere diversi gradi di opacità, permeabilità e flessibilità.

L'architettura europea e quella nordamericana hanno fornito, durante la seconda metà del XX secolo, numerosi esempi di utilizzo degli schermi metallici, tra i quali si citano le opere del pioniere dell'industria metallica Jean Prouvé che, nel 1953, sperimenta un nuovo tipo di frangisole per la facciata dell'Hotel de France (Conakry, Guinea). Il progetto prevede un involucro in cui i pieni murari si alternano a moduli frangisole costituiti da lame in alluminio striato e piegato, orientabili manualmente lungo l'asse orizzontale al fine di garantire negli ambienti interni diversi gradi di oscuramento a seconda delle ore del giorno.

Per la storia del metallo, è esemplare la sede della John Deere & Company (Eero Saarinen, Moline, Illinois, 1963), edificio volutamente progettato in assonanza con il contesto naturale in termini di volumetria e aspetto cromatico. La struttura è in acciaio corten, con l'obiettivo di generare «un edificio in acciaio che fosse veramente un edificio in acciaio»[6] e non di vetro. L'aspetto è compatto e la materia, cioè il metallo, risulta predominante rispetto ai vuoti, nonostante siano presenti ampi spazi vetrati, e questo grazie al sistema frangisole fisso, costituito da travi in acciaio corten orizzontali appese allo sbalzo delle travi strutturali.

Fig. 1

Un altro esempio in cui il contesto naurale influenza la geometria dell'architettura e il suo orientamento è rappresentato dall'edificio sede del Renzo Piano Building Workshop (Renzo Piano in collaborazione con Unesco, Punta Nave, Genova, Italia, 1989-1991), un laboratorio di progettazione che si adagia su di un profilo collinare per mille metri quadrati circa, seguendo l'orografia del luogo caratterizzata da terrazzamenti coltivati. L'edificio si sviluppa su diversi livelli disposti a gradoni e racchiusi al di sotto di una copertura unitaria, costituita da un telaio rettilineo inclinato in legno lamellare con tamponamenti in vetro dotati di dispositivi in grado di filtrare l'ingresso della luce e del calore. All'esterno si trova un sistema meccanizzato di lamelle in lega di alluminio prelaccato, con una sotto-struttura di profili estrusi di alluminio anodizzato; all'interno sono presenti delle tende a rullo che vengono azionate, così come le lamelle, dalle rilevazioni effettuate da sensori anemometrici e solari. In questo modo le schermature agiscono come un involucro "intelligente" e "reattivo", che interagisce con l'ambiente circostante modificandosi a seconda degli input esterni. La copertura vetrata permette inoltre le riflessione della luce artificiale delle lampade, rivolte verso il soffitto, in modo da garantire anche in caso di scarsità di luce naturale una distribuzione uniforme della luce all'interno dei vari livelli. Le pareti dell'edificio, anche queste completamente vetrate e protette dall'eccessivo soleggiamento tramite tende a rullo, completano il rapporto dialogico dell'edificio con l'ambiente circostante: da ogni livello è possibile godere del paesaggio e in particolare del verde, che diventa parte integrante del progetto così come i terrazzamenti coltivati.[7]

177

_Figura 1.
Renzo Piano Building Workshop, Sede dello studio RPBW, dettaglio di copertura, Punta Nave, Genova, 1989-1991 (ridisegno di Giuliana Scuderi, 2013).

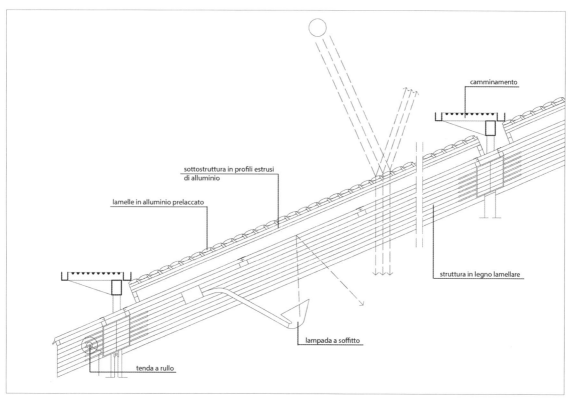

camminamento

sottostruttura in profili estrusi di alluminio

lamelle in alluminio prelaccato

struttura in legno lamellare

lampada a soffitto

tenda a rullo

In rapporto antitetico nei confronti dell'ambiente circostante rispetto all'esempio precedente, la torre di controllo di Basilea (Herzog & de Meuron, Basilea, Svizzera, 1994-1999) presenta una struttura in calcestruzzo armato completamente avvolta in un involucro di strisce di rame orizzontali che agiscono come una gabbia di Faraday. Mentre tradizionalmente le cabine di manovra presentavano molte aperture per una buona visuale sull'esterno, oggi il lavoro manuale è stato gradualmente sostituito dalle nuove tecnologie computerizzate, che richiedono nuovi spazi e nuove condizioni. Le strisce di rame, attorcigliandosi in modo da lasciar filtrare solo una piccola quantità di luce naturale, generano un ambiente interno cupo e, proprio per questo, ottimale per l'utilizzo di schermi e apparecchiature elettroniche; allo stesso tempo l'involucro metallico, distanziandosi e avvicinandosi alla struttura interna in cemento armato tramite una sottostruttura metallica, funziona come paramento esterno di uno strato di ventilazione, che garantisce il mantenimento del comfort ambientale interno.[8]

Fig. 2

178

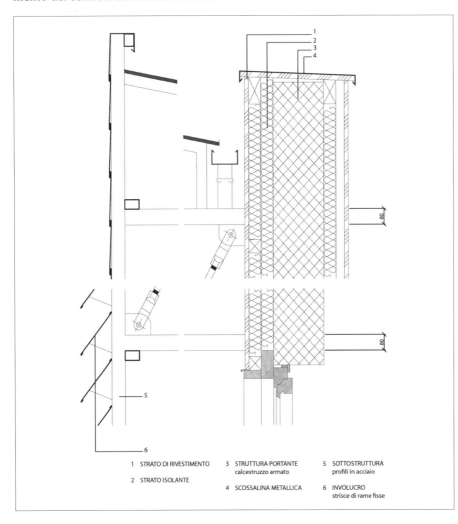

_Figura 2.
Herzog & de Meuron,
Torre di controllo, dettaglio,
Basilea, 1994-1999
(ridisegno di Giuliana
Scuderi, 2013).

1	STRATO DI RIVESTIMENTO	3	STRUTTURA PORTANTE calcestruzzo armato	5	SOTTOSTRUTTURA profili in acciaio
2	STRATO ISOLANTE	4	SCOSSALINA METALLICA	6	INVOLUCRO strisce di rame fisse

Fig. 3

La ventilazione naturale è un elemento fondamentale per garantire il buon funzionamento di un edificio in tutti i periodi dell'anno, così come dimostra il Liceo polivalente di Frejus (Norman Foster & Partners, Frejus, Francia, 1991-1993). L'edificio, alto due piani, si sviluppa intorno a un corridoio centrale che è l'elemento di distribuzione alle aule scolastiche, tutte dotate di grandi vetrate sia verso l'interno che verso l'esterno, al fine di massimizzare l'illuminazione naturale degli ambienti. L'asse di sviluppo del complesso è orientato est-ovest in modo da semplificare la protezione dal soleggiamento, che si concretizza in un sistema di frangisole metallici disposti sulla facciata sud, che vanno a costituire la pensilina di un percorso esterno longitudinale. Questi elementi metallici, disposti su quattro livelli, presentano un profilo arcuato e, grazie alla loro struttura grigliata, regolano la quantità di luce incidente sulle vetrate retrostanti, schermando dall'eccessiva radiazione estiva e allo stesso tempo amplificando per riflessione la radiazione invernale.

_Figura 3.
Norman Foster & Partners,
Liceo polivalente, dettaglio,
Frejus, 1991-1993
(ridisegno di Giuliana
Scuderi, 2013).

179

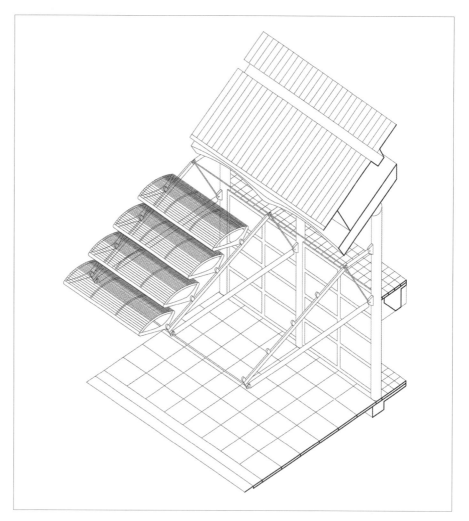

Il progetto sembra ispirarsi ai criteri progettuali tipici delle località caratterizzate da climi tropicali aridi, in cui la geometria schiacciata e la massa termica dell'edificio, in questo caso caratterizzato da una struttura in cemento armato, vengono sfruttate per garantire un buon comportamento igrotermico. Il corridoio interno di distribuzione della scuola sfrutta inoltre il principio dell'"effetto camino", tipico della cultura araba, grazie alla volta di copertura costituita da alette apribili a seconda del tempo atmosferico e del periodo dell'anno, e in grado dunque di generare il moto ascensionale del calore.[9]

Nei climi caldo-secchi è frequente il *claustrum*, che sfrutta l'ombreggiamento reciproco degli edifici dando vita a spazi comuni e, sebbene i metalli non siano materiali diffusi nella cultura architettonica araba del XX secolo, è possibile trovarne alcune applicazioni, come nell'Aeroporto internazionale di Tripoli (Sir Alexander Gibb & Partners, Tripoli, 1978), dove un loggiato dal tipico arco acuto arabeggiante costituisce l'ingresso all'aeroporto, luogo ombreggiato di incontro e di sosta.

In alcuni casi il frangisole diventa un complesso ricamo, come avviene nella facciata a sud dell'Istituto del Mondo arabo di Parigi (Jean Nouvel, Parigi, Francia, 1987), dove viene reinterpretato il tema delle *mashrabiye*, le aperture tipiche dell'architettura araba caratterizzate dalla presenza di una grata intarsiata in legno, il cui disegno può variare a seconda della densità desiderata e del luogo in cui si colloca. In questo edificio la decorazione viene reinterpretata tramite l'utilizzo di lamine metalliche "reattive" che, come otturatori di una macchina fotografica, si aprono e si chiudono a seconda della variazione della radiazione solare, assumendo diverse conformazioni geometriche e, di conseguenza, un complesso e variabile sistema di modulazione di luce.

Fig. 4

180

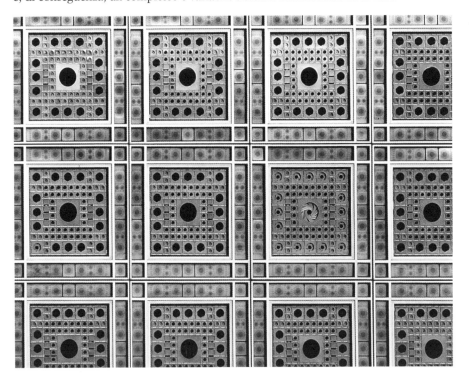

_Figura 4.
Jean Nouvel, Institut du Monde arabe, particolare dell'involucro, Parigi, 1987 (archivio online Wikimedia Commons, 2012; data ultima consultazione 18 settembre 2014).

Dal punto di vista funzionale, questo tipo di aperture permette di ottimizzare l'apporto di luce naturale a ogni ora del giorno e in qualsiasi periodo dell'anno, ma serve anche a garantire un punto di vista preferenziale da cui è possibile osservare l'esterno dell'edificio senza rinunciare alla propria riservatezza, tema fondamentale della cultura araba.[10]

Spostandosi verso i climi caldo-asciutti, si nota come la massa muraria sia sempre più l'elemento fondamentale per garantire un buon isolamento termico, coadiuvata da aperture piccole e superfici interne ed esterne chiare che non assorbano la radiazione. Queste architetture sono tanto efficienti nel dosare le masse di aria calda e la luce nelle ore diurne, quanto lente nel rilasciare il calore durante la notte, elemento assai pregevole in presenza di forti escursioni termiche.

Figg. 5, 6

Esempio caratteristico è la Scuola primaria di Gando (Diébédo Francis Kéré, Gando, Burkina Faso, 1998-2001) che, per limitare al massimo i costi, è stata costruita dalla popolazione locale con i materiali tipici del luogo, adattando le nuove tecnologie al contesto africano. La costruzione della scuola ha avuto come obiettivo dimostrare il modo in cui sia possibile ridefinire le tecniche tradizionali basate sull'utilizzo della terra compressa, tramite un linguaggio nuovo, migliorandone le performance funzionali ed energetiche. Le pareti dell'edificio sono costituite da blocchi di terra compressa che, assorbendo il calore, lo rilasciano lentamente all'interno, riuscendo a diminuire l'intensità delle variazioni di temperatura dell'edificio. Anche i soffitti sono in terra compressa, con blocchi che poggiano su travi di cemento disposte ad anello lungo tutto il perimetro dell'edificio. Su queste travi in cemento si appoggia l'elemento d'innovazione tecnologica: un fitto intrico di elementi

181

_Figura 5.
Diébédo Francis Kéré,
Scuola primaria, sezione,
Gando (Burkina Faso),
1998-2001 (ridisegno di
Giuliana Scuderi, 2013).

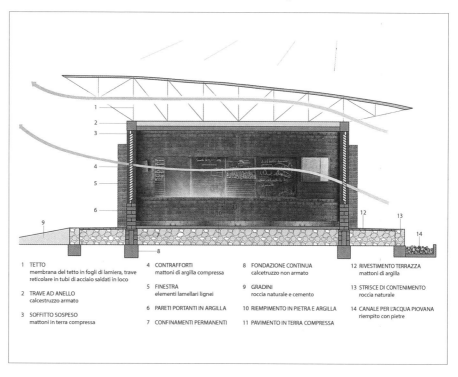

1 TETTO membrana del tetto in fogli di lamiera, trave reticolare in tubi di acciaio saldati in loco	4 CONTRAFFORTI mattoni di argilla compressa	8 FONDAZIONE CONTINUA calcestruzzo non armato	12 RIVESTIMENTO TERRAZZA mattoni di argilla
2 TRAVE AD ANELLO calcestruzzo armato	5 FINESTRA elementi lamellari lignei	9 GRADINI roccia naturale e cemento	13 STRISCE DI CONTENIMENTO roccia naturale
3 SOFFITTO SOSPESO mattoni in terra compressa	6 PARETI PORTANTI IN ARGILLA	10 RIEMPIMENTO IN PIETRA E ARGILLA	14 CANALE PER L'ACQUA PIOVANA riempito con pietre
	7 CONFINAMENTI PERMANENTI	11 PAVIMENTO IN TERRA COMPRESSA	

_Figura 6.
Diébédo Francis Kéré,
Scuola primaria, fotografia
dell'interno, Gando (Burkina
Faso), 1998-2001 (foto
Enrico Cano, 2010).

metallici compongono la trave reticolare su cui poggia un tetto in lamiera di acciaio. Tale elemento di copertura, assemblato in loco tramite piccoli lavori di saldatura, scherma l'edificio dalla pioggia battente e dall'eccessivo soleggiamento e allo stesso tempo, grazie a una leggera inclinazione, favorisce un moto di ventilazione ascendente in grado di raffreddare il soffitto in terra compressa.

I climi caldo-umidi al contrario, sebbene prevedano temperature inferiori, presentano maggiori problemi di comfort ambientale a causa dell'alto tasso di umidità. Pertanto è fondamentale la ventilazione degli ambienti interni: le aperture sono grandi e numerose, protette dagli aggetti delle coperture; le strutture sono leggere e solitamente di legno; i soffitti sono molto alti per favorire la risalita dell'aria calda. Le pareti sono molto chiare, ma non è richiesta inerzia termica all'edificio, poiché in tali climi le escursioni termiche sono minori.

Esempio singolare è il Terminal 1 dell'Aeroporto internazionale di Soekarno-Hatta (Paul Andreu, Banten-Giacarta, Indonesia, 1977-1984), progettato per volere del governo indonesiano con l'obiettivo di costituire una porta di ingresso al paese che ne rappresenti la cultura e le tradizioni, ma con l'utilizzo di tecnologie minime e a basso costo, pur non rinunciando a efficienza e funzionalità. A un corpo a semicerchio si innestano radialmente tre passaggi con sette diramazioni laterali ognuno, che portano ad altrettante zone d'imbarco; lo schema è quello tradizionale dei villaggi indonesiani: un raggruppamento di piccoli edifici con tetti di ceramica rossa circondato da giardini, cui si accede tramite camminamenti coperti. I tetti, il cui stile è tipico indonesiano, sono molto spioventi e agevolano lo scorrimento dell'acqua durante le piogge intense della stagione monsonica; la loro struttura è realizzata in acciaio ma con schemi formali e strutturali della costruzione in bambù indonesiana, di cui ripropone anche la colorazione marrone. Grandi falde di

Fig. 7

_Figura 7.
Paul Andreu, Aeroporto internazionale di Soekarno-Hatta, Banten-Giacarta, Indonesia, 1977 (archivio online Wikimedia Commons, 2007; data ultima consultazione 18 settembre 2014).

copertura proteggono gli spazi dal sole, mentre le ampie aperture permettono la regolazione della luce naturale e il controllo dell'umidità. Gli elementi tubolari in acciaio sono prefabbricati e poi montati in situ tramite imbullonature e saldature.

Sebbene nell'aeroporto si raggiungano altezze interne fino a 17 metri, l'impressione è quella di trovarsi di fronte a un edificio monopiano e questo contribuisce, insieme alla presenza dei giardini verdi, a generare un senso di "scala umana", poiché in nessun momento ci si sente sopraffatti dalle dimensioni della struttura, come a volte avviene in altri edifici aereoportuali. Caratteristica dell'edificio è la scarsità dei sistemi di climatizzazione, presenti solo nelle aree d'attesa, mentre i corridoi di passaggio e di connessione, schermati da elementi frangisole metallici fissi orizzontali, sono completamente aperti, garantendo un contatto diretto con gli spazi verdi e il passaggio della ventilazione naturale. Si tratta di un caso eccezionale per un aeroporto che dimostra la volontà di mantenere un rapporto diretto con l'ambiente circostante senza rinunciare alla funzionalità dei materiali e alle nuove tecnologie; è altresì vero che tali scelte progettuali sono state successivamente criticate a causa dei disagi dovuti all'ingresso dell'acqua negli ambienti interni durante le tempeste tropicali, situazioni ritenute non ammissibili in un edificio di rilevanza internazionale.[11]

Anche l'architettura orientale del XX secolo presenta suggestivi esempi di utilizzo di sistemi frangisole metallici e alcuni architetti riescono a fondere le caratteristiche stilistiche tradizionali con le nuove soluzioni costruttive, raggiungendo importanti risultati compositivi.

La Jin Mao Tower (SOM Skidmore, Owings & Merril, Shanghai, Cina, 1990-1994), ad esempio, può essere descritta come la reinterpretazione moderna della pagoda, che tradizionalmente è caratterizzata da elementi simbolici molto forti, quali la distinzione netta tra i piani successivi con falde del tetto curvate verso l'alto. Tale effetto viene ricreato tramite una linea perimetrale dal profilo spezzato che va a individuare una progressione di piani che si riducono con l'altezza. Il reticolo in acciaio, alluminio e granito genera l'illusione di falde orientate verso l'alto mentre, di fatto, assolve alla funzione di schermare il curtain-wall retrostante dalla radiazione solare diretta.[12]

Come altro esempio di come la tradizione possa incontrare l'architettura moderna, si cita il Wakayama Museum of Modern Art (Kisho Kurokawa, Wakayama, Giappone, 1990-1994), dove è chiaro il rimando alle falde aggettanti della cultura giapponese, una simbiosi tra antico e moderno tramite l'astrazione dei temi architettonici della tradizione. Rispetto alla Torre di Shanghai, dove il materiale metallico viene utilizzato in piccoli profili per ricreare un reticolo in facciata, in questo museo il materiale diventa il rivestimento della falda del tetto, producendo un aspetto compatto e massiccio.

Per concludere, si vuole sottolineare come nel contesto occidentale lo studio dello schermo metallico sia riuscito a fondere l'espressività delle soluzioni architettoniche con i caratteri funzionali degli edifici, fornendo una molteplicità di esempi e varietà di soluzioni e assumendo spesso connotati pionieristici. I paesi in via di sviluppo, che hanno spesso applicato ai materiali metallici una trasposizione diretta dalle forme della tradizione, sono comunque arrivati, nei casi più virtuosi, a soluzioni tecnologicamente innovative e sostenibili, soprattutto dal punto di vista economico. Infine l'architettura orientale presenta alcuni esempi in cui la tradizione viene reinterpretata in chiave moderna tramite l'utilizzo delle caratteristiche tipiche dei materiali metallici, possibile punto di incontro tra i mondi prima citati.

_ 1. L. Ceccherini Nelli, E. D'Audino, A. Trombadore, *Schermature solari. In appendice: schermature fotovoltaiche*, Alinea Editrice, Firenze 2007.

_ 2. D.M. Addington, D.L. Schodek, *Smart materials and new technologies for the architecture and design professions*, Architectural Press, Oxford 2005.

_ 3. K. Velikov, G. Thun, *Responsive Building Envelopes: Characteristics and Evolving Paradigms,* in F. Trubiano (a cura di), *Design and Construction of High Performance Homes: Building Envelopes-Renewable Energies and Integrated Practice,* Taylor & Francis Ltd, London 2012, pp. 75-92.

_ 4. L. Ceccherini Nelli, E. D'Audino, A. Trombadore, *Schermature solari*, cit. alla nota 1.

_ 5. S. Muratori, *Villa "Girasole" in Marcellise (Verona). Ing. Angelo Invernizzi e arch. Ettore Fagiuoli*, "Architettura", XIV, gennaio 1936, pp. 1-10.

_ 6. A.B. Saarinen (a cura di), *Eero Saarinen on his work*, Yale University Press, New Haven 1962.

_ 7. P. Buchanan, *Renzo Piano Building Workshop*, Phaidon Press Ltd, London 1999, vol. 1.

_ 8. A. D'Onofrio, *Herzog & De Meuron. Anomalie della norma,* Edizioni Kappa, Roma 2003.

_ 9. L. Ceccherini Nelli, E. D'Audino, A. Trombadore, *Schermature solari*, cit. alla nota 1.

_ 10. P. Jodidio (a cura di), *Jean Nouvel*, Taschen, Modena 2009.

_ 11. M. Husain, *Jakarta Airport Terminal II – Tangerang, Jakarta, Indonesia – 1560.IDA*, Technical Review, 1995.

_ 12. E. Baja (a cura di), *SOM Skidmore, Owings & Merril: Jin Mao Tower*, "Le capitali dell'architettura contemporanea", ottobre 2012, n. 8, pp. 28-35.

185

Illuminazione artificiale

Artificial Lighting

Lutz Robbers

Silhouettes in Space

The Light Wall in the Architecture of Mies van der Rohe

Despite the ephemeral existence of the original building, Ludwig Mies van der Rohe's Barcelona Pavilion has inspired ever more meticulous interpretations from countless critics and historians. Many of these readings highlight the interplay of distinct materials – the polished onyx slab, the green-tinted glass surfaces, the travertine floor, the chrome glazed cruciform columns, the reflecting pools – as the basis for the systematic montage of contradictory perceptual facts. It is this montage that imbues the pavilion with a unique critical potential that has elevated it to an icon of modern architecture.[1] It seems curious, however, that one element in Mies's contradictory assemblage is rarely mentioned, although in plan it occupies something of a "central" position in the orthogonal composition: the light wall. Robin Evans, in his seminal essay on the pavilion, expresses his "surprise" at discovering the white partition wall made of opaque glass. He ascribed his astonishment to the fact that it rarely appears in the published photographs and drawings of the pavilion and that Mies scholarship has consequently shown little interest in it.[2] Another reason for this omission might simply reside in the fact that the light wall seems indifferent to, and does not take part in producing the space's emblematic aesthetic effect: the paradoxical simultaneities of transparencies and reflections, of immanence and transcendence, of lavish materials and vacuous spirituality.

Fig. 1

However, it can be argued that the light wall was of fundamental importance. According to Mies's assistant Sergius Ruegenberg, the architect had insisted that it should function as the pavilion's only artificial light source. Ruegenberg, who was present during the construction and inauguration of the pavilion, described its effect as follows:

> We realized that the people who were in front of it [the light wall] stood or moved like silhouettes in space, which psychologically was very unpleasant. ... After the German colonies' inauguration, the guests, the Spaniards, who had not known about it beforehand, did not find it appropriate. After that [the illumination of the wall] was not repeated. But overall it is interesting that [Mies] had approached the problem as he did, and in such a radical way.[3]

_Figure 1.
Ludwig Mies van der Rohe,
Pavillon of the German
Reich by night, Barcelona,
1929 (in "Berliner
Bildbericht" 1929).

What was so "radical" about Mies's light box as to cause psychological distress? And why did Mies consider the light wall as pivotal in the first place? The answers to these questions shall demonstrate that the light wall might in fact indicate a "radical" understanding of Mies's architecture. One might argue that the pavilion's unnerving nocturnal appearance pushed to an extreme a feeling of strangeness that the space already produced in daylight. Even without the radiant light wall the pavilion produced a stark contrast with its immediate context. For visitors of the Barcelona World Exposition in 1929, it must have been unsettling to discover Mies's space amidst displays of industrially produced goods, simulations of exotic places, and optical and locomotive spectacles. Its blatant emptiness thwarted the anticipated celebration of commodity fetishism and phantasmagoria. The pavilion's visitors had to cope with a "strange intangible materiality", as one critic put it in 1929, produced by the interplay of ever-changing transparencies and reflections with glass, chrome, polished marble, and water.[4] The daytime effect can be interpreted as a further elaboration on what had been, since his glass skyscraper projects of the early 1920s, one of the key objectives in Mies's design, namely the substitution of the sculptural effects of light and shadow with what Mies described already in 1922 in his first published article as "a rich play of light reflections".[5] The pavilion's perceptive experience, perplexing as it might have seemed due to the absence of exhibited goods, was still akin to the cacophony of attractions of the surrounding World Exposition. During the day, Mies's space still allowed visitors to connect to the surrounding spectacle.

At night, however, the experience of this "strange" space became uncanny. The passage from the nighttime exhibition fairground, which at dusk transformed into an animated light spectacle produced by 850 colored floodlights and fifty illuminated fountains,[6] to the pavilion with its bare light wall must have seemed like a complete rupture. The light wall's steady white glow, instead of illuminating or animating the interior, plunged the entire space into eerie darkness. Inside the nocturnal pavilion, light no longer acted as an invisible vehicle that illuminated a scene for the gaze of the subject. As a light source the luminous wall failed because, rather than illuminating its environment, it first and foremost lit itself. Neither did the light wall fit the conception of a conventional object: in contrast to a solid and immobile physical entity which gains existence once invisible light rays pull it out of obscurity, it functioned as an active agent that participated in the construction of space. This transformation of the object from a passive recipient of enlightening rays into an emitter made of light was accompanied by a shift in the status of the subject. Instead of assuring the objectification of the life world through projection or empathy the luminous wall unsettled the existing order. The fact that the visitors perceived themselves and others as faceless "silhouettes" can be regarded as the manifestation of this fundamental shift.

The psychological unease Ruegenberg alluded to can be interpreted as the unsettling realization of the loss of the visitors' own stable subjectivity. In the face of the glowing wall even the modernist tactics of finding refuge in negative dialectics failed: the affirmation of subjectivity through the awareness of the "impossibility of restoring synthesis"[7] among the fragments of emptied architectural signs was no longer an option. Instead, visitors had to come to terms with the fact that inside the nocturnal pavilion they had turned into ghostly *Gestalten* drawn into the white luminous abyss.

Interestingly, the journalist Siegfried Kracauer – an architect by training who would later become a celebrated film scholar – used a similar terminology as Ruegenberg in his review of the 1927 Werkbund exhibition *Die Wohnung* in Stuttgart: both speak of people appearing as silhouettes. After stating his skepticism about the capacity of *Neues Bauen* to express what is human, Kracauer nonetheless acknowledges that due to their emphatic sobriety, modernist houses are the "perfect mirror" of the existing social system, "residues, in other words, up-to-date coincidental constructs [*Fügungen*] of elements cleansed of bad abundance".[8] For Kracauer, these "skeleton-like buildings are no ends in themselves but the necessary passage towards a plenitude, which does not need any reductions [*Abzüge*] anymore and today can only be attested negatively through mourning".[9] The question as to whether modern architecture can be the "germ" for "new life-forms" (a term he takes up from the opening speech of the exhibition by Mies), Kracauer leaves open.[10] However, when, in the final section of his article, he turns his attention to Mies's *Glasraum*, architecture appears to regain its redemptive potential:

> In the indoor section of the exhibition one finds a strange room, conceived by Mies van der Rohe and Lilly Reich. Its walls are assembled from milky and dark-colored glass plates. A glass box, transparent; the neighboring rooms penetrate its inside. Every device and every movement inside of it magically project shadows onto the wall, bodiless silhouettes that float through the air and merge with the glass room's mirror images. The incantation of this intangible crystal specter [Kristallspuk], which changes in the manner of a kaleidoscope just like light-reflexes, shows that the new house is not the final fulfillment …[11]

191

Under the spell of the room's *Kristallspuk* the divide between subject and object, reality and image became redundant. In the *Glasraum*, although it was designed as a prescribed path orchestrating the thrills of disembodiment and vertigo, fixed viewing positions or even dynamic sequences of visual attractions – constitutive for the construction of a stable subjectivity – did not exist. Rather the visitors entered into a play or dance in which they simultaneously projected and received images of themselves, images that were reflected back from and etched onto the overlapping glass diaphragms of different degrees of opacity. It can be considered a cinematic space in the sense that it amalgamates and spatializes what the traditional cinematographic apparatus still separates and flattens: projector and screen, immobilized, bodiless spectator and 'living' pictures. Mies's space appeared to realize that which contemporary Sergei Eisenstein envisioned as a utopia of film with his unrealized *Glasshouse* project, namely the dissolution of both the camera's point of view and the illusionistic representation of three-dimensionality that was to "spill out" from the screen into space.[12] This is what happened in the *Glasraum*: the demarcation between spectator, space and image blurred allowing architecture and visitors to play with materials, bodies and images that had gained their proper agency. For Kracauer, whose thinking is marked by a messianic hope for redemption that, in his view, architecture could not provide yet, the experience of the *Glasraum* presented an exception. While it was not a "fulfillment", it certainly functioned as a conceptual preliminary for "new life forms" to emerge.[13] According to him the modern "skeleton" architecture exhibited at Weissenhof merely acted as a "perfect mirror" of the socio-economic conditions of the time. It presented its own reductive clarity as an end in itself and not, as Kracauer demanded, as "grief over the renunciation" caused by the disenchanting forces of modernity. Mies's glass space, by contrast, produced on its glass surfaces images that conveyed this "peculiar grief". The *Glasraum* functions as the passage to new life forms, inciting the visitors to playfully engage with their own "bodiless silhouettes", reminding them that architecture will "only put on flesh once man rises from the glass".[14]

Two years later, in the nocturnal Barcelona Pavilion the thrill of playing with one's own disembodied image could no longer be sublimated by simply following

_Figure 2.
Ludwig Mies van der Rohe, Bank and Office Building Project, Stuttgart, 1928 (in F. Schulze, *Mies van der Rohe. A Critical Biography*, Ernst, Berlin 1986, p. 149).

the prescribed route. The light-emitting wall was radical because it remained completely indifferent to the visitors' desire to lose and find themselves in and through space. With the steady radiance of the light panel, Mies had, to use Malevich's words, shattered the sun and pulled the unprepared visitors into the dark, away from the reifying, yet reassuring, pleasures of illumination and projection into a sphere of pure amazement where the "light is in us".[15] In purely architectural terms, the light wall embodied what, for example, Hiroshi Sugimoto conveys with his famous "Theaters" series of long exposures of dark cinema interiors with radiant, white screens in the centers.

The eerie effect of the light wall does seem to have been premeditated. In his earlier elevation drawings for the *Glashochhaus* (1921), Mies already included small black human silhouettes. In the photographs he used for the collages of the *Friedrichstraße* Skyscraper, the passers-by appear like dark blurred phantoms devoid of any recognizable traits. Later, in his competition drawing for the redesign of the interior of the *Neue Wache* War Memorial Project (1930), Mies included dark human silhouettes. Photographs taken in the interior of the *Neue Nationalgalerie* tend to show visitors and sculptures as figures obscured against the bright backdrop of the windows. Blown up to the scale of the building, the light wall had already featured as a luminous curtain wall in Mies's projects for the Adam Department Store project in Berlin (1928) and the project for a bank and office building in Stuttgart (1928). As a monolithic prism glowing inside the fabric of the metropolis, the glass façade was "neither wall nor window but something completely new", as a contemporary critic remarked.[16]

Fig. 2

193

What was the source of inspiration for this particular use of light? First, there existed strong links between Mies and the culture of cinema. The silhouettes are reminiscent of the animation films produced during the mid-twenties by Lotte Reininger – who from 1930 onwards was, like Mies, a member of the central committee of the *Deutsche Liga für den unabhängigen Film* [German League for Independent Film].[17] By using the technique of silhouette animation, Reininger produced *Die Abenteuer des Prinz Achmet* in 1926 in which flat, black figures seem pasted onto a luminous backdrop.[18] For the production of the film, Reininger used

Fig. 3

_Figure 3.
Lotte Reiniger, *Die Abenteuer des Prinzen Achmed*, film still, 1923-1926 (in C. Strobel, H. Strobel, *Lotte Reiniger. Materialien zu ihren Märchen- und Musikfilmen*, Atlas Film + Av, Duisburg 1993, p. 25).

_Figure 4.
Erich Buchholz, Studio-
Apartment, Herkulesufer
15, Berlin, 1922 (in I.
Wiesenmayer, *Ernst
Buchholz 1871-1972.
Architekturentwürfe,
Innenraumgestaltung
und Typographie eines
Universalkünstlers der frühen
zwanziger Jahre*, Wasmuth,
Tübingen 1996).

194   a trick table with a frosted, back-lit glass surface – reminiscent of the Barcelona light partition wall. Furthermore, Mies was certainly familiar with the techniques of animation film through his acquaintance from the early 1920s onwards with two pioneers of abstract film: Hans Richter and Viking Eggeling. Apart from obvious formal parallels between Mies's montages of intersecting planes and the contrapuntal composition of abstract forms in Richter's *Rhythm* films, there were also important congruencies on a theoretical level.[19] The short-lived journal "G: Material zur elementaren Gestaltung", instigated, promoted and financed by Richter and Mies, can be regarded as a manifestation of the shared cinematic vision of the world as something that is "Living. Changing. New".[20]

Secondly, during the early 1920s Mies was acquainted with Erich Buchholz, whose apartment studio at Herkulesufer 15 is considered by some as "the first abstractly designed three-dimensional space in art history".[21] Predating El Lissitzky's *Prounenraum* (1923), it functioned as a walk-in experiential device where the effects of superimposing and interacting materials of various colors and transparencies could be tested.[22] As Buchholz writes, his studio served as the inspirational backdrop for "intense discussions" between artists like Viking Eggeling, Raoul Hausmann, Kurt Schwitters, Hannah Höch, El Lissitzky, J.J.P. Oud, Mies and others about scientific and para-scientific concepts concerning the physiology of the eye, the psychology of space perception and the role of light: "Apart from discussions about space and architecture, there were questions such as: to what extent does space, with its strict partitioning, fix the dweller; questions about space-vibrations emitted by the observer, of light … on one occasion there were discussions about the physiology of the eye … The subject of light's interference came up".[23]

Yet the most formative inspiration might have been Mies's experience in 1912 or 1913 of the *Festsaal*, the main performance space of Émile Jaques-Dalcroze's *Bildungsanstalt für rhythmische Erziehung* at Dresden-Hellerau. Designed by Heinrich Tessenow, in close collaboration with the Swiss theater theoretician and stage designer Adolphe Appia, and the Georgian artist Alexander von Salzmann, the

Fig. 4

Fig. 5

Festsaal revolutionized stage design: Completely stripped of all decorations and illusionistic stage sets, and devoid of a picture frame proscenium, it was an empty, white, windowless cube, almost 50 meters long, 16 meters wide, and 12 meters high. Looking at the few existing photographs that show the performance space at the time of its completion in 1912, the observer is struck by the glaring whiteness of the walls and ceiling. Contrary to the conception of the wall as solid and opaque boundary, delimiter of space or support for ornaments or pictures, the *Festsaal*'s translucent wall resembles a porous skin or light *Gewand*, transforming the interior into a "permeable big light-edifice".[24]

The transformation of the *Festsaal* from an illuminated room into an animated, light-emitting organ was made possible by a highly sophisticated technical apparatus hidden in the space behind the wall lining which had been made of translucent white fabrics. Custom-made by Siemens-Schuckert at the enormous cost of 70,000 marks, this lighting system's 3000 electric light bulbs flooded the space with a "mysterious glow".[25] A spectator who saw Christoph Willibald Gluck's opera *Orfeus and Eurydice* in June of 1912, described the performance as "beyond imagination. The space lived – it was a conspiring force, a co-creator of life".[26] The critic Arthur Seidl emphasized the novelty of this animated space: at Hellerau something "indescribably unique has emerged and has become alive … a light delirium that we never before have seen or experienced".[27] Given the fact that Mies regularly came to Hellerau to visit his future wife Ada Bruhn, who belonged to the first group of students enrolled in Jaques-Dalcroze's Eurythmics Institute and who certainly performed onstage during the *Festspiele* in 1912 and 1913, it is more than likely that the aspiring young architect Mies not only experienced the "light-producing space"[28] first-hand but also became acquainted with the discourses on *Lebensphilosophie* that sustained the Hellerau project.[29]

Linings or claddings, whose effects were similar to the white fabrics employed at the *Festsaal*, were to become a recurrent element in Mies's architecture. Together with Lilly Reich he designed the Café *Samt und Seide* (1927) entirely with partitions made of fabrics mounted on steel tube frames. In his own studio-apartment, Mies lined one of the rooms, at least temporarily, with white silk cloth.[30] And even earlier, his design for the Kröller-Müller residence (1912-1913) was constructed as a full scale model made of white cloth.

With the light wall, Mies complicated the original Parmenidean division of the world into an ethereal sphere of light, the source of understanding and knowledge, and an ignorant "house of night". During the day, light became, as a contemporary visitor of the Barcelona Pavilion noted, the "most important decorative element" that dissolved the materiality of the pavilion into flickering light reflections.[31] Light became the agent of truth not by illuminating the world of objects but by animating visitors to wander into this labyrinth of emptied signifiers and making them conscious of the poverty of experience of the modern metropolitan dweller.[32]

When at dusk the pavilion transforms into this "house of night", it offers only a single exit: the light wall. It is, Evans writes, an "escape route for the hylomorphism that dominates so much of our thinking and perception, by limiting our consciousness of physical reality to two principles: form and matter".[33] Yet, additionally, the light wall offered a passage into a new, unknowable sphere. The silence of light, once again, was experienced as "the first hypostasis of the spirit, suspended on the threshold between the immaterial and the material, and the media of representation of anything other, without being that other".[34] The light in the Barcelona Pavilion, which ironically was called *Repräsentationspavillon*, signaled to its visitors that the representational regime of thinking and knowledge had been suspended. They realized that light could act as a crucial agent for producing a new conception of architecture as a dynamic process. Light was no longer understood as the indiscernible vehicle that rendered the built environment visible and comprehensible but, as its etymology suggests, functioned as a non-signifying "clearance" or "*Lichtung*" that resisted the transcendental construction of space through the subject. By resisting all conceptualization and signification, light became a medium that incited the bodiless silhouettes to become alive and engage in this new "room-for-play".[35]

Already shortly after the completion of the Barcelona Pavilion, Mies installed a similar, electrically lit glass wall at the Tugendhat House (1929-1930). Tucked away behind a semi-circular palisander screen, the wall stands perpendicular to, and at a distance from, the vast window surface. Interestingly, the nighttime photographs of the interior, produced in 1931 by the Atelier de Sandalo, were taken with strong spotlights, and hence give little information about the original lighting conditions. Yet we know from Daniela Hammer-Tugendhat's recollections that the wall's effect on the inhabitants contradicted the reactions reported by Ruegenberg. The light wall's "mild light" was praised, she remembers, by her parents who liked to sit in front of it at night.[36] The opposite reactions can be explained by the differing contexts of the two structures. In the case of the Barcelona Pavilion, the white glow presented an unbearable menace to visitors of the World's Fair expecting to indulge in reifying displays of spectacles and commodities. In the case of the Tugendhat House, hovering over the city of Brno, the de-subjectifying effect of the luminous wall resonated with the dwellers' delight in willfully engaging with an architecture that incites the play of and with lights and movements. Walter Riezler, editor of the Werkbund journal "Die Form", stated that future architecture "is at light's dispos-

196

Fig. 6

_Figure 6.
Ludwig Mies van der Rohe,
Villa Tugendhat, light wall,
Brno, 1928-1931 (photo by
Dietrich Neumann, 2012).

197

al". It will no longer be a "spatial-corporeal entity" but a "manifestation of bodiless surfaces".[37] In the Tugendhat House, these new forms, made of time and light, no longer functioned in dialectical opposition to their commercial context as they did in the Barcelona Pavillion. For Riezler, the Tugendhat House is an example of a modern architecture that is not based simply on rational thinking and the application of advanced technology, but on a collective *Geistigkeit* of a "new nature" that embraces "the 'spirit of technology' – yet not in the sense of an often deplored close attachment to a purpose, but in the sense of a new freedom of life".[38] The light wall sustains Mies's conception of a post-representational architecture where stable notions of matter, form and subjectivity have become redundant in a rhythmic space, experienced as a "liberation".[39]

_ 1. See for instance the seminal essays by M. Hays, *Critical Architecture. Between Culture and Form*, "Perspecta", 21, 1984, pp. 14-29; R. Evans, *Mies van der Rohe's Paradoxical Symmetries*, in id., *Translations from Drawing to Building and Other Essays*, MIT Press, Cambridge (Mass.) 1997, pp. 233-277. Note: This essay draws on the research conducted for my dissertation entitled *Modern Architecture in the Age of Cinema. Mies van der Rohe and the Moving Image*, Princeton University, Princeton 2012.

_ 2. R. Evans, *Mies van der Rohe's Paradoxical Symmetries*, see footnote 1, p. 256.

_ 3. Transcription of an interview with Sergius Ruegenberg, tape recording, Mies van der Rohe: Research Papers, Documents and Tape Recordings Related to Mies van der Rohe and the Establishment of the Museum of Modern Art's Mies van der Rohe Archive, compiled by Ludwig Glaeser, Canadian Center of Architecture, Montreal. Unless otherwise indicated, all translations are mine. It should be noted that Ruegenberg's statement that the light wall remained switched off does not correspond to the historical evidence. See Dietrich Neumann's essay in this volume.

_ 4. J. Bier, *Mies van der Rohes Reichspavillon in Barcelona*, "Die Form", 4, 1929, n. 16, pp. 423-430, p. 423.

_ 5. L. Mies van der Rohe, *Hochhausprojekt für Bahnhof Friedrichstrasse in Berlin*, "Frühlicht", 1922, n. 1, pp. 122-124, p. 122.

_ 6. See D. Neumann, *The Barcelona Pavilion*, in W.H. Robinson (ed.), *Barcelona and Modernity*, Yale University Press, New Haven 2006, pp. 390-399, p. 392.

_ 7. M. Tafuri, *The Sphere and the Labyrinth*, MIT Press, Cambridge (Mass.) 1987, p. 111.

_ 8. In his review of the 1927 Werkbund exhibition *Die Wohnung* in Stuttgart, Kracauer characterizes *Neues Bauen*, with its emphasis on flexibility and matter-of-factness, as a hitherto unprecedented architectural expression of the material and existential life realities of Weimar Germany's new salaried masses. Still, Kracauer argues that *Neues Bauen* is limited to function as a mirror incapable of "directly expressing what is human". All that architecture can do is to denounce all historicizing exuberance as anachronistic and to "conform to the state of things" while awaiting the arrival of "new life forms". S. Kracauer, *Das neue Bauen. Zur Stuttgarter Werkbund-Ausstellung 'Die Wohnung'*, "Frankfurter Zeitung", 31 July 1927, p. 2.

_ 9. S. Kracauer, *Das neue Bauen*, see footnote 8, p. 2. Kracauer uses the term *"Abzüge"* which can be translated in multiple ways. Besides "reduction" it can be understood as "deduction" in the sense of "writing-off" or "depreciation". *"Abzug"* can also denote a "copy" or "mechanical reproduction".

_ 10. S. Kracauer, *Werkbundausstellung: 'Die Wohnung'. Die Eröffnung*, "Frankfurter Zeitung", 24.7.1927. Cited in S. Kracauer, *Werke*, 5.2, I. Mülder-Bach (ed.), Suhrkamp, Berlin 2011, pp. 630-631, p. 630. The idea that architecture can only anticipate and prepare yet never construct "new life forms" repeatedly surfaces in Mies's writing. See L. Mies van der Rohe, *Notes (1927/1928)*, in F. Neumeyer, *The Artless Word. Mies van der Rohe on the Building Art*, Siedler, Berlin 1986, p. 269. "We can only talk of a new building art when new life forms have been formed". There is further evidence that Mies knew Kracauer. In his function as member of the executive committee of the German League of Independent Film Mies received a letter from the local Munich branch of the league. In the letter addressed to Mies the author proposes "the founding of a cheap, weekly or monthly publication supervised by Krakauer [sic] and published by Reckendorf" (letter from P. Renner to Mies, 19 September 1930. The Papers of Mies van der Rohe, Library of Congress, Washington D.C., Box 2, Folder R).

_ 11. S. Kracauer, *Das neue Bauen*, see footnote 8, p. 2.

_ 12. S. Eisenstein, *Über den Raumfilm*, in O. Bulgakova, D. Hochmuth (eds.), *Das dynamische Quadrat. Schriften zum Film*, Reclam Verlag, Leipzig 1988, pp. 196-261. On the *Glasshouse* project see F. Albera, *Formzerstörung und Transparenz*, in O. Bulgakova (ed.), *Eisenstein in Deutschland*, Akademie der Künste, Berlin 1998, pp. 124-127.

_ 13. In his 1922 essay *Die Wartenden* Kracauer describes the "tense activity and engaged self-preparation" of the modern subject who anticipates an eventual "leap" into a reconciled "closeness between men". S. Kracauer, *Those Who Wait*, in T. Levin (ed.), *The Mass Ornament. Weimar Essays*, Harvard University Press, Cambridge (Mass.) 1995 (1922), pp. 138-39.

_ 14. S. Kracauer, *Das neue Bauen*, see footnote 8, p. 2.

_ 15. J. Simmen, *Kasimir Malewitsch. Das schwarze Quadrat*, Fischer, Frankfurt a. M. 1998, p. 14.

_ 16. C. Gravenkamp, *Mies van der Rohe. Glashaus in Berlin*, "Das Kunstblatt", 14, 1930, n. 4, pp. 111-113, p. 111.

_ 17. See the pamphlet entitled *Filmfreunde*, Archive of the Stiftung Deutsche Kinemathek, Berlin (undated). The following names appear as members of the league's board: Dr. Blumenthal, Dr. Feld, Dr. Flesch, Paul Hindemith, Werner Gräff, Arthur Hollitscher, Dr. Marianoff, Asta Nielsen, Carl Nierendorf, Hans Richter, Walter Ruttmann, Mies van der Rohe, Lotte Reininger.

_ 18. See E. Leslie, *Hollywood Flatlands*, Verso, London 2002, p. 49.

_ 19. For a detailed exploration of Mies's association with cinema see L. Robbers, *Filmkämpfer Mies*, in K. Plüm (ed.), *Mies van der Rohe im*

Diskurs. Innovationen – Haltungen – Werke, Transcript, Bielefeld 2013, pp. 63-96.

_ 20. L. Mies van der Rohe, *Bürohaus*, "G. Material zur elemenraren Gestaltung", 1923, n. 1, n. p.

_ 21. H. Ohff, *Als Unbequemer unersetzlich. Zum Tode von Erich Buchholz*, "Der Tagesspiegel", 30 December 1972, p. 4. See also I. Wiesenmayer, *Erich Buchholz 1871-1972. Architekturentwürfe, Innenraumgestaltung und Typographie eines Universalkünstlers der frühen zwanziger Jahre*, Wasmuth, Tübingen 1996, p. 17. Buchholz's daughter singles out Mies for having been one of the artists who attended the gatherings at her father's "image-space". M. Buchholz, *Erinnerungen an Germendorf*, in E. Buchholz, E. Roters (eds.), *Erich Buchholz*, Ars Nicolai, Berlin 1993, pp. 9-16, p. 11.

_ 22. See E. Buchholz, *Begegnungen mit osteuropäischen Künstlern*, in E. Roters (ed.), *Avantgarde Osteuropa 1910-1930*, Akademie der Künste, Berlin 1967, p. 26. Regarding the tensions between Buchholz and El Lissitzky and the accusation of forgery see the letter of Lissitzky to Buchholz in E. Buchholz, E. Roters (eds.), *Erich Buchholz*, see footnote 21, pp. 110-112.

_ 23. E. Buchholz, *Ein farbiger Raum. 1922*, "Bauwelt", 18, 1969, p. 626.

_ 24. A. Seidl, *Die Hellerauer Schulfeste und die 'Bildungsanstalt Jaques-Dalcroze'*, Bosse, Regensburg 1913, p. 31.

_ 25. See K. MacGowan, *The Theatre of Tomorrow*, Boni and Liveright, New York 1921, p. 190. The details concerning the number of light bulbs installed vary from 3000 to 10.000 according to the different descriptions of the *Festsaal*.

_ 26. Unknown author quoted in R. Beacham, *Adolphe Appia. Essays, Scenarios, and Designs*, UMI Research Press, Ann Arbor 1989, p. 15.

_ 27. A. Seidl, *Die Hellerauer Schulfeste*, see footnote 24, p. 13.

_ 28. A. v. Salzmann, *Licht Belichtung und Beleuchtung. Bemerkungen zur Beleuchtungsanlage des Grossen Saales der Dalcroze-Schule*, in *Die Schulfeste der Bildungsanstalt Jaques-Dalcroze*, Diederichs, Jena 1912, pp. 69-72, p. 70.

_ 29. The dancer Mary Wigman, a fellow student of Bruhn who remained a life-long friend of Mies, recalls his visits in a 1972 interview with Ludwig Glaeser. Tape recording, 13 September 1972, Mies van der Rohe: Research Papers, Canadian Center of Architecture, Montreal.

_ 30. Ruegenberg recalls that Mies had insisted to keep this room empty and that during the meetings of the "Ring" his colleagues made fun of Mies's "feminine environment" (S. Ruegenberg, tape recording, see footnote 3). It seems that the white lining had already been installed between

1917 and 1919 when the writer Rudolf Borchardt had rented a room in Mies's apartment. Friends of Borchardt remembered that "the white space and the ruffled fabrics [formed] a beautiful background for groups and figures". R. Borchardt, *Brief an Hugo von Hofmannsthal*, 11.4.1917, in G. Schuster (ed.), *Rudolf Borchardt – Hugo von Hofmannsthal. Briefwechsel*, 1, Edition Tenschert, München 1994, pp. 190-193, p. 191. Quoted in A. Marx, P. Weber, *Von Ludwig Mies zu Mies van der Rohe*, in H. Reuter, B. Schulte (eds.), *Mies und das Neue Wohnen*, Hatje Cantz, Ostfildern 2008, pp. 24-39, p. 30.

_ 31. A. Marsá, L. Marsillach, *La montaña iluminade* (1929) quoted in: J. Quetglas, *Fear of Glass*, Actar, Barcelona 2001, p. 15.

_ 32. W. Benjamin, *Poverty and Experience*, in id., *Selected Writings. 1927-1934*, ed. by M. Jennings, H. Eiland, G. Smith, Belknap Press, Cambridge (Mass.) 1999, pp. 731-735.

_ 33. R. Evans, *Mies van der Rohe's Paradoxical Symmetries*, see footnote 1, p. 256.

_ 34. H. Böhme, *Das Licht als Medium der Kunst. Über Erfahrungsarmut und ästhetisches Gegenlicht in der technischen Zivilisation*, Humboldt-Universität zu Berlin, Berlin 1996, p. 7.

_ 35. On the Walter Benjamin's conception of Spielraum see M. Hansen, *Room-for-Play. Benjamin's Gamble with Cinema*, "October", 109, 2004, pp. 3-45.

_ 36. D. Hammer-Tugendhat, *Leben im Haus Tugendhat*, in D. Hammer-Tugendhat, W. Tegethoff (eds.), *Ludwig Mies van der Rohe. Das Haus Tugendhat*, Springer, Wien 1998, pp. 11-28, p. 19.

_ 37. W. Riezler, *Licht und Architektur*, in W. Lotz (ed.), *Licht und Beleuchtung*, Reckendorf, Berlin 1928, pp. 42-43, p. 42.

_ 38. W. Riezler, *Das Haus Tugendhat in Brünn*, "Die Form", 6, 1931, n. 9, pp. 321-332, p. 326.

_ 39. Grete Tugendhat participated in the debate about her house that took place in 1931 in the pages of "Die Form". Opposing Justus Bier's reading of the space as oppressive and anti-private as well as Roger Ginsburger's Marxist critique of the space as prompting the feelings of "astonishment" [*Staunen*] and "dizziness" [*Benommenheit*] that are similar to a church or a palace, Grete Tugendhat saw the defining characteristic of the space in its particular rhythm perceived as liberating and calming. G. Tugendhat, *Die Bewohner des Hauses Tugendhat äußern sich*, "Die Form", 6, 1931, n. 11, p. 438. Cfr. J. Bier, *Kann man im Haus Tugendhat wohnen?*, "Die Form", 6, 1931, n. 10, pp. 392-393 and R. Ginsburger, *Zweckhaftigkeit und geistige Haltung*, "Die Form", 6, 1931, n. 11, pp. 431-434.

199

Dietrich Neumann

Microcosms of Modernity

Lighting Collaborations in 20th-Century Architecture

Achieving modern architecture's formal clarity presented challenges not just to the architect, but to builders, workmen, engineers and manufacturers as well. Historians have hardly acknowledged the collaborations and contributions from different trades that were part of this process. Certain formal visions might have originated just as much from the imagination of engineers and manufacturers as from that of architects. Indeed, the genesis of creative impulses and stylistic formation is not necessarily a trickle-down process from the architectural master minds to the crafts- and tradesmen. As I will try to show in this small case study of a few examples of the integration of artificial light into interior architecture, driven by a particular formal vision, the opposite could also be the case. The complex web of mutual influences between these forces thus complicates questions of authorship and originality.

Fig. 1 Ludwig Mies van der Rohe and Lilly Reich designed the so-called "Glasraum" for the Werkbund Exhibition in Stuttgart in 1927. Located inside one of the main exhibition halls downtown, the arrangement's primary purpose was the display of products by the Glass Industry. Large pieces of plate glass with different degrees of transparency were assembled in such a fashion as to create the impression of a sequence of domestic spaces, a sitting room, dining room and library, an outdoor courtyard with plants, and another with a piece of sculpture. The walls were un-adorned, the floor made from colored linoleum, the ceiling consisting of stretched canvas. The surviving photographs of this short-lived installation presented it as very luminous without revealing any light source. Its simplicity and diffuse bright-ness made it an essentially modernist statement. The actual technology behind the lighting has been little discussed or documented. It consisted of lamps suspended from the ceiling of the exhibition hall which cast their light from above onto the tautly stretched, white canvas, which diffused it evenly in the space underneath. Since the turn of the century, a very similar technique had already been employed within photo and film studios, or operating rooms, in which translucent ceiling glass would provide even illumination by filtering and diffusing daylight and ar-tificial light from above.[1] Mies might have picked up the idea for this at Heinrich

_Figure 1.
Ludwig Mies van der Rohe,
Lilly Reich, Glasraum,
Stuttgart, 1927 (private
collection, Berlin).

Tessenow's (1876-1950) Festspielhaus in Hellerau of 1911, which he knew from his visits there while his future wife Ada was a student at the Dalcroze dance studio. Set and lighting designer Alexander von Salzmann (1874-1934) was responsible for the backlit canvas walls surrounding the performance space. According to the art historian Gustav Pauli, who attended several performances at Hellerau, there were also luminous geometric forms on stage, which could be used as "sets or arranged like stairs. Inside these light weight wooden structures, covered with canvas, Salzmann had arranged lightbulbs which could easily be switched on and off".[2] Salzmann worked hand in hand with architect and set designer Adolphe Appia (1862-1928), who, together with Émile Jaques-Dalcroze (1865-1950), was responsible for the performances in Tessenow's Festspielhaus. Appia's sets were simple, abstract renderings of space, very much reminiscent of Mies' later work, and their stage light was deliberately diffuse, though focused light could be added for narrative impact.[3] Appia's first set design for a selection of Wagnerian opera scenes at a private theatre in Paris in 1903 had been developed with the Spanish painter and lighting designer Mariano Fortuny (1871-1949), who created the diffuse, shadowless light on stage with the help of his "cyclorama dome", a plaster or cloth structure shaped like a quarter-dome, reflecting or transmitting artificial light. White and colored canvas was used for light diffusion.[4]

See Robbers fig. 5

Mies and Reich applied the backlit canvas ceiling again multiple times in exhibition areas for the German industry. Examples include ceilings at the little known exhibition hall for the Linoleum Industry at the Leipzig Fair in the spring of 1929 and at several installations in exhibition halls of the Barcelona World's Fair, such as those at the Chemistry and Textile sections or at the Electrical Industries building.

For Mies' famous Barcelona Pavilion at the same exhibition, a similar solution was impossible. The building was free standing, exposed to the elements, and its ceiling slab was intended to be immaterially thin. The world's fair, however, had many visitors during the night, attracted by its colorful water and light installations. Mies managed to keep the underside of the ceiling slab unsullied of suspended light fixtures, and instead introduced a luminous wall, which consisted of two wall-high panes of opal glass lit from inside by 16 light bulbs suspended in the space between them. The inspiration came, undoubtedly, from commercial advertising architecture in Berlin, which had frequently used backlit opal glass in recent years, as, for example, in the corner pylons of Rudolf Fraenkel's Engelhardt beer hall on the site of Mies van der Rohe's 1922 skyscraper project next to Friedrichstrasse railroad station. In the years leading up to the world's fair, Mies himself had twice experimented with the idea of covering the entire façade of a commercial building with opal glass, a bank in Stuttgart and a department store in Berlin, for which he imagined a "fairytale" effect once advertising slogans had been applied to its luminous façade at night. "The New York Times" considered Berlin "the best lighted city in Europe" because of its frequent use of opal glass.[5]

At the Barcelona Pavilion, the opal glass wall surely had the purpose of providing a calm counterpart to the lively play of color and light at night everywhere on the fairgrounds, in particular the luminous fountain at the center of the open space across from the pavilion. Its other, more important and lasting function, however, was that of an illuminant entirely integrated into the pavilion's essential planes – a case study of how to light the pure forms of the new architecture. Correspondence in mid-July between Mies van der Rohe's Berlin office and the local representative of the German exhibition management in Barcelona, Erich von Kettler, shows how important this function was for the architect.[6] After two visitors fell into the small pool at night, von Kettler asked if additional lights could be installed, since "after dusk it is difficult to see that there is water in the pool and the light from the luminous wall does not reach that far". Mies, however, firmly rejected the introduction

Fig. 2
and see Robbers fig. 1

Fig. 3

See Robbers fig. 2

203

_Figure 2.
Ludwig Mies van der Rohe, Pavilion of the German Reich, cross section through light wall, Barcelona, 1929 (drawing by Sergius Ruegenberg).

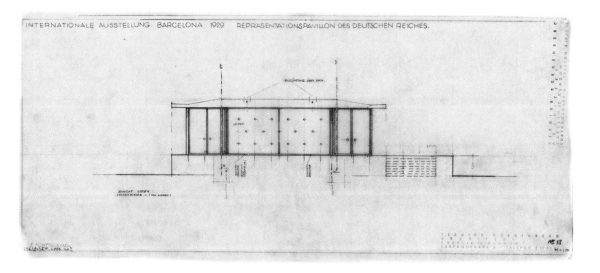

_Figure 3.
Rudolf Fraenkel, Engelhardt
Beerhall (on the site
of Mies van der Rohe's
skyscraper project next to
Friedrichstrasse railroad
station), Berlin, 1930
(photo by Braun Photo
Dienst, Centre Canadien
d'Architecture, Montreal).

204

of more lights. (After another accident in October, a temporary light was installed by the fair's administrators, but later switched off again by Mies' representative).[7] Clearly, it was of crucial importance for Mies to limit the illumination of the pavilion to this one element, an integral part of its structure. This was consistent with his desire to keep the interior space as uncluttered as possible (he also limited the number of Barcelona chairs inside to two and rejected a request by the government to install a sculpted eagle on the central onyx wall).

In the Tugendhat villa in Brno, Czechoslovakia, Mies' next commission, the luminous wall reappeared, although not in the double-pane version as in Barcelona. Located at the border between the living room and auxiliary spaces, it could simply be lit from behind. Here, too, its light did not reach the full depth of the main room. See Robbers fig. 6 Mies needed to introduce additional lighting devices. He first experimented with a circular lamp, movable up and down along a centrally located wire that stretched vertically from floor to ceiling, keeping interference with the architectural planes to a minimum. Ultimately, he introduced his own simple lamp designs in parts of the building, and chose "PH5" lamps by the Danish architect and designer Poul Henningsen (1894-1967) for the main room. Strangely though, apart from the ceiling lamp at the center of the eating alcove, the other suspended lamps did not relate to any of the seating arrangements. Rather, they are placed following a somewhat rhythmical pattern that may have taken into consideration their nocturnal reflections on the two glass walls at the greenhouse in the rear. In reality, though, Fritz Tugendhat hated the black mirrors that the glass walls of his living room turned into Fig. 4 at night, and usually closed the curtains.[8]

205

Mies' *Musterhaus und Wohnung für einen Junggesellen* at the 1931 Building Exhibition in Berlin had no ceiling lights either, but also no luminous wall. It would have been difficult to inhabit at night. A nocturnal photograph was frequently published nevertheless, where the building's surfaces seem luminous, reflecting light from several invisible portable light sources.

Le Corbusier (1887-1965) had similar difficulties with the application of artificial light in his residential buildings at that time. "Modern artificial light is too bright and glaring", he wrote in 1926. He, too, was uncertain as to how electrical light would be used best in the context of a modern house. "Projectors, reflectors, rows of lightbulbs on the ceiling, at the floor or vertically in the window reveals or corners of the room. We are still stammering the earliest beginnings of a new language. Only too rarely do we deal with this question. ... at two houses in Auteuil I have tried to succeed entirely without ceiling lights, but this was not a convincing solution".[9] Famously, the lighting at the Maisons Laroche-Jeanneret in Paris remained an unsolved problem for several years. In August 1925, Raoul La Roche complained about the low light levels in his living room despite the installation of seven individual lights, casting indirect light from hollow grooves underneath the windows. It was so dim he was unable to read. A few months later, a sequence of suspended lights was installed as a temporary measure. In 1928, the gallery had to undergo major repairs after a pipe burst, and a new lighting system was finally installed. It consisted of a single light bulb at the end of a metal tube, extending horizontally into the space, and a long blue metal trough, suspended near one of the ribbon windows underneath the ceiling. It worked as an interior *brise-soleil* during the day and shielded a row of light bulbs from view that would illuminate the gallery's ceiling at night. Diffusing glass was added above the light bulbs for a more uniform light later.[10] Two years on, Le Corbusier installed a rounded, open light trough and reflector out of chromium metal underneath the ceiling of the large living room in the Villa Savoye, apparently following a recommendation from Mme Savoye, who had seen a similar installation at the display space of a refrigerator sales room. As Reyner Banham has pointed out, Corbusier used the ceiling, like the walls, as a reflective surface for the natural light from outside.[11] Corbusier remained fond of uplighters and used them again in spectacular fashion, when he embedded them in the ground floor next to the pilotis at the Pavillon Suisse and the Unité in Marseilles, with the effect that the glowing ceiling reflected light back to the floor and made the building seemingly float on a cushion of light.[12] The use of uplights on to a white ceiling plane to distribute light evenly had emerged at the turn to the 20th century in factory halls.[13]

See Stauffer fig. 7

Richard Neutra (1892-1970) had also been actively examining possibilities for the integration of lighting fixtures into the simple geometric ceiling planes of his houses without having to resort to hanging chandeliers. For his first major commission in the US, the Lovell Health House in Los Angeles, he invented a new architectural lighting element, a rectangular light trough spanning the entire room, suspended on thin metal rods from the ceiling, on which it would shine as well as the floor.[14] Elsewhere, light-diffusing glass covered built-in lighting devices. With his buildings soon emphasizing a fluid connection to the outside landscape, Neutra would frequently employ recessed soffit lights on the outside of his buildings, occasionally continuing a light trough from the inside to the roof overhang beyond a house's perimeter. He wanted to overcome the reflections of interior lights in his large windows at night by illuminating the exterior. In his 1962 autobiography *Life and Shape* he wrote: "Exterior soffit light expanded rooms into a softly lit exterior; … Privacy behind the large plate glass front was optically insured by the reflection of that outside illumination". He claimed "to eclipse the border between inside and outside when the first was reflected inwardly at night from the large window areas and mysteriously mingled with the light spread from the exterior roof overhang onto the greenery in open air. Providing light for reading the newspaper was not the primary purpose of this illumination. Rather I saw in it an emotive stimulant…".[15] This method was initiated at the V.D.L. Research House of 1932 and then applied throughout most of his houses until the end of his career, including the Grace Lewis Miller[16] and Chuey Houses.[17] At the same time, Neutra emphasized the need for "refreshingly varied experiences of space through illumination" and stated that at times he also enjoyed the reflection of the interior in black-glass walls at night. "We see nothing of landscape but only the room, duplicated by reflection".[18]

The lighting designer Richard Kelly (1910-1977) visited Neutra in 1946 and probably adopted some of his lighting ideas. When Mies van der Rohe arrived in the US, he soon made his acquaintance (via Philip Johnson). For Johnson, after the Glass House in New Canaan had already been finished Kelly had solved exactly the same problem that Neutra had overcome in a similar way. He simply applied downlights on the outside perimeter, which would eliminate interior reflection. The uninterrupted ceiling plane was lit by uplights that Kelly placed on the floor.

Fig. 5

Mies was impressed by Kelly's work and a long and fruitful collaboration was the result. Mies' interest in luminous building parts had continued at the Lake Shore Drive Apartments 1948-51 and several subsequent apartment houses would have luminous walls to striking effect on their first floor. The outside walls of auxiliary rooms behind the lobby were lit from fluorescent lights on the ceiling inside, which were shielded from view, their rays distributed evenly over the height of the glass wall by a reflective metal apron on the ceiling. The section of this metal screen had been carefully calibrated to redirect the grazing light by the mathematician Isaac Goodbar with whom Richard Kelly and his manufacturer Edison Price collaborated.[19]

At the same time, technology was advancing and new solutions for Mies' quest for light integrated in a radical modern structure became available. German engineers at IG Farben, for example, had developed a luminous wall paint, "Lumogen",[20] activated by ultraviolet rays, which could make an entire wall or ceiling glow at night. More promising was the long standing interest in luminous ceilings which had been in the air for a while. Since the turn of the century, variations existed in factory halls, where, for example, a skylight would be enhanced by nocturnal illumination and by frosted glass distributing the light. More refined solutions were pursued by engineers and manufacturers. For example, in 1922 the British Thomson-Houston Company, together with Herbert Christopher Wheat, submitted a patent for a luminous ceiling "from transparent or semi-transparent clear or tinted glass" for which they aimed at making the actual light sources as invisible as possible through the introduction of vertical dividers of a reflective or translucent material.[21] The desire for a uniform, luminous surface with invisible light sources appears concurrently among designers and industrialists as among architects. It seems impossible to establish a singular line of influence; rather, the mutual inspiration and cross fertilization helped to form a general aesthetic consensus and direction. At the Massachusetts Institute of Technology, the architect H.L. Beckwith and electrical

207

_Figure 5.
Ludwig Mies van der Rohe, Lake Shore Drive Apartments, Chicago, 1948-1951 (photo by Hassan Bagheri, 2013).

engineers Parry Moon and C.M.F. Peterson were credited in 1949 with the invention of a "luminous ceiling".[22] Working with Brown University professor Domina Eberle Spencer (soon to be the wife of Prof. Moon), they created a "squint-proof" luminous ceiling using translucent plastic panes underneath the fluorescent lights.[23] They worked with the Marlux Company, of Somerville, Mass., which produced the ceiling panels for the Manufacturer's Hanover Bank by Skidmore, Owings and Merrill and shortly afterwards for Mies van der Rohe's Seagram Building as well. Interiors magazine reported: "Light from the tubes reflects again and again between the plastic panels and the brightly painted structure ceiling until nearly all the light passes through the plastic. This makes the light seem to come from an unbroken plane of light rather than rows of tubes".[24]

A similarly interesting case is the development of recessed ceiling lights during the 1930s. It provided an enormous step towards an uninterrupted flat ceiling plane and a luminous floor surface usually bright enough to illuminate a room.[25] Lighting designer Edward Rambusch, for example, submitted a patent in 1936 for such a light with the claim that its source "cannot be seen by an occupant of the space

208

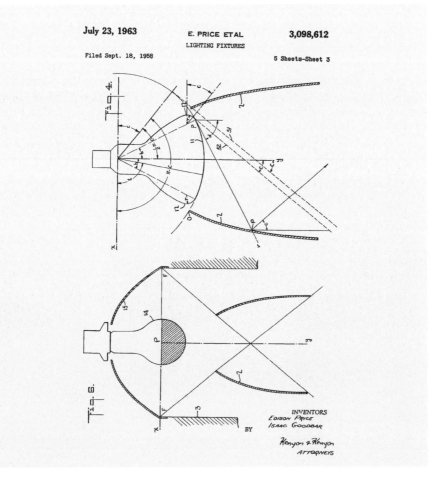

July 23, 1963

E. PRICE ET AL

3,098,612

LIGHTING FIXTURES

Filed Sept. 18, 1958

5 Sheets—Sheet 3

INVENTORS
EDISON PRICE
ISAAC GOODBAR

BY

Kenyon & Kenyon
ATTORNEYS

_Figure 6.
Edison Price, Isaac Goodbar, *Lighting Fixtures* (US Patent 3,098,612, filed Sept. 18, 1958, patented July 23, 1963).

to be illuminated" as it would be "hidden above the ceiling with only a very small opening in the ceiling to allow the light rays to pass through".[26] Ten years later, in 1946, Stanley McCandless, theater lighting designer and professor at Yale University, described an electric light fixture that had a larger opening than Rambusch's very small outlet in order to be more efficient, but tried to make the fixture invisible by other means. He suggested that the "visible surfaces within the normal range of sight are illuminated to approximately the same brightness as the ceiling". The surfaces he is describing are the curved metal parts of the light fixture inside its opening that would be visible under an angle from below. They would be "neither very brightly illuminated so as to cause unpleasant glare, nor very under-illuminated so as to create a black spot".[27] They were meant to blend in with the ceiling, and become invisible. Other inventors followed along these lines, such as Harry Gerstel, head of Gotham Lighting, who in 1954 applied for a patent for a "Recessed Lighting Fixture" for "stores, theatres, auditoriums, banks, churches, residences, lobbies" which promised to "eliminate brightness at the aperture" and give "uniform illumination on a horizontal plane … at a substantial level below the ceiling".[28]

_Figure 7.
Ludwig Mies van der Rohe, Philip Johnson, Seagram Building, New York, 1956-1958 (photo by Dietrich Neumann, 2012).

209

All these inventions paved the way for the light installations in Mies van der Rohe's Seagram Building. The lighting engineer Edison Price, working closely with Richard Kelly and the mathematician Isaac Goodbar, finally submitted a patent for the solution they had developed for the lobby ceiling lights at the Seagram Building after the building was finished. In their application of September 18, 1958, they made their intention very clear: "When lighting building lobbies, arcades, rooms, etc., it is often desirable to light certain objects or areas with direct or once reflected light from luminary sources while effectively hiding these sources from the viewer who is not directly or indirectly under one of them". This would be achieved through a very careful calibration of the reflector's curve and its "specular polished black surface". It would "reflect a high percentage of the light from the light source onto areas beneath the fixture but will be virtually invisible to the viewer...".[29] The result was a high luminosity of the granite floor and the travertine walls of the Seagram lobby without any visible light sources. The luminous wall that Mies had envisioned throughout the 1920s was realized here again with different means. Richard Kelly claimed convincingly that it was he who talked Mies out of the green marble which they had used in previous projects in favor of the bright and highly reflective and diffusing travertine.[30] In the upper floors, luminous ceilings were installed, at least around the perimeter, in order to be visible from the sidewalk at night and to counter potential glare during daytime. Separate circuits provided different lighting intensities for daytime and night. Mies had initially suggested using uplights close to the windows, using the white ceiling as a reflecting surface.

When Reyner Banham discussed luminous architecture and its elements in 1969, he wrote: "... the sheer abundance of light, in conjunction with large areas of transparent or translucent material effectively reversed all established visual habits by which buildings were seen. For the first time it was possible to conceive of buildings whose true nature could only be perceived after dark, when artificial light blazed out through their structure. And this possibility was realized and exploited without the support of any corpus of theory adapted to the new circumstances, or even of a workable vocabulary for describing these visual effects...".[31] Such a theoretical framework and appropriate vocabulary still does not exist. It would have to take into account the complex web of agencies and authorships that accompanied the evolution of lighting design in modern architecture.[32] Transfers from existing anonymous commercial or industrial applications were common, and architects conceived new environments based on ideas that had been developed, shared and executed by manufacturers, craftsmen and lighting designers.

Fig. 6

Fig. 7

_ 1. W. Schivelbusch, *Licht, Schein und Wahn*, Ernst & Sohn, Berlin 1992, pp. 106-107.

_ 2. G. Pauli, *Erinnerungen aus sieben Jahrzehnten*, Wunderlich Verlag, Tübingen 1936, p. 265.

_ 3. R.C. Beacham, *Adolphe Appia. Artist and Visionary of the Modern Theater*, Routledge, New York 1994, pp. 25, 60-61. Margaret Maile Petty has already pointed at this very important connection: M. Maile Petty, *Illuminating the Glass Box*, "Journal of the Society of Architectural Historians", 66, 2007, n. 2, pp. 194-219.

_ 4. For the collaboration between Appia and Fortuny, see W. Schivelbusch, *Licht, Schein und Wahn*, see footnote 1, p. 24.

_ 5. M. Adams, *In their Lights the Cities are Revealed*, "The New York Times", December 11, 1932, p. SM 12.

_ 6. It had taken six weeks after the opening before the luminous glass wall was finally functional.

_ 7. Letter E. v. Kettler to L. Reich, September 10, 1929; Letter E. v. Kettler to L. Reich, October 29, 1929, MoMA, Mies van der Rohe Papers, Barcelona, Folder 9.

_ 8. W. Tegethoff, *Mies van der Rohe. Villas and Country Houses*, MOMA, New York 1985, p. 98.

_ 9. Le Corbusier, *Notes à la suite*, "Cahiers d'Art", 1, 1926, n. 3, pp. 46-52.

_ 10. *Villa La Rocca*, Fondation Le Corbusier, Paris 2009, pp. 15, 20.

_ 11. R. Banham, *The Architecture of the Well-tempered Environment*, University of Chicago Press, Chicago 1969, p. 151. Le Corbusier's main focus there remained on natural light, though. When he made the film *L'Architecture d'aujourd'hui* with Pierre Chenal in 1930, the intertitle before a panoramic view of the Villa Savoye's living room reads: "Voici une prise de vues effectuée dans la salle à manger, sans le secours de lumière artificielle" (a view taken without the aid of artificial light).

_ 12. F. Samuel, *Le Corbusier in Detail*, Routledge, London 2007, p. 92.

_ 13. W. Schivelbusch, *Licht, Schein und Wahn*, see footnote 1, p. 34.

_ 14. "The lighting is indirect – mostly recessed inside the ceiling – and shows behind ribbed glass" Philip Lovell wrote when he reported about his new home in his weekly column. P.M. Lovell, *Care of the Body. The Home Built for Health*, "Los Angeles Times", December 15, 1929, p. F26; see also: T.S. Hines, *Richard Neutra and the Search for Modern Architecture*, University of California Press, Berkeley 1994 (1982), p. 84.

_ 15. R.J. Neutra, *Life and Shape*, Appleton-Century-Crofts, New York 1962, p. 265.

_ 16. S. Leet, *Richard Neutra's Miller House*, Princeton Architectural Press, New York 2004, p. 134.

_ 17. V. Garden, *Magic in the Night*, "Los Angeles Times", October 29, 1950, p. F17.

_ 18. R.J. Neutra, *Survival Through Design*, Oxford University Press, New York 1954, p. 193.

_ 19. See E. Price, I. Goodbar, *Lighting Fixtures*, US Patent 3,098,612, filed September 18, 1958, patented July 23, 1963.

_ 20. *Germans Invent Paint that Lights a Room; Ultra-Violet Rays Used to Turn it On or Off*, "The New York Times", January 23, 1940, p. 2.

_ 21. *Improvements in and relating to the Illumination of Rooms & the like by External Sources of Light*, British Patent 209, 201, filed October 7, 1922, patented January 7, 1924.

_ 22. *MIT Men Design Luminous Ceilings to Aid Room Illumination*, "The Wall Street Journal", November 7, 1949, p. 4.

_ 23. *Lighted Ceiling Devised. Translucent Plastic is Used to Avoid Eyestrain*, "The New York Times", March 22, 1949, p. 32.

_ 24. *The Manufacturers Trust Company. The interiors are the show in a new glass bank*, "Interiors", January 1955, p. 133.

_ 25. Wolfgang Schivelbusch shows an example of recessed downlights from 1930, but without giving a source (W. Schivelbusch, *Licht, Schein und Wahn*, see footnote 1, p. 110).

_ 26. E. Rambusch, *Illuminating Apparatus*, US Patent 2,094,670, filed June 9, 1936, patented October 5, 1937.

_ 27. S. McCandless, *Electric Light Fixture*, US Patent 2,465,248, filed June 11, 1946, patented March 22, 1949.

_ 28. H. Gerstel, *Recessed Lighting Fixture*, US Patent 2,805,327, filed October 28, 1954, patented September 3, 1957.

_ 29. E. Price, I. Goodbar, *Lighting Fixtures*, see footnote 19.

_ 30. A. Nicholson, *Mr. Kelly's Magic Lights*, "The Saturday Evening Post", 231, July 5, 1958, pp. 28-29, 61-65.

_ 31. R. Banham, *The Architecture of the Well-tempered Environment*, see footnote 11, p. 70.

_ 32. Wolfgang Schivelbusch wrote in 1992: "Since the year 1900, the history of electric illumination – just like so many other special histories – happens anonymously in the laboratories of big companies or in small design firms. It is a hurry-scurry, getting successively less comprehensible, from which, inexplicably, certain trends, basic forms and tastes emerge, which then consolidate into a particular technique or fashion, dominant for a while" (W. Schivelbusch, *Licht, Schein und Wahn*, see footnote 1, p. 34).

211

Matthias Brunner

"Carefully Tempered not to Interfere with the Starry Desert Sky"

The Illumination of Richard Neutra's Kaufmann Desert House

The Kaufmann Desert House is particularly interesting for studying Richard Neutra's artificial lighting concepts. Being one of Neutra's best houses, its illumination follows one of his most sophisticated lighting schemes. Moreover, the correspondence preserved at UCLA is extraordinarily comprehensive. Most issues – technical, functional and artistic – had to be discussed in correspondence between the architect, owner, lighting expert and one of the manufacturers, all spread across the continent.[1]

Neutra's best known lighting fixture is most likely the recessed soffit light. Neutra described it repeatedly, always stressing that its purpose is to connect the interior with the exterior at night.[2] Was this achieved at the Kaufmann Desert House, where, as usual, such lighting fixtures were integrated into some of the roof overhangs? Did this also influence the design of the other lighting fixtures? What did Neutra understand by the exterior in this context: the artificially illuminated garden alone or the whole surroundings stretching to the mountains in the background, illuminated by the moon and the stars?

This essay will focus on the connection between the interior and the exterior by illumination at the garden and the social quarters – what Neutra called the continuous space containing the living area, the dining area and the corridor leading to the master suite. It will discuss all lighting devices installed therein.[3] In the social quarters, illumination and architecture could be oriented more completely towards the purpose of connecting interior and exterior than in the other rooms, because fewer practical requirements inferred with it. Here the needs for adequate light for particular seeing tasks, which would have rendered the interior too bright in relation to the exterior, and for privacy, which would have called for more barriers to the exterior, were not as pressing as in other areas.

Fig. 1 The best known photograph of the Kaufmann Desert House is taken by Julius Shulman at dusk. It presents the house according to Neutra's instructions: "What we are mostly interested in is the space and openings of the interiors into each other and onto the outside. ... Dusk- and evening shots from the exterior into the

214

illuminated interior of living room, master suite and guest rooms, are desirable and appropriate …".[4] Combining twilight outside with artificial light inside, Shulman managed to show the interior and the exterior simultaneously. As for all night and dusk shots of the Kaufmann Desert House, he added many auxiliary light sources to the house lights in order to render the light inside bright enough in relation to the twilight.[5]

"The work on lighting fixture details has proven a most exhaustive task"[6]

At the Kaufmann Desert House, Palm Springs, 1946-1947,[7] Neutra was allowed to delve deeply into details in general and lighting details in particular. To stress that illumination was of utmost importance for the owners, Roy M. Oliver, Edgar J. Kaufmann's maintenance manager, wrote to Neutra: "… if the lighting is incorrect, the whole feeling of the house will be lost".[8] Probably for this reason, Richard Kelly, a lighting expert from New York, was called in. A meeting took place in Los Angeles where the cornerstones of the lighting scheme were laid. After that, Kaufmann and Neutra did not see or hear much more of Kelly, although Kelly was supposed to deliver at least the details for the down and side light, a custom-made lighting fixture. Neutra needed them desperately, because at the meeting, Kelly had explained only vaguely the concept of the down and side light, but not its construction. Neutra and Kaufmann tried in vain to convince Kelly to fulfill his responsibilities by writing many letters and telegrams and by calling repeatedly.[9] Kelly did not even explain why he let them down. Kaufmann was "really very disappointed", Neutra "very much disappointed".[10]

It is not always possible to distinguish between Kelly's and Neutra's contributions to the lighting scheme. Most lighting fixtures correspond to Neutra's standard practice. Whatever differs from such practice is probably due to Kelly: certainly the down and side lights, but probably also the eggcrate shades of the recessed soffit lights. While collaborating on the Kaufmann Desert House, Kelly learned from Neutra a method of lighting the inside from the outside through large glazings, thus avoiding reflections on the glass inside.[11] Kelly applied this method frequently later, for example at Philip Johnson's Glass House.[12]

Kelly promised to place the contract for the lighting devices with Century Lighting from New York without notifying Kaufmann or Neutra. When Neutra, forsaken by Kelly, learned that Century Lighting was familiar with the project, he immediately asked them for support, intentionally not telling them that it was not yet decided if they would receive the contract.[13] At the same time, Neutra did not stop the lighting fixture manufacturer from Los Angeles, C.W. Cole, who was already hired by the electrical contractor as his subcontractor, from working on the same details. Advice by Century Lighting, and particularly by Stanley McCandless, the head of research and development at Century Lighting and holder of the first chair for theater lighting design in the U.S.A. at Yale University,[14] proved very helpful for the design of the lighting fixtures. Neutra acknowledged this, writing to Edward Kook, executive vice president of Century Lighting:

> ... you and your assistants had been really the only party who had given true help in these lighting matters and I express my sincere thanks to you. Mr. Kelly, although I appreciate his ideas, has left us without response and guidance, I am sorry to say, and the local people are simply snowed under with work and not too fertile in specific ideas.[15]

In the end, Kaufmann decided against Century Lighting, but did not inform them about his decision until more than a month later and indirectly via Neutra, because he wanted to keep them working at no charge, hoping for a contract.[16]

Neutra did not base his opinion about the lighting fixtures exclusively on the sometimes confusing statements by Kelly and the manufacturers, but also on his own experience in testing almost all of them. In a detailed report to Kaufmann, he summarized his findings and described the process of testing:

> We had, as I wrote you, finally succeeded to buy and have executed models of most of the various lighting fixtures which Mr. Kelly had suggested. We also assembled an array of various bulbs ... Mr. Miller, supervising electrician of Commercial Electric, has given me support in good spirit to obtain samples, to lamp and wire them each for cord connection and, with the help of two of my assistants, test them on several evenings – hold them to ceilings of darkened rooms, catch their light on movable screens and loan us a suitable photo-candle meter instrument to take illumination measurements at varying angles, distances and conditions. We also put couches and desks under the fixtures to make the scrutiny very realistic.[17]

Before Kaufmann approved the lighting fixtures for production, he visited Neutra at home and tested the fixtures too.[18]

215

"One can obtain light and darkness where one wants it"[19]

Neutra developed with Kelly and Century Lighting a custom-made lighting fixture which could radiate through two separate openings downward and sideward. For this, they called it a down and side light. Neutra described it as "a metal body projecting downward below the ceiling and permitting to throw light through a changeable cut-out onto a picture at the wall, as well as light straight downward through an opening of moderate diameter, which can be closed".[20] The down and side light was affected by a major shortcoming: it was very inefficient. To equal the illumination of the dining table by the eventually chosen Kliegl light, one would have needed six to nine down and side lights, provided that the wattage of the lamp was the same.[21] Its inefficiency was caused by its outdated construction without any reflectors or lenses. In 1946, up-to-date narrow beam lighting fixtures contained at least one of the two.

Most unglazed walls of the living area and the gallery were illuminated by down and side lights, and some more were installed on the outside to illuminate the covered walk leading to the guests' quarters. In the first place, they served to contribute to the general illumination, and in the second, to illuminate paintings evenly.[22] Placed in rows related to the space (and not to particular paintings), they threw circles of light on the floor and quite even strips of light on the walls allowing flexibility in the placement of paintings. Usually illuminating the floor but not the ceiling, and only one of two opposing walls – the second mostly a window-wall – the down and side lights illuminated individual surfaces rather than the whole space.

Figg. 2-5

216

_Figure 2.
Richard Neutra, Kaufmann Desert House, living and dining area, cove light, down and side lights, Palm Springs, 1946-1947 (photo by Julius Shulman, 1947, job 093-28, © J. Paul Getty Trust, Julius Shulman Photography Archive, Research Library at the Getty Research Institute, 2004.R.10).

Neutra's statements as to whether the down and side light was a success or not differed considerably according to his addressee. To Kaufmann who was supposed to approve the sample as soon as possible, he described it as a great achievement with the potential for mass production: "An industrial design like, for example, this spun and elaborate down and side light may, under more normal business conditions and for sales in 10,000 lots, get a more active support from the fixture manufacturer".[23] To Kook of Century Lighting whose advice he did not follow completely he expressed some heavy doubts:

> *The so-called "down and side lights" which … I demonstrated in their weaknesses to Mr. Kaufmann in my own home, is [sic] more than experimental and may be a disappointment. At best, it will, with a frosted bulb and proper masking produce a fussy, but lying rectangular image of 10-12 candle powers on the light wall.*[24]

The dining table was illuminated by a built-in Kliegl light, of which nothing was visible except a small aperture in the ceiling, from which the light radiated.[25] To make relamping possible, an entire section of the ceiling was removable.[26] The Kliegl light was a downlight with an optical system built by reflectors and lenses that allowed variations in the spread of its beam. Furthermore, the shape of its beam could be controlled by templates.[27] Therefore such a lighting fixture could project a beam on the table of exactly corresponding size and shape.

Installing a downlight over the dining table was meeting the recommendations of the Illuminating Engineering Society, but only on condition that additional general illumination was provided: "Downlights … give dramatic emphasis to the table only. When downlights are installed over the table, additional luminaires, wall brackets, torcheres, urns, valances, or coves are necessary to reduce contrast and provide background lighting".[28] Neutra did not meet this condition; the dining area was exclusively illuminated by the Kliegl light. Although a few lights from the gallery and the living area bled into it, the surroundings of the dining table remained rather dark. It has to be assumed that visual comfort at the table was not very high. Neutra accepted this in favor of a better visual connection to the exterior:

> *As I mentioned in our conversation that particularly in dining room, but also in gallery, the general illumination should be kept down, not only for coziness but for taking in through the plateglass a skillfully illuminated north patio with reflection pool. In above mentioned interiors, the illumination shall therefore largely concern the decked table or such areas of gallery south wall which may give interesting reflections in the plateglass opposite.*[29]

The reflections Neutra mentions at the end of this statement affect the periphery of the visual field of somebody sitting at the dining table, and, caused by a wall dimly illuminated by down and side lights, are not very strong. Therefore they superimpose, rather than outshine, the view of the exterior. Nevertheless, here, artificial illumination is not exclusively subordinated to the orchestration of the outside, but active, attracting interest itself.

In the living area, a step between the structural and the suspended ceiling is used to form a cove light. It illuminates the upper ceiling unevenly, rendering it brightest at the ceiling step and darkest at the windows where it is probably weak enough to merge seamlessly into the night sky. In Neutra's orchestration of the nocturnal scenery, this ceiling plays a major role, serving as a gently illuminated architectural frame in the foreground for the garden and the mountains in the background.

Fig. 5

Figg. 2, 3, 5

217

218

Altogether, the social quarters were too dark to perform difficult seeing tasks like reading without difficulty. At first, neither Neutra nor Kaufmann considered this a problem. Neutra wrote to a manufacturer that Kaufmann would not demand "bright lighting".[30] Nevertheless, a little later, Neutra proposed to purchase additional indirect floor lamps and immediately ordered sockets for them.[31] But Kaufmann decided to stop Neutra, telling him they could discuss mobile lamps when the building was finished.[32] Indirect floor lamps would probably have been bright enough to outshine the nocturnal view, but, of course, they could have been switched off when not needed, thus restoring the nocturnal view. In the social quarters, the most important function of the lighting fixtures was obviously not to provide certain numbers of foot-candles for specific seeing tasks, but to contribute to a carefully composed nocturnal scenery.

As he did for many other buildings before and after, Neutra integrated a recessed soffit light – a sheet metal through with fluorescent lamps – into the roof overhang in front of the living area. The initial plan, developed in accordance with Kaufmann's preferences, was to conceal its lamps from view by eggcrate louvers and to paint all surfaces of both the light trough and the louvers dark.[33] In the end, the decision was

Figg. 1, 3, 5

_Figure 4.
Richard Neutra, Kaufmann Desert House, covered walk to guests' quarters seen from dining area, down and side lights, reflection pool lights behind stone wall, Palm Springs, 1946-1947 (photo by Julius Shulman, 1947, job 093-29, © J. Paul Getty Trust, Julius Shulman Photography Archive, Research Library at the Getty Research Institute, 2004.R.10).

taken to replace the louvers with prism glass.[34] Both louvers and prism glass reduce glare, but by different methods: while louvers shield the lamps from view, prism glass acts as a larger and less bright source of light. For someone sitting inside, louvers would have rendered the recessed soffit lights less conspicuous, but for somebody sitting right below the louvers, reflected glare could have been a problem. What finally led to the introduction of prism glass is unknown, but during the planning process, it was pointed out that eggcrate louvers are expensive and hard to obtain under the still difficult business conditions in 1946.[35]

The recessed soffit lights are mainly illuminating the floor outside, and slightly the glass outside and the floor inside. By this, according to Neutra, a feeling of openness to the night is created:

> *Illumination of interiors by means of pure white light, supplied from fixtures which are concealed in the roof projections over large windows, has long been a feature in my designs. It results in a pleasing effect of openness to the night. The interior space seems to be extended into an indefinite exterior space that only gradually recedes into total darkness. Thus such outer space can be drawn on even when there is no moonlight.*[36]

Since the recessed soffit lights are on the outside, they cause reflections on the exterior of the glass. These reflections block the view from the outside to a certain degree. Thus they increase the level of privacy inside. Correspondingly, all interior light sources and even all brightly illuminated interior surfaces directed towards the glass cause reflections on the inside, with the opposite effect. In the Kaufmann Desert House, most reflections on the inside are avoided according to these principles. But as the discussion of the dining area has shown, Neutra welcomed a few permanent reflections. Furthermore, he approved of the option to provoke many strong reflections occasionally. The installation of recessed soffit lights, interior lights and curtains allowed many light scenarios, including one with strong reflections:

> When exterior lighting is turned off and the interior is illuminated, this interior is promptly mirrored in the window glass. There results a feeling of being enveloped by the night. We see nothing of landscape but only the room, duplicated by reflection; this yields a very different, a phantomic extension. At other times a sense of being intimately enclosed may be enhanced by light-colored drapes to be drawn across the windows. Thus the one room affords a number of refreshingly varied experiences of space through illumination.[37]

In the garden, moon- and starlight was supplemented with some artificial accent lights, all visible also from the inside. Several sockets for flexible garden lights were installed,[38] and two permanent installations were made, both in close relation to water. At the shallow reflection pool next to the walk to the guests' quarters, three lighting fixtures were hidden in its easterly wall. Their purpose was "to obtain irregular illumination of low growing plants, possibly water lilies etc.".[39] For the main pool, the pool contractor initially planned to integrate some submarine lights into the easterly pool wall. Neutra criticized them: "[The underwater lights] should be rather at the westerly rim of the pool, near the diving board. They will blind anyone sitting at living room or porch looking onto the easterly mildly illuminated garden grounds".[40] The number of pool lights was reduced to one, and Neutra's critique was followed by displacing the remaining pool light to the westerly pool wall.[41] If the observer is not in the living room or porch, but rather in the easterly portion of the garden, and looking back at the house, the conditions are reversed. From the point of view at which Shulman took his twilight shot, the underwater light produced a glare so strong that Liliane Kaufmann had to rest in front of it.[42]

"Sitting at living room ... looking onto the ... mildly illuminated garden grounds"[43]

Both Shulman and Neutra used artificial illumination to increase the brightness of the interior, balancing it with the brightness of the exterior. So they managed to render visible simultaneously the interior and the exterior – architecture and surroundings. But they did this in a slightly different way: while Neutra combined house lights with moon- and starlight, Shulman never registered moon- or starlight on film, probably due to limited film speeds. On all of his night shots the sky is completely black and the view does never go beyond the limits of the artificially illuminated garden. By merging twilight instead of starlight with house lights and

220

_Figure 5.
Richard Neutra, Kaufmann Desert House, plan with lighting devices, Palm Springs, 1946-1947, redrawn under author's supervision by Filipa Araújo 2014, mainly based on the electrical plan (Sheet No. 2, Ground Floor Plan & Gloriette – Electrical, Feb. 26, 1946, rev. March 16, 1946, UCLA), detail drawings (UCLA box 121, f. 6), and the list "Lighting Fixture Schedule for Palm Springs House of Mr. Edgar Kaufmann, Sr., Corrected Copy Sent to Century Lighting Oct. 8, 1946" (UCLA box 120, f.1).

Figg. 4, 5

Figg. 3, 5

Fig. 1

Figg. 3, 4

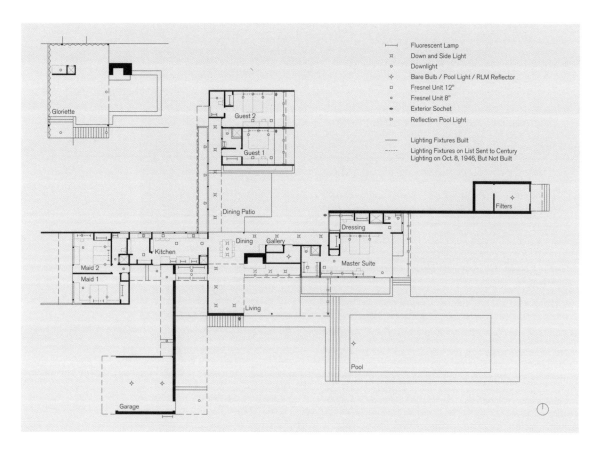

Legend:

⊢ ⊣ Fluorescent Lamp
¤ Down and Side Light
○ Downlight
✧ Bare Bulb / Pool Light / RLM Reflector
□ Fresnel Unit 12"
○ Fresnel Unit 8"
● Exterior Sochet
▷ Reflection Pool Light

—— Lighting Fixtures Built
----- Lighting Fixtures on List Sent to Century Lighting on Oct. 8, 1946, But Not Built

Figs. 1, 2

auxiliary lights instead of house lights only, Shulman nevertheless achieved a similar balance between interior and exterior illumination as Neutra, but on a much higher level and at dusk instead of at night.

Most lighting fixtures of the social quarters – not just the recessed soffit lights – were conceived and placed to support the visual connection between the interior and the exterior. Illumination gradually diminishes from the core to the periphery, rendering the transition from building to surroundings as smooth as possible. Close to the property lines, only sporadic accents remain. So the artificial illumination blends with the natural illumination from the moon and the stars. As a result, the view covers the whole field up to the mountains in the background in both day and night. A nocturnal scenery is orchestrated, comprising both architectural and natural elements, illuminated both by natural and artificial light. Neutra described this interplay as follows: "At night exterior cold cathod strips largely concealed in roof soffits and submarine lights of the pool give subdued exterior illumination carefully tempered not to interfere with the frequent magnificence of the starry desert sky".[44]

Unfortunately, it is impossible to say if the Kaufmanns sometimes spent their evenings sitting inside contemplating the nocturnal scenery, and if the lighting devices were dark enough to allow seeing the star-lit mountains. The Kaufmanns did not report it to Neutra in writing.

_ 1. For studies about the Kaufmann Desert House based on archival sources see for example: S. Niedenthal, *"Glamourized Houses". Neutra, Photography, and the Kaufmann House,* "Journal of Architectural Education", 47, 1993, n. 2, pp. 101-112; J. Stoffler, *Pflanzenverwendung auf Transatlantisch. Richard Neutra als Gartengestalter,* in A. Bucher, J. Stoffler (eds.), *Pflanzen auf Reisen. Von Sammlerlust und Invasionen* (Topiaria Helvetica 2012), vdf Hochschulverlag, Zürich 2012, pp. 28-38.

_ 2. For example: R.J. Neutra, *Survival Through Design,* Oxford University Press, New York 1954, p. 193.

_ 3. The lighting devices of the other rooms will be discussed in my forthcoming Ph.D. dissertation about Richard Neutra and light. There technical issues will be addressed in more detail.

_ 4. R.J. Neutra to J. Shulman, letter dated March 3, 1947, University of California, Los Angeles (UCLA), Charles E. Young Research Library, Department of Special Collections, Richard and Dion Neutra Papers (Collection Number 1179), box 120, f. 4, p. 1. The following footnotes refer to the Richard and Dion Neutra Papers at UCLA by the abbreviation "UCLA".

_ 5. Though the effect of the auxiliary lights is clearly visible – without these lights, the ceiling could not have been illuminated as bright nor as even as it is on the photograph – Shulman used to tell in interviews that he did not use anything but house light. Joseph Rosa reports: "All lighting for the photograph came from house light – no auxiliary lighting was used ..." (J. Rosa, *A Constructed View. The Architectural Photography of Julius Shulman,* Rizzoli, New York 1994, p. 74). And Simon Niedenthal recounts: "No artificial illumination was used ...", possibly also intending to say that no auxiliary light sources were utilized (S. Niedenthal, *"Glamourized Houses",* see footnote 1, p. 102.) However, in his own book Shulman did not insist on this. Here he wrote: "The illumination of the interior was with architectural lighting and a few lamps" (J. Shulman, *The Photography of Architecture and Design. Photographing Buildings, Interiors, and the Visual Arts,* Whitney Library of Design, New York 1977, p. 71).

_ 6. R.J. Neutra to E.J. Kaufmann, letter dated Oct. 1, 1946, UCLA, box 1462, f. 3, p. 2.

_ 7. First letter by Kaufmann to Neutra: E.J. Kaufmann to R.J. Neutra, letter dated Feb. 05, 1946, UCLA, box 119, f. 2. The exact move-in date is not traceable from the sources at UCLA. Dates for furniture, carpet and bedspread deliveries suggest February 1947.

_ 8. R.M. Oliver to R.J. Neutra, letter dated Sept. 16, 1946, UCLA, box 119, f. 6, p. 2.

_ 9. About the assignment to and collaboration with Kelly see for example *Owners [sic] Comments,* undated notes ca. March 1946, UCLA, box 119, f. 2; R.J. Neutra to R. Kelly, letter dated April 9, 1946, UCLA, box 119, f. 2; R.J. Neutra to R. Kelly, letter dated July 17, 1946, UCLA, box 119, f. 3; R.J. Neutra to R. Kelly, letter dated Aug. 6, 1946, Yale University Library, Manuscripts and Archives, Richard Kelly Papers (MS 1838), series I, box 33, f. 10.

_ 10. E.J. Kaufmann to R.J. Neutra, letter dated Sept. 5, 1946, UCLA, box 119, f. 5, p. 3; R.J. Neutra to E.J. Kaufmann, letter dated Sept. 10, 1946, UCLA, box 119, f. 5, p. 2.

_ 11. D. Neumann, *Theater, Lights, and Architecture. The Career of Richard Kelly,* in idem (ed.), *The Structure of Light. Richard Kelly and the Illumination of Modern Architecture,* Yale University Press, New Haven 2010, pp. 10-41, p. 28.

_ 12. M. Maile Petty, *Illuminating the Glass Box. The Lighting Designs of Richard Kelly,* "Journal of the Society of Architectural Historians", 66, 2007, n. 2, pp. 194-219, pp. 198-200.

_ 13. About contacting Century Lighting see R.M. Oliver to R.J. Neutra, letter dated Sept. 17, 1946, UCLA, box 119, f. 6, p. 2; R.J. Neutra to E.F. Kook, letter dated Sept. 17, 1946, UCLA, box 119, f. 6, p. 1.

_ 14. D. Neumann, *Theater, Lights, and Architecture,* see footnote 11, pp. 12, 15.

_ 15. R.J. Neutra to E.F. Kook, letter dated Nov. 20, 1946, UCLA, box 120, f. 2, p. 1.

_ 16. About Century Lighting and C.W. Cole planning simultaneously see R.J. Neutra to R.M. Oliver, letter dated Sept. 23, 1946, UCLA, box 119, f. 6, p. 1; R.J. Neutra to R.M. Oliver, letter dated Oct. 08, 1946, UCLA, box 119, f. 7, p. 1; R.M. Oliver to R.J. Neutra, letter dated Oct. 11, 1946, UCLA, box 119, f. 7, p. 1; E.J. Kaufmann to R.J. Neutra, telegram dated Oct. 16, 1946, UCLA, box 120, f. 1, p. 1; R.J. Neutra to E.J. Kaufmann, letter dated Oct. 17, 1946, UCLA, box 120, f. 1, p. 1.

_ 17. R.J. Neutra to E.J. Kaufmann, letter dated Nov. 9, 1946, UCLA, box 120, f. 2, p. 1.

_ 18. R.J. Neutra to E.F. Kook, letter dated Nov. 20, 1946, see footnote 15, p. 1.

_ 19. R.J. Neutra to E.J. Kaufmann, letter dated Nov. 9, 1946, see footnote 17, p. 4.

_ 20. R.J. Neutra to Pattie, letter dated Aug. 21, 1946, UCLA, box 119, f. 4, p. 1.

_ 21. S. McCandless to R.J. Neutra, letter dated Oct. 29, UCLA, box 120, f. 1, pp. 1-2.

_ 22. R.J. Neutra to R. Kelly, letter dated July 17, 1946, see footnote 9, p. 1; R.J. Neutra to Pattie, letter dated Aug. 21, 1946, see footnote 20, p. 1.

_ 23. R.J. Neutra to E.J. Kaufmann, letter dated Nov. 9, 1946, see footnote 17, p. 1. In 1946, shortly after the war, business conditions were still difficult.

_ 24. R.J. Neutra to E.F. Kook, letter dated Nov. 20, 1946, see footnote 15, p. 1.

_ 25. It is uncertain how many Kliegl lights were inserted. Most likely only one, as on detail #147, *Living Quarters Furn'd,* undated, UCLA, box 121, f. 6. According to the list *Mailing Data,* undated, UCLA, box 120, f. 10, p. 4, this detail was dispatched for the first time on Nov. 22, 1946. It is far less likely that three Kliegl lights were inserted, as on the older electrical plan: Sheet No. 2, *Ground Floor Plan & Gloriette – Electrical*, Feb. 26, 1946, rev. March 16, 1946, UCLA.

_ 26. R.J. Neutra to Waale-Camplan Co. & Smith, letter dated Sept. 28, 1946, UCLA, box 119, f. 6, p. 1; R.J. Neutra to S. McCandless, letter dated Oct. 22, 1946, UCLA, box 120, f. 1, p. 2.

_ 27. It is not exactly known what product from Kliegl was chosen. The description in the main text is based on the alternative proposal by Century Lighting, their Project-O-Lite No. 2935A (S. McCandless to R.J. Neutra, letter dated Oct. 16, 1946, UCLA, box 120, f. 1, p. 2). Incomplete information for exactly this product is found in Century Lighting Inc., *Theatrical – Architectural – Commercial*, in *Sweet's File Architectural*, 5 vols., Dodge, New York 1948, vol. 5 (sections 26-31), section 30a, catalog 3. Complete information for the previous model, the Project-O-Lite No. 2935, is found in Century Lighting Inc., *Lighting by Century*, New York 1937, p. 36.

_ 28. *IES Lighting Handbook. The Standard Lighting Guide*, Illuminating Engineering Society, New York 1947, p. 10-40.

_ 29. R.J. Neutra to E.J. Kaufmann, letter dated Oct. 22, 1946, UCLA, box 120, f. 1, p. 1.

_ 30. R.J. Neutra, *Details Enclosed*, Sept. 14, 1946, UCLA, box 119, f. 5, p. 1.

_ 31. R.J. Neutra to E.J. Kaufmann, letter dated Nov. 1, 1946, UCLA, box 120, f. 2, p. 2; Secretary for R.J. Neutra to R. Miller, letter dated Nov. 2, 1946, UCLA, box 120, f. 2, p. 1.

_ 32. E.J. Kaufmann to R.J. Neutra, letter dated Nov. 7, 1946, UCLA, box 120, f. 2, p. 1.

_ 33. R.J. Neutra, *Explanations to Light Fixtures*, Oct. 8, 1946, UCLA, box 119, f. 7, p. 1; Detail #126B, *Recessed Soffit Light with Eggcrate Blind*, UCLA, box 121, f. 6.

_ 34. R.J. Neutra to Waale-Camplan Co. & Smith, letter dated Nov. 20, 1946, UCLA, box 120, f. 2, p. 1.

_ 35. The supplier of fluorescent fixtures refused to furnish the metal troughs with eggcrate blinds for lack of material (R.J. Neutra to R. Miller, letter dated Sept. 28, 1946, UCLA, box 119, f. 6, p. 2). McCandless feared that eggcrate blinds are expensive (S. McCandless to R.J. Neutra, letter dated Oct. 3, 1946, UCLA, box 119, f. 7, p. 2).

_ 36. R.J. Neutra, *Survival Through Design*, see footnote 2, p. 193.

_ 37. *Ibidem*, p. 193.

_ 38. It is certain that the socket under the gloriette stair served this purpose (R.J. Neutra to W.S. Underwood, letter dated Aug. 21, 1946, UCLA, box 119, f. 4, p. 1-2). On the electrical plan, some more sockets are visible which probably also served this purpose (see footnote 25).

_ 39. R.J. Neutra, *Explanations to Light Fixtures*, see footnote 33, p. 2. According to Neutra's descriptions, the reflection pool was built as planned. But the water is not recognizable on any of the photographs by Shulman although some of them show the pool from quite close. Therefore it is uncertain if the water was filled in ever.

_ 40. R.J. Neutra to E.J. Kaufmann, letter dated March 9, 1946, UCLA, box 119, f. 2, p. 1.

_ 41. *Owners [sic] Comments*, notes dated March 11, 1946, UCLA, box 119, f. 2, p. 1.

_ 42. S. Niedenthal, "*Glamourized Houses*", see footnote 1, p. 102.

_ 43. R.J. Neutra to E.J. Kaufmann, letter dated March 9, 1946, see footnote 40, p. 1.

_ 44. *Interior #6, Shulman Photo #40*, file card with captions, undated, UCLA, box 827, f. 1.

223

Ruth Hommelen

Mood Shift

The Théâtre Pigalle and the Use of Electric Lighting as a Therapeutic Agent

To construct a cannon ... everyone knows that, we first make the bore ... and then cast bronze around it. Likewise, we thought that for a modern theatre, it was above all necessary to create light. That's what we did, and we then arranged walls around this light.[1]

During the interwar period, the term light-architecture was introduced to denote a newly established fusion between architecture and electric light.[2] In the midst of rapid development in lighting techniques, the possibility of giving buildings a resplendent appearance at night emerged concomitant with the desire to prolong the visibility of a building after dark. This indicates a changing attitude towards architecture itself (which now grappled with the need for a suitable "look" at night) and also towards the city (now no longer "sleeping").

Architects, mostly members of the modern movement such as Victor Bourgeois, Michel Roux-Spitz, Albert Laprade and Robert Mallet-Stevens, explored the potential of electric light with great enthusiasm. They considered electric light a new building material, destined to bring about radical changes. In their view, a building obtained a double identity: one diurnal, the other nocturnal. For these interwar architects, lighting was one of the principal elements of an architectural project and thus a constituent part of the initial design concept. Besides concrete architectural effects, artificial light also served a larger purpose: it enabled architects to influence or even manipulate an occupant's state of mind as well as his or her behaviour.

The following focuses on a remarkable example of light-architecture: the Théâtre Pigalle in Paris, built in 1929 by architect Charles Siclis. Aiming at elucidating how architects dealt with lighting on both theoretical and practical levels, this essay uses the Théâtre Pigalle as a case study to demonstrate the actual mechanism of buildings of its kind: light-architecture in action.

Théâtre Pigalle: a temple of light[3]

"Fiat Lux!" said the Maecenas.
"Et lux facta est" answered Siclis.[4]

The summer and fall of 1929 were marked by a series of prestigious events in Paris: the grand opening of the Théâtre Pigalle, which occurred in several stages. In June and July, there were four different inaugural sessions reserved for theatre personalities and for the press. Remarkably, all these sessions were not for the purpose of seeing dramatic productions, but rather for contemplating the theatre's architecture. A journalist from the magazine "L'Illustration" observed that the theatre's architecture and "the enchantment of its lighting" was exciting enough to draw full houses for weeks.[5] In October, the official opening took place with the theatre's first spectacle: *Histoires de France*, from the successful author Sacha Guitry.[6] A splendid gala occasion was organized for the "high society elite". These extravagant celebrations spared no expenses and regaled the audience with champagne, speeches and jazz music.[7] The experience was undoubtedly intensified by the illustriousness of the building's commissioners: Baron Henri de Rothschild and his son, Philippe de Rothschild. Henri de Rothschild was himself a prolific playwright, who wrote several plays using the "nom de plume" André Pascal.[8] The "dazzling magnificence" of these events left a profound and indelible impression on those present. The following excerpts originate from the thank-you notes subsequently sent to the Rothschild family, all describing an almost ecstatic experience: "I was stunned by what I saw", "I was left dreamy and mesmerized", "It was absolutely magical", "I am still under the impressions of yesterday evening, what a delightful revelation".[9] Their state of stupefaction was to a considerable extent caused by the lighting effects of the theatre. Some of the card writers indeed connected their experience to the theatre's lighting: "It is a thrilling apotheosis of light", "We are far from Molière's candles" or "Electricity is a terrible character".[10] Still, one can wonder to what extent these people were aware of what exactly they had lived through. Their experience and state of mind was the result of carefully and consciously orchestrated architecture by Charles Siclis.

Charles Siclis, a free spirit[11]

On the future's horizon (rather scanty and morose) Siclis would – just for fun – suspend a beautiful artificial sun.[12]

By the end of the 1920s, Charles Siclis had become a famous architect and the construction of the Théâtre Pigalle had further consolidated his excellent reputation. Siclis was a positivist with a taste for joy, living life to the fullest. Specializing in cinemas, cafés, theatres and department stores, he designed for the masses, preferring "architecture intended for the exuberance of crowds" over villas or private residences.[13] "The modern", he said, "is the creation of an appropriate ambient atmosphere".[14] Siclis found in artificial light the perfect agent allowing him to obtain exactly the ambiance he had in mind. His zest for life, the choice to design for the masses, his obsession with the well-being of the public and his approach to artificial light as a therapeutic agent set him apart from other (light-) architects of the time.

Théâtre Pigalle: a treat for body and soul

Fig. 1

According to Siclis, architecture's ultimate purpose was to make the world a better place. While this statement is not exceptional, Siclis's reliance on the action of artificial light to accomplish this mission stands out. Even the smallest details of the interior aim to influence visitors' state of mind. Siclis was not in the least reluctant to elaborate on the "method" he employed for this purpose. Analyses of the shortcomings of modern society had taught Siclis that people suffered from frayed nerves, due to an overdose of stimuli, a condition thought to seriously affect their

_Figure 1.
Charles Siclis, Théâtre Pigalle, plan and section, Paris 1929 (in G. Janneau, *Ch. Siclis*, Éditions Les Maîtres de l'architecture, Genève 1931, pp. 38-39).

227

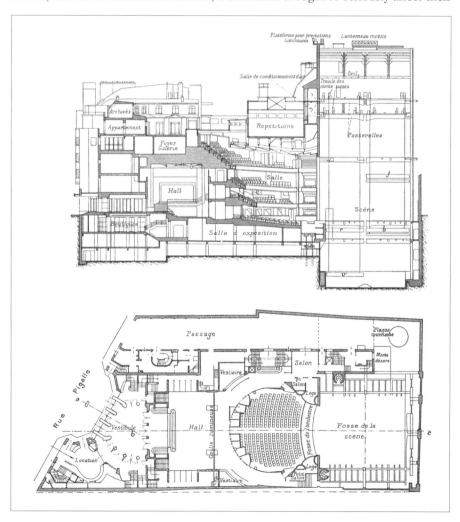

sensibility. Siclis considered the theatre "a temple of hygiene where nerves could be cleaned".[15] "Everything that people want", Siclis said, "is one hour of relaxation in dreamlike scenery".[16] According to him, people longed for illusions and wanted to escape for a brief moment from the "obsessions" of daily life. Siclis was determined to make his interior as beneficial, restful and comfortable as possible by creating special ambiances. As crossing the city was considered a perilous undertaking that overtaxed people's senses, one goal of the theatre's interior was to calm stressed audiences; in order to appreciate the spectacle, audience members needed to attain a state of receptivity. So people underwent willingly or unwillingly "an ingenious moral preparation".[17] For this, Siclis submerged people in several "baths of impressions".[18] He invited people to follow a track interrupted by diversions, obstacles and contrasts, which he called "psychological transition points".[19] "Psychological transition points" lead visitors step by step from the street to "the centre of emotions" of the theatre – the auditorium – while "baths of impression" were expected to remove imprints from the outside world. Each "psychological transition point" was accomplished by artificial lighting. The following will be an attempt to understand how this worked.

228

Act 1: the façade, a luminous poster

Starting at the entrance, the spectator is seized by this light that flows over him and that envelops him all of a sudden. ... The power of this atmosphere won't stop affecting him until the end of the evening, after having returned to his car, when he sees the dazzling resplendence of the façade fade away in the rear-view mirror's reflection.[20]

Both architect and journalists were very brief in their discussions of the theatre's façade. For Siclis, a façade needed to be "an expressive envelope". The architect's statement was not further questioned and repeated by most annotators. Their description was limited to "a deliberately kept simple blank façade with some openings". They also mention a metallic structure with eye-catching movable neon letters on the left. The marquise, composed out of luminous disks, was also deemed worthy of mention. Some accounts added that the façade produced the effect of a giant luminous poster. They all seemed very eager to enter the building and to discover the treasures enshrined within. Thus, the façade perfectly accomplished its mission, and yet even expert observers did not describe the tricks it performed.

The façade was more sophisticated than it appeared: it was designed to quickly communicate its message and to conduct people inside. From a lower section of *Rue Pigalle*, a sloping one-way street at the foot of Montmartre, the façade would have seemed to have been intricately folded like an accordion. The central part of the façade was concave, creating an open space in front of the entrance. The marquise, which stretched over the entire length of the façade, delimited the ground floor from the upper part of the building. In its core, the marquise exposed visitors to five rows of luminous disks, while at the sides there was only one row. The luminous disks showered people with light and even illuminated the sidewalk and part of the street. This was the first "psychological transition point". As Siclis mentioned: "This display

_Figure 2.
Charles Siclis, Théâtre Pigalle, façade, Paris 1929 (in J. Locquin, *Charles Siclis*, Éditions de l'architecture d'aujourd'hui, Boulogne ca 1938, p. 10).

Fig. 2

of exterior lighting also provides the requisite dramatic atmosphere, for light is a primordial element in the theatre. The playgoer succumbs to the power and quality of this evocative brilliance from the moment he steps under the entrance marquise".[21]

The narrowness of the street made it impossible to see the building in its entirety and to adopt a frontal viewpoint. Siclis took these conditions into account, designing the theatre to be approached in a car driving towards Sacré-Coeur. This explains why the architect added oriels to both extremities of the façade. These oriels, beginning just above the marquise, supported the large vertically arranged luminous letters of the building's name. The message was legible when passing by at a certain speed, and repeated at the end of the building for those unable to read it initially. A luminous line, curved at the top, started high above the vertically arranged letters. The line continued alongside them, and arriving at the marquise, took a 90-degree turn and followed its entire length, interrupted only in the middle, where it formed the building's name.

A metallic framework formed a quarter-circle between the luminous sign and the concave core of the façade. Between the five horizontal lines of this framework, luminous neon letters could be temporarily fixed. They informed passers-by of the current on-stage production, and were believed to engrave – consciously or unconsciously – this information onto people's minds.[22] This idea of engraving information onto the mind was borrowed from advertisers. Furthermore, the disposition of the façade (salient at the ends and concave in the middle) was a very clever way to maximize the angle of engagement with the spectator. A plane, straight façade would not have been able to provide such legibility. A spectator descending the street, however, could not read the text as easily, the building's text being partially indecipherable from that point of view. That nearly all the surviving pictures of the

230

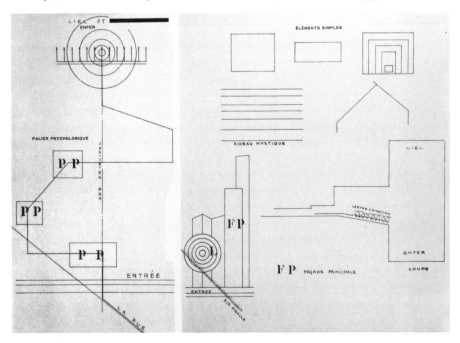

_ Figure 3.
Charles Siclis, Théâtre Pigalle, design sketches, Paris 1929 (in C. Siclis (pref.), *Théatres Cinemas Vol. 3*, Charles Moreau, Paris 1931, pl. 18).

theatre show it during the night suggests that many acknowledged the building's most interesting effect as one specific to a nocturnal setting. Additionally, every one of these pictures is taken from below, not one showing the building from the "wrong" angle.

On top of the marquise, Siclis had foreseen projectors, shedding floodlight onto the concave upper part of the façade. As a result, the framework and the neon letters projected strange shadows onto the blank wall behind them. Since the latter was composed of planes at different angles, the shadow of the quarter-circle framework became a pointed arch and the letters strangely deformed.

Apart from the framework and the luminous line, the building was perfectly symmetrical. That said, a person standing on the axis of symmetry lacked the necessary distance to perceive the building as a whole. This explains the architect's decision to elaborate the oblique view of the building rather than the symmetrical one. A scheme of the façade survives in which Siclis shows in perspective how the building was perceived. At the level of the framework, he drew a bull's-eye, making very clear that this was the focal point. An oblique line represents the *Rue Pigalle* and shows how the majority of people would have approached the building.

Rather than "an expressive envelope", expressing the content of the building, the façade had a clearly defined function on its own as a psychological transition point important for the orchestration of the playgoers' experience.

Fig. 3

231

Act 2: the hall, "a collective ecstasy"[23]

Once the doorstep is passed the spectator belongs to the architect.[24]

Fig. 4

After stepping inside the building through one of its eight large glass doors, visitors entered a narrow area. Leaving it through another series of doors, they entered a semi-circular vestibule. After having crossed the vestibule and left it through yet a different set of doors, the spectacle begun: emerging from under the low ceiling of the vestibule, the visitors were suddenly confronted with the contrasting scale of the large, rectangular hall, approximately three times the height of the vestibule. Due to its simplicity and grandeur, a journalist remarked: "This hall is definitely stone cold architecture".[25]

Visitors were irresistibly drawn towards a monumental grillage of scintillating nickel tubes in front of the entrance to the auditorium, illuminated by coloured light. The grillage occupied the entire height of the hall and almost automatically, people descended some steps to approach this fascinating structure. This grillage seemed to obstruct all access to the auditorium, located behind it. Onto the grillage, projectors shed a play of coloured light, and on the ceiling, four U-shaped light boxes reinforced this play. First, the entire hall was bathed in red light, colouring all people present. Red light then slowly turned pink, then yellow, then white. Progressively, the "magic area" was filled with green light, transforming into a cold blue. It made people's faces look pale as if in a state of tense emotion. An observer reported that it was at this very moment that he wondered, with much anticipation, what kind of sensation the master-playwrights would present to the public. Then the blue light became brighter,

_Figure 4.
Charles Siclis, Théâtre
Pigalle, hall, Paris 1929 (in
C. Siclis (pref.), *Théatres
Cinemas Vol. 3*, Charles
Moreau, Paris 1931, pl. 6).

232

spread out in a very pure azure, and finally dissolved entirely. The spectator mentioned that he could finally breath freely, released from the experience he had undergone. Yet another "psychological transition point" had been reached.

In the absence of directing ushers or other overt signage, the architecture of the theatre promoted the visitors' approach to the grillage. Unconsciously, people obeyed the invisible orders of the architect. After passing through the hall, visitors were invited to penetrate the galleries that gave access to the auditorium. For this, depending on the seat category, certain audience members were forced to turn around – which seems illogical – and take one of the two stairs at the side of the vestibule. Others had

_ Figure 5.
Charles Siclis, Théâtre
Pigalle, auditorium, Paris
1929 (in C. Siclis (pref.),
Théatres Cinemas Vol. 3,
Charles Moreau, Paris 1931,
pl. 12).

233

to by-pass the "huge wall of fire", which remained hermetically sealed until the end of the spectacle, even though the grillage could very well be opened.[26] In any case, no one was permitted straight, direct access to the auditorium, and this had its reasons.

Firstly, Siclis wanted to conduct people again through a cold, rigid, undecorated, narrow gallery towards the auditorium, in order to amplify its experience by contrast. Besides this, he cherished the conviction that the effect of a lateral entrance is much more impressive than a straight one. He said: "The entrance doors of the auditorium are placed laterally, in such a way that one undergoes the intensely emotional impression of a perspective".[27]

Act 3: the auditorium, the emotional centre

The whole architecture of the ceiling is actually a receptacle for light. ... A red wave chases after a violet one. The latter turns blue. In the centre, a yellow halo starts to grow. Red becomes orange. Blue turns green. Soon the yellow has reached the last contours of the ceiling.[28]

Passing the final "psychological transition point", the public was now sufficiently prepared to enter the auditorium, the "jewel box" of the theatre. One was "seized by the auditorium's warm welcome", by its intimacy and by "the small romantic touch".[29] In his opening speech, Philippe de Rothschild even compared it with a violin's interior.[30] Siclis generously used mahogany, a reddish wood that strongly dominated the interior. It was believed to stimulate blood circulation. Towards the same objective, all the seats were covered with red velvet. But the "enchanting spectacle" of the ceiling monopolized all attention with its constantly changing colours.[31] Approaching the stage, the ceiling showed a serrated motif in two rows while the remainder formed a kind of three-quarter flower with concentric circular, slightly polygonal petals overlapping one another. Between the layers of the petals, projectors were hidden. Reflected by the polished mahogany wood, the coloured light from the ceiling animated the entire auditorium. Additionally, lighting devices in the balconies produced the same colours. Now the playgoer had arrived at the end of the trajectory, begun outside and culminating into a velvet fauteuil. The playgoer was subject to this trajectory, conducted by it, stage after stage, a process involving an intentional transformation of his or her state of mind. The visitor was now under the spell of the light, hypnotized, overwhelmed, and yet now prepared to see the play.

Fig. 5

Fig. 6

"The disembraining machine"

This program of enchantment worked for the majority of visitors, but certainly not for all. The public was supposed to enjoy the light-show, without awareness of the underlying intentions of the architect (cleaning the nerves, stimulating blood circulation, preparation for the spectacle). In order to be effective, the beneficial effects had to happen on an unconscious level, below an individual's threshold for conscious perception. However, if the spell was broken, the effect collapsed and risked becoming a source of frustration. This is what happened to critic and artist André Rouveyre, who wrote a scathing article in which he directed all his anger towards the Rothschild family, not towards the architect.[32] In this article he stated that the theatre's concept, aiming to prepare spectators psychologically for the play, was "the dream of a baby". Rouveyre ironically added: "A hammam treatment of the skin is nothing compared to what the Théâtre Pigalle proposes to do for the soul". He was aware of the manipulation and this made him furious: "What a burden, this acoustic factory of M. de Rothschild with its thousand cogwheels that treats the five senses according to pre-calculated responses. ... What a burden, this pretentious machine ... that tries to cut back the viewer in a passive role, extremely submitted and degenerated." He continues: "Everything is conceived in this building to me-

234

_ Figure 6.
Charles Siclis, Théâtre
Pigalle, auditorium,
illustration by Paul Colin,
Paris 1929 (in R. De
B., *Histoires de France
au Théâtre Pigalle*,
"L'Illustration", 19 October
1929, n. 4520, pp. 429-430,
p. 429).

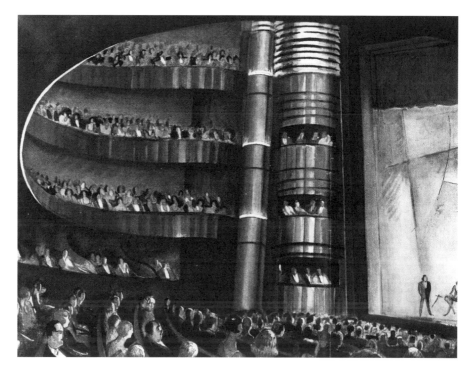

235

chanically and progressively steal the personality of the unfortunate who enters this monstrous suction cup". By contrast, other visitors did not view such theft as necessarily problematic describing their impressions in biblical terms: "in this real Eden, our entire personality is annihilated", a state ultimately allowing them to "feel the spectacle more intensely".[33] Rouveyre further compared the building to the "Disembraining Machine", referring to the famous play *Ubu Roi* by Alfred Jarry, in which such a machine was an actual character. Whereas the visitor was forced into a passive role, the architecture became increasingly active. Architecture was charged with a large range of duties (promoting entrance, guiding of the audience, changing audience members' states of mind) and responsibilities (harming or increasing the physical or emotional health of the audience). It was observed that "a building designed by Siclis is equipped with fine-tuned organs, it actually lives and takes care of its visitors".[34] In this sense, Rouveyre was correct in his comparison of the building to a machine; it was indeed charged with accomplishing a similar function.

This negative critique was an isolated voice in the building's mainly positive reception. Indeed, the Théâtre Pigalle is distinguished by the sheer amount of attention levied by national and international magazines, journals and books. Nevertheless the theatre was, after the initial euphoria had settled down, not a success. The opening season was called a "melancholic fiasco", since the first financial difficulties arose as soon as March 1930.[35] In 1948, the theatre had to close its doors, and in 1958, it was demolished to make way for a garage. Of course, an architect can never be held responsible for the commercial triumph or failure of a building alone. Most people blamed the lack of vision in the theatre's direction, in particular in the choices of productions. In order to save the theatre, theatre critics advised already in 1930 a radical change of course. They recommended to privilege "solid and righteous plays" instead of sensational and spectacular pieces.[36] Here, they implicitly condemned the building that – with its illumination, cloud effects and stage machinery – encouraged the emphatically spectacular programming.[37] Also the price and the luxurious character of the auditorium came under attack. Some people were of the opinion that, instead of investing in sumptuous architecture, a theatre should spend its money on its productions. They argued that playgoers needed to see straightforward theatre in serious, decent architecture. In their opinion, theatre architecture should be as humble and modest as possible, so as not to steal attention from the play. In the Théâtre Pigalle, quite the opposite happened: the theatre stole the show. Some regarded the frivolous orgy of light proposed by Siclis as unfavourable for the art. Connoisseurs of demanding productions were probably not so keen on the particular way Siclis used electrical light. This argument implies that Siclis had – despite his best efforts – misjudged the needs and expectations of his target audience.

Siclis, from his side, cared little about the ephemerality of his architecture: "An architect", he said, "should not intend to build for eternity. He has to keep in mind that architecture is essentially transitory, designed for a society with changing tastes. The ambition of an architect should be to construct only for his contemporaries, and he should consider himself lucky if one of his creations outlives his generation".[38] However, even for his modest ambitions, Siclis was not lucky at all, his theatre deliberately demolished after less than thirty years of existence. That the theatre had cost a fortune and that four years of preparatory study preceded its construction suggests that the building was not destined for such a short life. This ephemerality also affected the rest of Siclis' architectural oeuvre: almost all his buildings vanished or are seriously altered. Likewise, in architectural historiography he is far from being the star he once was. A journalist who interviewed him in 1930 noted that during their conversation, the telephone rang continuously and that they were interrupted four times by unannounced visitors.[39] The contrast with today's deafening silence could not be bigger.

236

_ 1 I would like to thank Rosette and Nathalie Siclis for their generosity and confidence. "Pour construire un canon … chacun sait ça, on fait d'abord l'âme... et on coule du bronze autour. Parallèlement, nous avons pensé que pour faire un théâtre moderne il fallait avant tout créer de la lumière. C'est ce que nous avons fait, puis nous avons ensuite disposé des murs autour de cette lumière!" (P. de Rothschild in M. Blanquet, *Le Théâtre Pigalle. Théâtre de lumière*, "Paris Soir", July 1929).

_ 2 See R. Hommelen, *The Nightside of Modernity. Light-architecture and Metropolitan Culture during the Interwar Period*, PhD dissertation to be defended in 2014.

_ 3 Several articles referred to the theatre as "temple de la lumière" or "théâtre de la lumière": G. Imbert, *Le Théâtre à Paris. Un temple de la lumière. Le théâtre Pigalle*, "L'Europe Illustrée", 25 June 1929; *Théâtre Pigalle, théâtre lumière… mais la lumière, ici, n'est pas qu'un symbole*, "L'Intransigeant", June 1929; M. Blanquet, *Le Théâtre Pigalle*, see footnote 1. The exterior luminous decoration was installed by the lighting company Paz & Silva.

_ 4 "Fiat lux!" ont dit les Mécènes. "Et lux facta est" réponda Siclis, A. Geiger, *La "Présentation" du Théâtre Pigalle. Chef-d'œuvre de Charles Siclis*, "La Griffe Cinématographique", July 1929.

_ 5 R. De B., *Histoires de France au Théâtre Pigalle*, "L'Illustration", n. 4520, 19 October 1929, pp. 429-430, p. 429.

_ 6 *Ibidem*, p. 429.

_ 7 Reported were: 2000 bottles of champagne, a speech by Jean Cocteau, jazz by Jack Hylton, an Argentine orchestra, Lew Leslie's Black Birds from the Moulin Rouge, a buffet. See I. Briares, *Le vernissage du Théâtre Pigalle*, "Vie", 1st of July 1929; *Repêchage*, "Aux Écoutes", July 1929.

_ 8 N. Ferguson in H.W. Paul, *Henri de Rothschild, 1872–1947. Medicine and Theater, The History of Medicine in Context*, Ashgate, Farnham 2011, p. 2.

_ 9 The Rothschild Archive London RAL 58-1/793. I would like to thank The Rothschild Archive London for their generosity and confidence.

_ 10 *Ibidem*.

_ 11 G. Janneau, *Ch. Siclis*, Éditions Les Maîtres de l'architecture, Genève 1931, p. XVI.

_ 12 "Sur l'horizon de l'avenir (plutôt dépouillé et morose) Siclis, pour le plaisir, accrocha un beau soleil de parade", M. Zahar in J. Locquin, *Charles Siclis*, Ed. de l'Architecture d'aujourd'hui, Boulogne ca. 1938, p. 6.

_ 13 *Ibidem*, p. 6.

_ 14 G. Janneau, *Ch. Siclis*, see footnote 11, p. XVII.

_ 15 J. Locquin, *Charles Siclis*, see footnote 12, p. 4.

_ 16 *Ibidem*, p. 5.

_ 17 *Ibidem*, p. 5.

_ 18 *Ibidem*, p. 5.

_ 19 In French: "les paliers psychologiques" (*ibidem*, p. 5).

_ 20 "Le spectateur est donc happé dès l'entrée, par cette lumière qui coule sur lui l'enveloppe d'un coup. ... Le pouvoir de cette ambiance ne cessera ses effets qu'à la fin de la soirée et seulement lorsque, après avoir regagné sa voiture, il verra disparaître par la glace de la portière le scintillement fulgurant de la façade" (P. Peirani, *Le théâtre Pigalle*, "La Technique des Travaux", n. 8, August 1929, pp. 395-407, p. 397).

_ 21 C. Siclis in P.M. Shand, *Modern Theaters and Cinemas*, B.T. Batsford, London 1930, p. 6.

_ 22 *L'éclairage au Théâtre Pigalle*, "Lux, la revue de l'éclairage", n. 7, September 1929, pp. 118-121, p. 118.

_ 23 "... on s'extasia en chœur sur le hall". (Le Diable Rose, *La Vie de Paris*, "Cri du Jour", 27 June 1929).

_ 24 G. Janneau, *Ch. Siclis*, see footnote 11, p. XVIII.

_ 25 "Le hall est certes d'une architecture glaciale" (P. Peirani, *Le théâtre Pigalle*, see footnote 20, p. 398).

_ 26 Architect Paul Peirani calls the grillage "un immense mur de feu" (*ibidem*, p. 399.)

_ 27 M. Leroy, *Le Théâtre Pigalle. Œuvre de l'architecte Siclis*, "Clarté", n. 11, November 1929, pp. 10-16, p. 13.

_ 28 "Toute l'architecture de ce plafond n'est, en réalité, qu'un réceptacle de lumière. ... Une onde rouge en poursuit une autre violette. Celle-ci bleuit. Au centre, une auréole jaune s'agrandit. Le rouge devient orange. Le bleu tourne au vert. Bientôt le jaune a gagné les derniers contours du plafond" (P. Peirani, *Le théâtre Pigalle*, see footnote 20, p. 401).

_ 29 M. Leroy, *Le Théâtre Pigalle*, see footnote 27, p. 13.

_ 30 "... M. Philippe de Rothschild la compara (la salle) à un violon" (*Repêchage*, "Aux Écoutes", July 1929); "Ce revêtement de bois a l'avantage de créer une bonne acoustique. Et, de fait, on se croirait un peu à l'intérieur d'un violoncelle" (J. Gallotti, *Le Théâtre Pigalle*, "Vu", n. 68, July 1929, p. 533); "... ainsi le fils du Mécène, en quelques mots fort polis, indiqua que leur théâtre était un violon" (A. Rouveyre, *Théâtre*, "Mercure de France", n. 747, 1st of August, 1929, pp. 678-679, p. 679).

_ 31 M. Leroy, *Le Théâtre Pigalle*, see footnote 27, p. 13.

_ 32 A. Rouveyre, *Théâtre*, see footnote 30, pp. 678-679.

_ 33 M. Leroy, *Le Théâtre Pigalle*, see footnote 27, p. 13.

_ 34 J. Locquin, *Charles Siclis*, see footnote 12, p. 3.

_ 35 P.M. Shand, *Modern Theaters*, see footnote 21, p. 5.

_ 36 M. Roussou, *Le Théâtre Pigalle doit vivre. Il le peut*, "Paris Presse", n. 421, 15 March 1930, p. 6. See also: P. Marcerou, *Le Théâtre Pigalle. Vie et mort d'un théâtre impossible (1929-1948)*, "Revue d'Histoire du Théâtre", n. 262, April-June 2014, pp. 143-216.

_ 37 A "Schwalbe machine" produced cloud effects, starlight, moonshine, rain and snowstorms. In P.M. Shand, *Modern Theaters*, see footnote 21, p. 6.

_ 38 J. Locquin, *Charles Siclis*, see footnote 12, pp. 5-6.

_ 39 H. Hérault, *Les grands architectes. Siclis*, "Art et Médecine", n. 2, November 1930, pp. 33-35, p. 35.

237

Nathalie Simonnot

Perspectives sur la notion de confort lumineux dans la revue "Lux"

L'étude du temps long comme démonstration d'une rupture de discours (1928-1973)

Créée tardivement par rapport à ses homologues américaines et européennes qui ont occupé le terrain de l'éclairage artificiel à partir de 1906, la revue "Lux" apparaît en France en 1928 au moment où certaines tendances du mouvement moderne sont en cours de légitimation à l'échelle internationale. Son comité de rédaction a fait une large place à des architectes avant-gardistes marqués par des profils plus décoratifs que leurs confrères théoriciens. La revue s'est alors imposée dans le paysage éditorial français comme un repère solide en matière de promotion et de défense de l'éclairage artificiel.

L'analyse de la notion de confort, motivée par la place importante que les membres du comité de rédaction ont réservé à cette notion souvent mal, voire pas du tout définie, nécessite quelques observations. Développée en partie dans une contribution récente[1] consacrée au contexte international et à une diversité de supports bibliographiques, cet article vise ici un recentrement sur la définition de confort au travers de la revue, selon une perspective diachronique excluant cependant les débats sur les économies d'énergie à partir des années soixante-dix. L'analyse de ce corpus constitué d'un grand nombre d'articles, pour la plupart illustrés, montre l'étendue de la propagande en faveur d'une amélioration générale des conditions d'éclairement. Toutefois, l'introduction des facteurs psychologiques dans la caractérisation du confort à partir des années cinquante témoigne d'une évolution sensible du discours par rapport aux postulats d'avant-guerre. Si la première période milite essentiellement en faveur de la lutte contre l'inconfort – à défaut de définir le confort – l'après-guerre montre, en revanche, des positions plus nuancées prenant en compte la variabilité des systèmes de perception et des facteurs psychologiques propres à chaque individu, sans toutefois que la définition du confort en soit réellement stabilisée.

Une vision technique du confort

Le premier article de la revue parue en janvier 1928 est rédigé par Robert Mallet-Stevens. Il donne la coloration éditoriale que maintiendra la revue où le partage des colonnes entre des spécialistes techniques de la lumière (ingénieurs, physiologistes, industriels) et des créateurs de formes (architectes et décorateurs) témoigne de l'importance de la collaboration entre différentes branches professionnelles. La revue, apparue tardivement sur la scène internationale, compte-tenu des progrès rapides des techniques de la lumière artificielle, accompagne le développement de l'éclairagisme, pensée comme une science nouvelle.[2] La lumière artificielle est perçue par les architectes, acquis à la promotion et à la défense du mouvement moderne, comme un nouveau matériau de construction. Conçue comme «une revue à haute vulgarisation»,[3] bien que le contenu très technique de nombreux articles l'éloigne du grand public, "Lux" entend diffuser, auprès des professionnels concernés par l'éclairage, les notions élémentaires de compréhension du phénomène lumineux. L'éclairage est étudié aussi bien sous ses aspects techniques, artistiques, physiologiques ou économiques. Pour les architectes convaincus de l'apport qualitatif que la lumière artificielle peut apporter à leurs projets, il est évident que cette composante doit être intégrée dès les premières phases du projet, pensée de concert avec des ingénieurs éclairagistes: «prévoir l'éclairage en même temps que l'architecture».[4] On se souvient, en effet, de certaines collaborations particulièrement fructueuses et largement médiatisées au-delà même des revues spécialisées dans la lumière. La présence de certains créateurs dans le comité de rédaction de la revue, notamment parmi les architectes, explique une certaine tendance à l'autopromotion où le discours par l'exemple de leurs propres réalisations a valeur de démonstration générale. Cet effet est d'autant plus sensible que le caractère très répétitif de certains contenus engendre une vision partielle des réalisations effectivement réalisées, même si l'on doit admettre objectivement que les créateurs acquis à la promotion de l'éclairage artificiel étaient encore peu nombreux. Cette tendance à l'autopromotion concerne également d'autres spécialistes: selon la revue, la nécessité de créer un support de presse régulier (avec une parution 10 fois par an) s'explique par le faible volume bibliographique alors disponible en France. Elle signale en 1928 une liste de six ouvrages français de référence,[5] dont celui du fondateur de la revue, Joseph Wetzel.[6] Ces ouvrages, à l'exception de celui de Wetzel, sont tous consacrés à l'étude physique de la lumière et du rayonnement.

"Lux" fonctionne comme un organe de propagande – une mission défendue comme telle dès le départ – ce qui explique l'aspect très répétitif, voire ennuyeux, notamment sur le long terme, de certains postulats défendus sans réelles variations de contenu: «Ne terminons pas cet aperçu rapide sur la propagande sans noter l'une de ses caractéristiques essentielles, qui est sa durée et sa continuité ... Mieux encore, la propagande doit s'effectuer de façon répétée à la manière d'un marteau qui frappe le clou pour l'enfoncer. Il suffit de faire varier la forme pour ne pas paraître insipide».[7] Seul le confort semble échapper à cette tendance en raison du caractère moins consensuel de son approche qui permet davantage de souplesse dans les modes d'interprétation propres à chaque époque.

Parmi les sujets se prêtant à l'exercice de la répétition, sans réel changement de discours, la lutte contre les idées reçues en matière de coût de la lumière est fréquente.

Fig. 1

_Figure 1.
«Que coûte une heure
d'éclairage?» (dans "Lux",
avril-mai-juin 1956, p. 35).

L'exercice vise à montrer qu'un meilleur éclairage, censé procurer un meilleur confort, n'est pas beaucoup plus coûteux qu'un éclairage mal conçu ou mal orienté. Il engendre toute une série d'articles sur l'amélioration du confort par la lutte contre l'éblouissement, les luminances et les reflets (des thèmes récurrents), par l'utilisation de lampes mieux conçues et avec des puissances lumineuses mieux calculées en fonction des tâches à accomplir.[8] La définition qui est alors donnée de l'éblouissement est proche de son acception contemporaine: elle est caractérisée par une gêne, plus ou moins forte, occasionnée par un éclairage trop violent en un lieu ou une surface donnés. Cette gêne est souvent corrélative au problème des luminances qui signifie que l'intensité de la source est inadaptée. Cette double lutte contre l'éblouissement et les luminances va conduire à traiter aussi bien la source (prévoir une lumière mieux dosée, mieux distribuée) que l'appareil d'éclairage (cacher la source et prévoir des lumières indirectes). Le problème des reflets sur les surfaces, directement lié à celui des luminances, va conduire à traiter *in fine* l'ensemble de l'espace (la forme des pièces, la disposition des meubles, les matériaux qui les composent). En cela, le projet d'éclairage, tel que "Lux" entend le défendre, est un travail global qui explique la nécessaire collaboration de professionnels aux compétences différentes.

241

Enfin, la démonstration des types de confort possibles, notamment chez soi, n'est pas exempte des choix éditoriaux. Les architectes faisant partie avant-guerre du comité de patronage de la revue (Robert Mallet-Stevens, René Herbst, Pierre Chareau, Charles Siclis), appartenaient à la tendance plus «décorative» du mouvement moderne, celle qui était rejetée par les CIAM qui considéraient ses objectifs éloignés des véritables préoccupations sociales et urbaines. En effet, la plupart des images qui illustrent les articles montre des intérieurs de type bourgeois

Fig. 2

où le confort témoigne du statut socio-économique de l'occupant. Cette tendance perdure après-guerre malgré les avancées quantitatives des réalisations issues des principes radicaux de la Charte d'Athènes. En 1958, le «home» (une appellation fréquente qui disparaît de la revue dans les années soixante) est décrit par ses différentes pièces et les éclairages correspondants. L'appartement type est composé d'un vestibule, d'un salon, d'une salle à manger, de chambres, d'une salle de bains (et/ou cabinet de toilettes), d'un bureau, d'une cuisine, d'offices (ou dégagements) et d'une cave. La présence du bureau et d'offices signale le statut social de l'occupant, distinguant cette catégorie de logement de celle plus modeste du logement social. On notera que l'absence du logement social dans l'ensemble des articles, à quelques exceptions près,[9] témoigne d'une vision très bourgeoise du «home» en décalage progressif avec les attentes de la société. Au moment de l'apparition de la revue, la montée générale du discours sur la modernité, entendue dans le sens du confort et d'un mieux-être, est liée à l'entreprise de démonstration des bienfaits d'un éclairage

_Figure 2.
Une chambre à coucher
et une salle à manger d'un
intérieur type (dans "Lux",
avril-mai-juin 1956, p. 43).

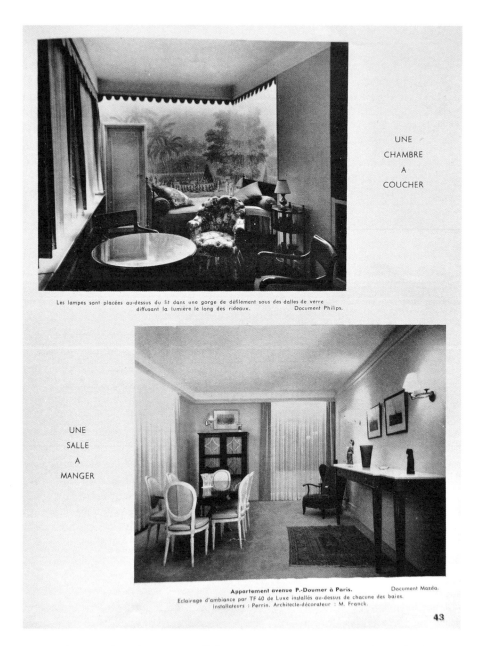

UNE

CHAMBRE

A

COUCHER

Les lampes sont placées au-dessus du lit dans une gorge de défilement sous des dalles de verre
diffusant la lumière le long des rideaux.   Document Philips.

UNE

SALLE

A

MANGER

Appartement avenue P.-Doumer à Paris.   Document Mazda.
Éclairage d'ambiance par TF 40 de Luxe installés au-dessus de chacune des baies.
Installateurs : Perrin. Architecte-décorateur : M. Franck.

43

242

rationnel. Loin du militantisme affiché par certaines catégories plus radicales – et pourtant triomphantes après-guerre – du mouvement moderne, "Lux" illustre ses propos à l'appui de modèles d'habitat bourgeois conventionnel correspondant au goût moyen des Français (même si elle ne s'adresse pas directement au grand public mais seulement aux scientifiques, aux techniciens et aux créateurs), visant par son discours une mesure d'efficacité immédiate et restant dans la logique des réseaux habituels de la commande.

Le confort comme facteur de salubrité et de rendement

La question du confort est abordée, soit de manière directe dans des articles traitant expressément de la question, soit le plus souvent par la présentation de méthodes et de systèmes d'éclairement. Mais le discours reste le même et, en premier lieu, la lutte contre les facteurs d'inconfort, voire de salubrité publique. "Lux" publie de nombreux articles sur l'éclairage dans les lieux de travail, un espace particulièrement sensible qui expliquerait l'installation durable de troubles de la vision. Ce combat contre la mauvaise lumière, dû à une méconnaissance des règles de base d'un éclairage adéquat selon les activités, reste prioritaire dans les débats. Si ce discours est très présent avant-guerre, on le retrouve encore dans les années cinquante où les hygiénistes sont convoqués pour discuter de l'efficacité de certains systèmes, notamment des lampes germicides dans des grands locaux d'usage collectif, ainsi que des nouvelles indications thérapeutiques en relation avec les techniques de photothérapie (prophylaxie du rachitisme, tuberculose, affections neuroendocriniennes etc.).[10]

    L'éclairage doit être rationnel et utile; il doit servir la tâche pour laquelle il est convoqué. «Un bon éclairage est incontestablement un élément de confort. Il est d'abord indispensable à la santé de l'œil: un éclairage insuffisant ou de mauvaise qualité est, pour la vue, une cause de fatigue, susceptible d'engendrer des maux de tête et, à la longue, des troubles permanents, la myopie en particulier» explique le chef du service de la Compagnie des Lampes en 1928.[11] La propreté et la santé sont convoquées pour appuyer le discours des hygiénistes sur l'amélioration des conditions de confort au sens médical et thérapeutique du terme. Le confort n'est pas un élément superflu, et encore moins un luxe. Il devient le moyen même de lutter contre la maladie. Dans les bureaux, la lampe de travail devient «un précieux élément d'hygiène et de confort».[12] Dans les écoles, les ateliers ou les usines, la lumière est au centre des attentions. «L'éclairage rationnel», un terme très porteur avant-guerre, est employé par l'entreprise de matériel électrique Brandt et Fouilleret à grand renfort de pages publicitaires.

    Mais surtout, au-delà de résoudre les problèmes précoces et irréversibles de la vision, le discours porte sur l'amélioration des conditions de la production. La rentabilité est au cœur des préoccupations car un éclairage rationnel permet de produire davantage et dans un temps plus court. La taylorisation des méthodes de travail est prégnante. «Nous disons avec les Anglais "Time is money", nous pourrions ajouter "Light is time" (la lumière est du temps), car la lumière nous aide à voir plus vite, à lire et à travailler plus vite».[13] Les objectifs à atteindre sont énoncés sans ambages: «Il ne suffit pas de voir clairement et distinctement; il faut encore voir vite, et cela est particulièrement important dans l'industrie où l'on recherche le rendement maximum».[14] Ce discours très présent dès le début est renforcé à l'appui de démonstrations implacables: «Une hésitation, un retard d'une fraction de seconde sur chacun de ces gestes, répété un nombre considérable de fois au cours d'une journée de travail, conduit à une diminution de rendement notable qui peut atteindre de 15 à 30%». Le pourcentage de temps gagné dans de meilleures conditions d'éclairement fait l'objet d'études très fines dont on ne discute pas la validité. Le travail reste encore au centre des préoccupations lorsque l'on affirme

Fig. 3

Fig. 4

244

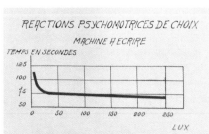

que «18% des accidents du travail sont dus à un mauvais éclairage».[15] Ce raisonnement est essentiellement présent dans les années vingt et trente. Il disparaît ensuite pour laisser la place à une vision plus individuelle du confort et qui n'est pas orientée vers les seuls impératifs de la production.

La relativité de la notion de confort

Les tentatives de définition du confort se heurtent presque toujours à la difficulté de cerner cette notion. En général, le confort est défini par l'absence d'inconfort et se résume à une somme de facteurs favorables pouvant tendre vers une situation de bien-être. Si cette notion, pourtant largement convoquée par la revue, est si difficile à définir, c'est en raison même de son mode de perception, nécessairement individuel, et de l'époque à laquelle il est tenté de la définir. En partant du présupposé que la perception du confort est variable dans le temps, en fonction des seuils de tolérance et des modes d'appréhension de ce qui communément admis comme étant confortable, toute tentative de définition *a minima* scientifique, selon les objectifs rationnels de la revue, aboutit à un échec. Cette prise de conscience est perceptible à partir des années cinquante où quelques auteurs, conscients des limites que pose la notion, évacuent les postulats et nuancent leurs discours à partir d'hypothèses. L'inconfort, plus facile à cerner, se prête mieux à des tentatives de définition, sans que celles-ci ne soient réellement probantes: «l'inconfort résulterait des interactions rétiniennes entre éléments sensibles».[16] Les propos sont marqués par davantage de prudence: «Tout ce que l'on peut dire actuellement c'est qu'un système est caractérisé par les conditions qu'il doit remplir pour ne pas être inconfortable … Il serait paradoxal, dans ces conditions, qu'en tâchant d'éviter tout ce qui rend l'éclairage inconfortable, on puisse arriver finalement à un éclairage confortable. Nous pensons qu'il y a là une erreur fondamentale».[17] Les auteurs prennent conscience que les méthodes d'évaluation de la fatigue physique, de l'altération de la vue et de la baisse de la productivité, ne sont pas réellement fiables et que «les physiologiques ne sont pas encore arrivés à mesurer une fatigue, autrement que par une moindre qualité et quantité du travail exécuté».[18]

Les résultats des calculs donnés durant l'entre-deux-guerres perdent en pouvoir de conviction et les méthodes sont réévaluées à l'aune de la prise en compte de facteurs psychologiques. Le caractère proprement subjectif de l'appréciation du confort empêche *de facto* toute tentative de définition objective: «Ce que l'un considère comme confortable paraît presque insupportable à l'autre»[19]. Bien conscient de cette évolution, Joseph Wetzel tente de faire évoluer son discours en intitulant l'un de ses articles «L'éclairagiste doit-il être un psychologue?»,[20] mais sans comprendre le réel sens de ce nouveau positionnement puisqu'il conclue «qu'un projet d'éclairage aboutira à une sorte d'équation».[21] À la notion de performance (lumineuse et dans les tâches quotidiennes), vient se substituer celle d'un confort perçu comme l'arrangement de conditions optimum pour un individu dans une situation et un temps donnés. Cette singularité des situations est bien illustré par la campagne publicitaire de l'entreprise d'installations électriques Sodel dans les années soixante, bien que son caractère encore très conformiste cantonne l'individu dans des modèles sociaux restrictifs . La productivité, caractérisée jusque-là par le meilleur rendement possible en fonction de l'efficacité lumineuse, est désormais soumise aux variabilités des facteurs psychologiques. En 1956, la revue redéfinit

245

Figg. 5, 6

_Figure 5.
Publicité pour l'entreprise Sodel (dans "Lux", novembre 1960, n.p.).

_Figure 6.
Publicité pour l'entreprise Sodel (dans "Lux", novembre 1961, n.p.).

ses objectifs en affirmant que «la lumière est un phénomène psychologique qui se mesure, s'évalue d'une manière plus ou moins précise» et que «les questions physiologiques et psychologiques viennent au premier plan».[22] L'introduction des facteurs psychologiques dans les discours montre que la tentative de résolution du confort par les seuls moyens techniques n'était pas suffisante en soi, quand bien même elle a permis des avancées majeures, et que le problème à cerner était plus ample que ne le laissait supposer la seule maîtrise de la source lumineuse et l'aménagement de l'espace éclairé.

Conclusion

Malgré une ligne éditoriale toujours centrée sur des thèmes et des méthodes de rédaction récurrents, "Lux" témoigne de l'évolution de la notion d'un confort utile, hygiénique, efficace et rentable (mieux voir) vers celle d'un confort individuel perçu comme la mise au point de conditions d'ambiance favorables (se sentir bien). Cette évolution suit les progrès réalisés par la lumière dans les lieux collectifs où la réglementation des normes d'éclairement a imposé des conditions optimum, pour la plupart respectées après-guerre. Seul l'habitat qui échappe à toute réglementation collective et donc imposée, fait toujours l'objet d'un militantisme actif en faveur d'une amélioration des conditions d'éclairement. Toutefois, si la revue a su habilement éviter la confusion entre l'idée de confort et de luxe – et ceci malgré l'usage important de photographies d'intérieurs trahissant un confort de type bourgeois – elle n'est pas parvenue à admettre que la nature évolutive de la notion de confort rendait sa qualification particulièrement difficile à déterminer, et encore davantage à maîtriser sous la forme de facteurs physiques propres à un conditionnement lumineux idéal. Traduire le confort par l'absence d'inconfort, en quelque sorte l'état zéro d'une situation d'ambiance par nature proprement inexistante et irréalisable, revient à admettre, de manière un peu insuffisante, que le confort est ce qui ne gêne pas. Ces différentes tentatives de définition, même si elles illustrent la rupture entraînée par l'introduction des facteurs psychologiques, ne donnent en définitive pas réellement satisfaction. Il faut les comprendre comme la difficulté de définir une notion substantiellement individuelle et variable, ce que la recherche sur les ambiances pose, depuis les années soixante-dix, comme un objet d'étude à part entière.

_ 1. N. Simonnot, *La place du confort et de l'esthé-tique dans l'historiographie de l'architecture lumineuse*, in F. Graf, G. Marino (dir.), *Les dispositifs du confort dans l'architecture du XXe siècle: connais-sance et stratégies de sauvegarde*, Actes des journées d'étude internationales organisées en 2012 par le Laboratoire TSAM, EPFL, Lausanne (à paraître).

_ 2. Hormis les travaux de Ruth Hommelen, "Lux" n'a pas fait l'objet d'une étude à part entière. Voir R. Hommelen, *Lux, la revue de l'éclairage*, in J.-P. Garric, V. Nègre, A. Thomine-Berrada, *La construction savante. Les avatars de la littérature technique*, Éditions Picard, Paris 2008, pp. 403-410.

_ 3. S.n., *Notre programme 1929*, "Lux", janvier 1929-1, n.p.

_ 4. E. Printz, *Comment je conçois l'éclairage moderne des intérieurs*, "Lux", n°2, février 1930, p. 22.

_ 5. Les six ouvrages cités sont, par ordre chronologique: A. Blanc, *Rayonnement. Principes scientifiques de l'éclairage*, Armand Colin, Paris, 1921; A. Turpain, *La lumière*, Librairie Delagrave, Paris, 1923; E. Darmois, *L'éclairage. Solutions modernes des problèmes d'éclairage industriel*, Gauthier-Villars et Cie et Masson et Cie, Paris, 1923; A. Boutaric, *La lumière et les radiations invisibles*, Flammarion, Paris, 1925; J. Wetzel, *Les méthodes modernes d'éclairage*, Librairie de l'enseignement technique, Paris, 1926; C. Fabry, *Introduction générale à la photométrie*, Éditions de la revue d'optique théorique et instrumentale, Paris, 1927.

_ 6. Joseph Wetzel est ingénieur diplômé de l'École supérieure d'électricité et exerce comme ingénieur à la Compagnie des Lampes, parallèlement à son activité de rédacteur en chef de la revue.

_ 7. J. Wetzel, *Technique, propagande, publicité, vente*, "Lux", août-septembre-octobre 1954, pp. 66-68.

_ 8. Entre autres exemples: M.H. Maisonneuve, *Le confort à bon marché par l'éclairage*, "Lux", avril 1928, pp. 51-56; J. Roger, *At home: L'électricité ne coûte pas trop cher*, "Lux", Janvier 1937, pp. 44-45.

_ 9. Le premier article traitant du logement pour tous est publié après-guerre: s.n., *Recommandations pratiques pour l'éclairage d'une habitation urbaine à loyer modérée*, "Lux", avril-mai-juin 1946, pp. 29-30; puis plus tardivement: sn, *Éclairage des foyers domestiques*, "Lux", février 1973, pp. 49-51. Dans ce dernier, il est indiqué que «les constructions à caractère simplifié ne devraient pas être éliminées ... car dans leur cas l'éclairage apparaît susceptible à lui seul d'apporter un élément de bien-être dans une ambiance où le défaut de certains autres constituants du confort se fait éventuellement sentir».

_ 10. Compte-rendu de l'ouvrage collectif *Les Journées internationales de la Lumière*, Ed. R. Lepine, Paris, 200 pages. Présenté dans "Lux", janvier-février-mars-avril 1952, p. 16.

_ 11. M.H. Maisonneuve, *Le confort à bon marché par l'éclairage*, "Lux", avril 1928, p. 51.

_ 12. J. Roger, *La lampe de travail*, "Lux", janvier 1936, pp. 27-28 .

_ 13. J. Wetzel, *Suggestions pour l'éclairage du home*, "Lux", avril 1928, p. 59.

_ 14. S.n., *Les principes de l'éclairage et leur démonstration*, "Lux", octobre 1928, p. 135.

_ 15. R. Ménard, *La lumière au cours des âges et dans la vie moderne*, "Lux", janvier 1940, p. 152.

_ 16. Y. Le Grand, *Les bases physiologiques d'un éclairage rationnel*, "Lux", janvier-février-mars 1956, p. 7.

_ 17. M.L.C. Kalff, *Qu'est-ce qu'un éclairage confortable ?*, "Lux", Juillet-août-septembre 1949, p. 55.

_ 18. Y. Le Grand, *Le problème de l'éblouissement*, "Lux", novembre 1954, p. 95.

_ 19. E. Baumgardt, *Confort et hygiène de la vue*, "Lux", janvier 1960, p. 4.

_ 20. J. Wetzel, *L'éclairagiste doit-il être un psychologue ?*, "Lux", octobre-novembre 1955, pp. 78-79.

_ 21. *Ibidem*, p. 79.

_ 22. S.n., *Qu'est-ce-que Lux ?*, "Lux", juillet-août-septembre 1956, p. 66.

247

Eric Monin

La lumière savante des verres prismatiques Holophane

En déposant en France, en 1893, le brevet d'un dispositif chargé d'améliorer la diffusion et la distribution de la lumière artificielle, les deux ingénieurs André Blondel et Spiridion Psaroudaki ont profondément transformé la manière de penser l'éclairage au quotidien. Composé de verre prismatique moulé pressé, le système proposé par les deux hommes avait l'ambition de se substituer aux anciens appareils d'éclairage, en offrant une lumière intense uniformément répartie sur toute la surface visible du dispositif, permettant ainsi d'éviter les phénomènes d'éblouissement. Cette invention, baptisée «holophane» (du grec ὅλος et φανός qui signifie «tout entier lumineux»), prolongeait d'une certaine manière les recherches d'Augustin Fresnel en donnant une dimension domestique à la dioptrique de René Descartes pour dompter le feu des ampoules incandescentes et rendre la lumière électrique plus aimable.

Calculé scientifiquement, ce système d'éclairage a initié une approche plus rationnelle de la lumière artificielle, tout en entretenant d'abord une certaine parenté formelle avec les anciens globes et réflecteurs dont l'opacité et les décors nervurés affaiblissaient le rendement. Cette dualité entre une forme objective fonctionnelle et une forme artistique décorative ponctuera d'ailleurs la conquête de l'architecture par les verres prismatiques pour tendre progressivement vers une architecture lumineuse où volumes et lumière entreront en symbiose. Ce phénomène s'est parfaitement illustré en Amérique du Nord où le développement industriel des lampes Holophane à Newark Ohio, dès 1898, raconte finalement l'histoire d'un dispositif pionnier qui a discrètement servi les intérêts de l'architecture moderne. Cette étude, réalisée à partir des catalogues d'entreprises conservés dans les fonds documentaires du Centre Canadien d'Architecture à Montréal, propose de montrer comment un équipement apparemment anodin a permis d'installer une intimité croissante entre la lumière artificielle et l'architecture. Il s'agit de souligner l'émergence d'une nouvelle manière de penser l'éclairage architectural avec l'effacement progressif de luminaires encombrants au profit d'équipements invisibles permettant de contrôler la qualité lumineuse des environnements construits.

Une science de l'éclairage

Le brevet de Blondel et Psaroudaki, fondé sur une démarche scientifique avec un calcul précis des trajectoires imposées à la lumière, illustre bien les fantasmes et les attentes d'une société impatiente de maîtriser les pouvoirs de l'électricité. Le journaliste Albert Robida l'exprimera parfaitement en 1892, dans son roman d'anticipation *Le Vingtième siècle, la vie électrique*, quand il expose les objectifs idéalement assignés à cette nouvelle servante: «C'est elle [l'électricité] maintenant qui fait ce que lui ordonne l'homme, naguère terrifié devant les manifestations de sa puissance incompréhensible; c'est elle qui va, humble et soumise, où il lui commande d'aller; c'est elle qui travaille et qui peine pour lui».[1] Avec le système d'éclairage Holophane, les ordres dictés à la lumière sont soigneusement programmés dans la forme d'un cristal qui devient l'instrument de contrôle de cette énergie flamboyante. Toute l'histoire de ce dispositif tient en effet aux propriétés réfléchissantes et réfractantes du verre prismatique conçu par les ingénieurs de la firme, des qualités optiques combinées et déclinées invariablement dans quelques dizaines de modèles qui illustrent un savoir-faire maîtrisé et une technique parfaitement aboutie.

250

Pendant plus de vingt ans, jusqu'au milieu des années trente, les catalogues édités par la firme martèlent sans répit la dimension scientifique du procédé comme un gage de qualité et d'efficacité. En 1918, la brochure *Scientific industrial illumination*[2] s'ouvre par exemple sur une présentation générale des méthodes objectives nécessaires pour la production d'un éclairage scientifique, reposant sur des «faits» scientifiques irréfutables. La même obsession, appliquée cette fois-ci aux qualités des produits Holophane, s'illustre dans le catalogue de 1936 qui a pour sous-titre: «*a*

_Figure 1.
Réflecteur Holophane
Xtra-ficiency de type intensif,
diamètre 175 mm, collection
de l'auteur (photo E. Monin).

collection of facts». «Ce catalogue compile des faits» précise l'introduction, «chaque énonciation est vraie et repose sur des faits scientifiquement prouvés». Comme déjà en 1928 ou encore en 1934, les catalogues sont rebaptisés «*Datalog*», une manière d'affirmer cette distance factuelle sur laquelle repose la renommée d'une entreprise spécialisée dans le traitement de données et non dans le design de luminaires. Bien avant qu'émerge en Europe une science de l'éclairage capable d'actualiser une pratique artistique surannée inspirée par les lustres et girandoles de l'Ancien Régime, les produits Holophane bousculent le monde de l'éclairage américain en proposant une lumière maîtrisée et des effets lumineux prédictibles.

Dans cette manière de concevoir la vaste question de l'éclairage artificiel, le hasard n'a plus de place. Les luminaires sont désormais de petites machines autonomes capables de diriger et de diffuser la lumière avec précision et selon les besoins. Ces dispositifs sont conçus et réglés pour apporter la réponse exacte à un problème d'éclairage bien identifié. Les situations sont analysées, les exigences détaillées avant de donner forme à des réponses adaptées à des contraintes techniques, spatiales, économiques et physiologiques de mieux en mieux cernées. La brochure *Holophane developments for type C lamps* éditée en 1917 à l'attention des détaillants et concessionnaires de la société montre par exemple comment le raccourcissement du filament des lampes à incandescence, devenues soudain des sources d'éclairage plus ponctuelles et plus intenses, occasionnera une série d'améliorations notoires des appareils de la firme. La physionomie des réflecteurs Holophane évolue, leurs cols s'allongent légèrement et leur géométrie prismatique simplifiée s'adapte parfaitement à cette nouvelle source lumineuse permettant de gagner en efficacité. Avec l'avènement de la lampe Mazda de type C, la surface intérieure de la nouvelle géné-

251

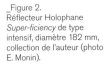
_Figure 2.
Réflecteur Holophane
Super-ficiency de type
intensif, diamètre 182 mm,
collection de l'auteur (photo
E. Monin).

ration de réflecteurs en verre prismatique a également bénéficié de tous nouveaux traitements pour diminuer encore les risques d'éblouissement et «améliorer la distribution des rayons lumineux».[3] Un léger sablage puis un traitement de surface innovant – la «finition velours» – permettent de réduire la brillance et d'augmenter sensiblement le rendement des appareils. Pour parachever ces transformations techniques, les anciens modèles sont débarrassés de leur corolle au profit d'une ligne plus épurée, plus nette. Enfin, le nom des appareils change, les vieux *Xtra-ficiency Reflectors* deviennent des *Super-ficiency Reflectors*, sans pour autant taire l'évidente allusion à l'efficacité du dispositif.

Figg. 1, 2

La science de l'éclairage n'est pas un vain mot agité en souvenir des calculs d'André Blondel. En effet, chaque appareil de la gamme Holophane est pourvu de qualités d'optique spécifiques représentées par une courbe photométrique qui explique sa manière de distribuer la lumière. Comme le montre par exemple la couverture du catalogue *Scientific street lighting: a guide to good practice* édité en 1922, ces diagrammes racontent les corrections infligées aux sources incandescentes trop intenses. Ils révèlent également sans détour les pouvoirs cachés du verre prismatique et laissent deviner la nature des effets lumineux qui en résultent. Couchées sur des feuilles de papier quadrillé, les promesses d'éclairage prennent forme, un lien immédiat s'établit entre la physique du tungstène surchauffé et la douce lueur diffuse sur la table du salon. Mais la magie opère moyennant quelques précautions indispensables. En effet, pour qu'ils expriment toutes leurs qualités optiques, il est important de rappeler que ces appareils de précision doivent être utilisés dans des conditions particulières en veillant à respecter des consignes contraignantes. Avant d'être suspendu au bon endroit, à la bonne hauteur et en nombre suffisant, chaque réflecteur ou réfracteur nécessite l'emploi de lampes appropriées fixées à des douilles convenablement choisies qui permettent de régler exactement la position de la source dans l'appareil pour un rendement optimal. Apparemment superflues, toutes ces précautions échappent bien souvent aux utilisateurs qui doivent consulter les spécialistes du bureau d'étude de la société Holophane pour déterminer rigoureusement les spécifications de l'installation. Sans ces mesures préalables, la science serait sans effet et le produit caduque. Comme une expérience bien conduite, lorsqu'ils sont correctement utilisés, ces luminaires permettent alors d'organiser dans des conditions favorables la rencontre de la lumière et de l'utilisateur.

Au plus près de l'usager

Avec le système Holophane, l'éclairage n'est donc pas seulement scientifique en vertu des qualités du verre prismatique. Bien plus qu'une simple enveloppe de cristal, chaque luminaire est pensé en fonction des différents problèmes d'éclairage qu'il doit résoudre. Dans le manuel diffusé en 1915, la société Holophane réaffirme d'ailleurs son ambition d'obtenir, à partir d'une bonne lumière, le meilleur éclairage possible.[4] Derrière ce slogan se cache la ferme volonté de vendre un service qui s'illustre avec toute une gamme d'appareils chargés de répondre à un large éventail de situations en produisant l'éclairage le plus efficace et le plus agréable possible comme le promettait déjà l'introduction du catalogue paru en décembre 1900.[5]

Le chapitre de ce fascicule consacré aux applications pratiques ne recense pas moins d'une vingtaine de programmes différents pouvant bénéficier des bienfaits des lampes Holophane: des gymnases aux théâtres, des bowlings aux églises en passant par les vitrines des magasins, les usines, les bibliothèques ou encore les courts de tennis. Cette problématique est largement partagée par les fabricants de lampes incandescentes qui veulent évidemment généraliser l'emploi de l'éclairage électrique à l'ensemble des activités humaines. Dès les années 1910, des séries de brochures semi-techniques, éditées par la General Electric Company, rendent compte de toute cette diversité d'applications en signalant des appareils d'éclairage qui ont déjà fait leurs preuves. Les luminaires Holophane sont notamment recommandés pour l'éclairage des vitrines,[6] des autobus,[7] des stations service[8] ou encore des bureaux.[9] Mais ces livrets ne se limitent pas à la publication d'études de cas et de conseils généraux. Pour les programmes qui représentent des marchés juteux, des études comparatives affichent les performances des différents produits de l'industrie du luminaire. On retrouve ainsi les appareils Holophane aux côtés des réflecteurs en verre argenté *X-Ray* de chez Curtis, des réflecteurs en métal émaillé Ivanhoe, des globes opalins *Celestialite* de la Gleason-Tiebout Glass Company, des réflecteurs diffusants Brascolite, des déflecteurs *Duplexalite* ou encore des globes *Stalactite* conçus pas les Lighting Glassware Manufacturers.[10] On se rend alors bien compte que les luminaires Holophane ne sont pas exempts de critiques, comme l'a déjà souligné F. Laurent Godinez dans son manuel sur l'éclairage des vitrines paru en 1914.[11] L'auteur y stigmatise le halo gênant qui entoure les réflecteurs exposés au regard du public. On reprochera également aux profils dentelés des verres prismatiques de capter plus facilement une poussière qui contrarie les performances des luminaires, une remarque récurrente qui va à l'encontre des arguments développés par la firme au sujet de la maintenance de ses appareils.

Mais parmi toutes ces entreprises, seule la société Holophane défend invariablement la pensée utilitaire qui commande la forme de ses produits. Cet acharnement sera d'ailleurs très certainement source de déconvenues et vaudra à la firme quelques sérieux revers qui relègueront ses appareils au rang d'équipements techniques presque subalternes. À l'instar des réflecteurs X-ray cachés au creux des grands lustres d'apparat qui peuplent les halls des nouveaux trusts, le matériel Holophane devient une sorte de bernard-l'hermite de l'éclairage artificiel logé au fond des nouveaux «*Electroliers*» inspirés des chandeliers monumentaux qui décoraient les intérieurs princiers d'antan. Dans une période encore très influencée par les leçons de l'École des Beaux-Arts, les revues d'architecture semblent alors perpétuer ce goût pour le pastiche qui s'illustre dans les réclames. Les fabricants d'appareil d'éclairage y rivalisent d'imagination pour donner des airs de noblesse à leurs produits sertis d'entrelacs de laiton, de cuivre ou de bronze, chargés de grecques, de volutes, de guirlandes de feuillages dorées plaquées sur des vasques en calcite. Au Canada, les catalogues de la Northern Electric Company[12] regorgent eux aussi de modèles sortis d'un autre âge au milieu desquels surgissent les lignes franches des lampes Holophane en phase avec les silhouettes brutes des premiers appareils électroménagers.

Pour rester dans la course, Holophane ne pouvait pourtant pas totalement ignorer les goûts de la clientèle pour les appareils décoratifs. Une dizaine d'années

253

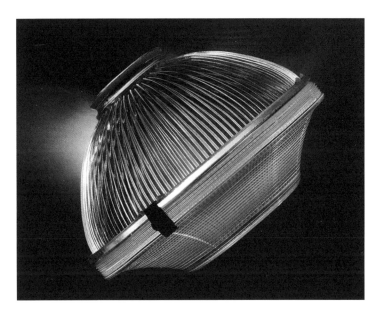

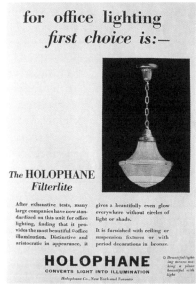

plus tôt, la firme essayait déjà d'expliquer au public la sobre élégance du *Réflector-Réfractor* (fig. 3) en insistant sur la simplicité de son design et la qualité de ses finitions. [13] En 1917, la firme avait même risqué la fantaisie en glissant une pièce de tissu imprimé entre les deux coques prismatiques de sa *Decolite* pour en faire une applique décorative; le modèle disparaîtra vite des catalogues. D'autres tentatives plus réussies seront effectuées avec le lancement du *Realite*, un globe fermé conçu en deux parties reliées par une bande de laiton pour l'éclairage des boutiques. Les prétentions esthétiques de l'appareil sont clairement mises en exergue et le catalogue qui recense ses qualités[14] insiste sur ses belles lignes propres et nettes qui lui donnent une certaine dignité appropriée à la nature du programme. Enfin, en créant au début des années vingt le *Filterlite* (fig. 4) qui permettait un éclairage semi-indirect continu sans ombres projetées au plafond, la firme propose un excellent compromis entre art et technique. Son succès commercial dans le monde de l'éclairage scolaire et des bureaux est par exemple illustré dans la publicité parue en janvier 1928 dans "The American Architect", signalant l'installation de 5000 exemplaires de ce modèle dans le nouvel immeuble new-yorkais de l'Equitable Trust Company. Assorti aux suspentes métalliques simili bronze de la société Banfield et sans perdre pour autant ses qualités éclairantes, l'aspect «aristocratique»[15] de ce luminaire lui permettait de se fondre dans la foule des appareils appréciés pour leurs vertus ornementales.

Une lumière intégrée

Comme le signale la notice du catalogue de la Northern Electric Company, ce nouveau départ dans le monde du design, n'illustre pourtant pas vraiment les travaux les plus originaux des ingénieurs Holophane qui s'intéressent, dans cette même décennie, à la mise au point de lentilles concentrantes ou diffusantes, capables d'améliorer

_Figure 3.
Réflecteur-réfracteur Holophane n° 2120 produisant un éclairage semi-direct, diamètre extérieur du rebord 248 mm, collection de l'auteur (photo E. Monin).

_Figure 4.
Publicité d'un luminaire Holophane *Filterlite* utilisé pour l'éclairage des bureaux et des écoles (dans "Light: the magazine of the National Lamp Works of General Electric Company", February 1927, p. 39).

encore les performances d'appareils désormais enchâssés dans les plafonds, cachés à la vue du public. Au gré des publicités parues à la fin des années vingt dans "The American Architect" promettant un bel éclairage, c'est-à-dire «un lieu embelli par la lumière», la société Holophane reprend conscience des fondamentaux inscrits dans la culture du verre prismatique. Il s'agit bien de reconnaître que la valeur d'un éclairage tient davantage à la beauté et à la qualité des effets lumineux plutôt qu'à l'esthétique d'un luminaire. «The new beauty must be based on EFFICIENCY and not on decorative cosmetics» martelait au même moment Frederick Kiesler, en exergue de *Contemporary art applied to the store and its display*.[16] Cette formule annonçait d'une certaine manière la généralisation de systèmes d'éclairages directement intégrés dans la construction pour mieux exalter les qualités de l'architecture. Ces systèmes allaient finalement célébrer l'efficacité discrète des produits Holophane à partir de systèmes éprouvés tout au long des années vingt, dans une série de programmes exigeants.

En effet, tandis que quelques vitrines avaient déjà été équipées de plafonds de verre laissant filtrer la lumière des réflecteurs sans en altérer les propriétés,[17] le milieu hospitalier et le monde des musées allaient rapidement tester les possibilités offertes par les plafonds de verre dotés de lentilles spécifiques. La brochure *Lighting Specifics for Hospitals* parue en 1928 annonçait l'introduction d'une nouvelle méthode d'éclairage pour les blocs opératoires capable de concentrer une lumière intense et sans ombres au fond des plaies des patients, tout en ménageant un bon niveau d'éclairement dans l'ensemble de la pièce pour diminuer les contrastes lumineux pénibles pour le personnel. Le système *Controlens* était né, chaque pièce servant à fermer des plafonds de verre soigneusement calepinés en fonction de la distribution des sources lumineuses, offrant ainsi l'éclairage le plus avantageux sur les tables d'opérations ou sur les murs des musées. Déjà en 1924, l'architecte Harry I. Day expliquait dans "The American Architect"[18] comment, couplé à une série de paralumes mobiles, ce dispo-

255

Fig. 5

_Figure 5.
Simulation de l'éclairage d'un bloc opératoire avec un plafond lumineux équipé de lentilles prismatiques (dans *The Holophane Light and Vision Institute*, The Institute, New York s.d., p. 2).

_Figure 6.
Extrait d'une publicité Holophane illustrant le principe du *Planned Lighting* (dans "Light: the magazine of the National Lamp Works of General Electric Company", November 1928, p. 42).

SURGERY LIGHTING

The Application of Light to Surgery.

Offer your customers engineering specifications drawn up by Holophane engineers for specific application to the particular requirements of each individual job.
This is called Planned Lighting and is a service by this company without obligation to any architect, engineer, or contractor.

sitif encore très expérimental avait permis de contrôler l'éclairage diurne et nocturne des American Art Galleries de New York. Enfin, parmi les nombreux projets d'éclairage publiés en 1930 sous l'autorité du Committee on Light in architecture and Decoration présidé par Alvin Leslie Powell, ingénieur à la General Electric Company, on peut également signaler une application originale du dispositif utilisé pour animer la piste de danse du Palace Hotel de San Francisco où les propriétés optiques de chaque lentille agissaient comme de petits projecteurs aux effets colorés dynamiques. Toutes ces tentatives laissaient présager l'apparition du système *In-Bilt* avec des éclairages intégrés (*built-in*) qui s'effacent définitivement pour mettre en valeur les volumes purs des nouveaux édifices.

Avec ce dispositif, Holophane atteignait l'ultime degré d'harmonie déjà recherché dans le manuel de 1915 pour l'éclairage des bâtiments publics. Débarrassées des appareils protubérants, les compositions spatiales modernes atteignaient une nouvelle splendeur avec des atmosphères contrôlées scientifiquement, savamment. L'éclairage planifié (*planned lighting*) devenait le principe récurrent asséné dans les publications de l'entreprise qui retrouvait, grâce aux lentilles prismatiques, sa belle assurance technique d'antan mise cette fois-ci au service des émotions architecturales. L'exposition des Arts Décoratifs de Paris en 1925 n'était pas totalement étrangère à cette révolution et des spécialistes comme Powell concentraient désormais leurs efforts sur le contrôle des ambiances lumineuses en incitant les architectes américains à penser l'éclairage artificiel dès les premières esquisses du projet.[19] Cette démarche devait conduire à une sorte «d'architecture spectacle» capable d'entraîner le public dans des environnements parfaitement conditionnés par la lumière artificielle. Grâce au miracle du verre prismatique, l'éclairage électrique devenait presque l'égal de la lumière naturelle.

Fig. 6

_ 1. A. Robida, *Le Vingtième siècle, la vie électrique*, La Librairie Illustrée, Paris 1892, p. 3.

_ 2. Holophane Glass Company, *Scientific industrial illumination*, Holophane Glass Co., New York 1918, p. 3.

_ 3. Holophane Glass Company, *Holophane developments for type C lamps*, Holophane Glass Co., New York 1917, p. 6.

_ 4. «Holophane service is designed to fulfill these conditions; to transform good light into the best illumination», General Electric Company. Holophane Works, *The lighting handbook*, General Electric Co., Cleveland, Ohio 1915, p. 5.

_ 5. *Illustrated catalogue of holophane glass*, Holophane Glass Co., New York 1900, p. 4.

_ 6. General Electric Company. National Lamp Works, *Show-Window Lighting*, National Lamp Works of General Electric Co., Cleveland, Ohio 1917, p. 13; A.L. Powell, *The lighting of show windows and show cases*, Edison Lamp Works of General Electric Co., Ohio 1923, fig. 5.

_ 7. W.C. Brown, *Lighting the Motor Bus*, National Lamp Works of General Electric Co., Cleveland, Ohio 1924, p. 9.

_ 8. National Lamp Works of General Electric Co. Engineering Department, *Gasoline Service Station Lighting*, National Lamp Works of General Electric Co., Cleveland, Ohio 1928, pp. 5, 8-9, 14.

_ 9. A.L. Powell, *The lighting of office buildings and drafting rooms*, Edison Lamp Works of General Electric Co., Cleveland, Ohio 1920, p. 4.

_ 10. W. Harrison et al., *Illumination Design Data for Industrial and Commercial Interiors*, National Lamp Works of General Electric Co., Cleveland, Ohio 1927, p. 26-27, 30; A.L. Powell, *Lighting for the modern store*, Edison Lamp Works of General Electric Co., Harrison, N.J. 1927.

_ 11. F.L. Godinez, *Display Window Lighting*, The WM. T. Comstock Company, New York 1914.

_ 12. Northern Electric Company, *Electrical supplies*, The Company, Montreal 1928.

_ 13. Holophane Glass Company, *Scientific industrial illumination*, voir note 2, p. 25.

_ 14. Holophane Glass Company, *Making the store pay bigger dividends*, Holophane Glass Co., New York 1917, p. 14.

_ 15. Le terme est employé dans une publicité parue dans «The American Architect», September 20, 1926, n. 2505, p. 8.

_ 16. F. Kiesler, *Contemporary art applied to the store and its display*, Brentano's, New York 1930, p. 9.

_ 17. A.L. Powell, *The lighting of show windows*, voir note 6, figg. 25 et 26.

_ 18. H.I. Day, *A better utilization of Daylight in Art Galleries and other places*, "The American Architect", December 17, 1924, n. 2461, pp. 581-588.

_ 19. A.L. Powell, *Tendencies in lighting practice 1930*, General Electric Co., Cleveland, Ohio 1930, ici p. 18.

257

Margaret Maile Petty

In Fear of Shadows

Light Conditioning the Postwar American Home and Lifestyle

In the early 1930s, the author and cultural critic Tanizaki Jun'ichirō described the importance of shadows in traditional Japanese aesthetics, interiors and daily rituals in the slim volume *In Praise of Shadows*.[1] He wrote, "The quality that we call beauty, however, must always grow from the realities of life, and our ancestors, forced to live in dark rooms, presently came to discover beauty in shadows, ultimately to guide shadows towards beauty's ends".[2] Disturbed by the ease with which this cherished condition could be instantly erased, stripped away with the flick of a switch, Tanizaki decried the influence of Western science and technology on Japanese culture. In particular he was concerned with the rapid spread of electric light and the ready acceptance of this blessing of "scientific civilization". Calling attention to the disparity in cultural readings of darkness, Tanizaki suggested that Westerners lacked a fundamental knowledge of and respect for shadows, citing a basic "failure to comprehend the mystery of shadows".[3]

If one differentiates the monolithic "Westerner" accused of shadow illiteracy and examines attitudes about electric light in the United States in the first half of the 20th century, Tanizaki's account is not far off. In this period American electricity providers, lighting manufacturers, and illuminating engineers orchestrated a number of comprehensive efforts focused on dramatically increasing the consumption of electric light among residential consumers. Employing themes that united darkness with anxiety and depression, dimness with the outmoded and inefficient, the electric utility and lighting industry associated electric illumination with the well maintained home and familial harmony. This paper explores the ways in which such messages were crafted and disseminated among the American public and investigates the political, economic, and cultural contexts of the colonizing of the American domestic environment by the electric lighting industry. This study argues that such promotional strategies contributed significantly to sustained beliefs about appropriate residential lighting levels and practices in the US.

Better Light, Brighter Light: Sight to Lifestyle

As the World War II came to an end, American industry shifted its focus from war production to the development and expansion of the consumer goods market.[4] Fueled by the financial incentives of Veterans Administration benefits and the Federal Housing Administration's support of the mortgage market, new home construction skyrocketed after the war. Within two decades of the war's end approximately 60 percent of Americans owned their own homes, as compared with only 44 percent in 1940.[5] In such an environment, the home and the homemaker became key agents in the prosperity cycle, with industry and marketers alike focused on the potential of the domestic environment as a primary source and site of consumer activity.

Electric lighting engaged this market by appealing to individual seeing conditions, domestic labor requirements, and the appearance of the home and its inhabitants. While in the early 1930s, the lighting industry launched the "Better Light – Better Sight" marketing campaign, which promised improved sight for daily tasks and increased worker efficiency with higher light levels, by the latter 1940s emphasis shifted towards lifestyle benefits.[6] Increasing competition for market share among the dominant companies necessitated this dramatic repositioning of electric light. As General Electric's president, Charles E. Wilson candidly described in 1947 for "The Wall Street Journal": "We're not kidding ourselves. The fight for business in the period ahead will be more rugged than anything we've been in up to now".[7] He further suggested that the company's production of consumer lighting products would be greatly expanded in order to "bring into balance for the first time G.E.'s consumer and industrial business".

In the hopes of gaining advantage in the booming postwar consumer goods market, companies like Westinghouse, Sylvania, and G.E. aggressively promoted abundant electric lighting as an essential condition of modern living. Armed with a new approach especially tailored to the postwar consumer, leading electrical manufacturers, professional lighting industry groups, utility providers, real estate developers, and retailers together commenced upon a direct and purposeful campaign to expand the domestic market for electric lighting. G.E. might as well have been speaking on the behalf of the entire industry when they claimed, "We are no longer just selling light bulbs; we are selling luminous environment".[8]

Light Conditioning: A House Where the Sun Never Sets

Entering the postwar market, G.E. led its promotional efforts with the Light Conditioning program. Officially announced to industry in the November 1950 issue of "The Magazine of Light", this "great crusade" aimed to "light condition" 40,000,000 America houses – the approximate number of homes then wired for electricity.[9] Wildly ambitious, the Light Conditioning program was carried out with the cooperation of "virtually the entire electrical industry", and represented "by far the biggest, most far-reaching and most important residence lighting project in the history of the Lamp Department".[10]

_ Figure 1.
Cover illustration (in "The Magazine of Light", 19, 1950, n. 4, November).

261

Fig. 1

The cover of this special issue of "The Magazine of Light" captured the spirit of the campaign and the proposed lifestyle benefits of Light Conditioning for the postwar consumer. A young blonde woman, her married status indicated by the slim gold band on her left hand, stares with delight at a handful of recipe cards. The excitement of her blue eyes is transposed to the artful array of electric light bulbs forming a graphic pattern behind her. The recipe cards describe: dining, make up, reading in bed, writing, sewing, ironing, and television viewing. With simple universally applicable guidelines, G.E.'s Light Conditioning recipes aimed to facilitate better lighting, thereby making all such household activities more efficient and more enjoyable.

Fig. 2

Inside the magazine a full-page color advertisement for Light Conditioning entitled "You'll live in a house where the sun never sets" greeted readers. The image above echoed this notion. A sunset, richly colored in gold, orange and twilight purple on the distant hills tells a classic American story. A young boy running towards home with his dog raises his arm to wave to a woman – his mother, one imagines – standing in the central picture window of a ranch house peacefully settled into the landscape. The house is luminous, radiating warmth and suggesting the security and harmony of a domestic idyll.

_ Figure 2.
General Electric, illustration
of the advertisement *You'll
Live in a House Where the
Sun Never Sets* (frontispiece
of "The Magazine of Light",
19, 1950, n. 4, November).

Promising a "home where no dark shadows lurk. Where gloom is unknown", G.E. argued that modern electric lighting offered both control and protection, providing for a home environment "Where darkness never comes – except by invitation" and where "the sun never sets – to shrink your horizons, to dim your eye, to weight your soul". G.E. was not only offering better residential seeing conditions, but also an eradication of doubt, depression and anxiety. More than just a strategy for residential illumination Light Conditioning it was promoted as a means with which to control the visual, aesthetic and psychological conditions of the domestic environment.

See Your Home in a New Light

In order to facilitate sales and best assist homeowners in the selection of residential lighting applications, G.E. produced "See Your Home in a New Light", a small booklet cataloguing a host of Light Conditioning recipes. Leaving no room un-conditioned, it systematically addressed "all the important places which need to be lighted in any home" with activity specific recipes.[11] The program aimed to empower DIY residential lighting by providing information to middle-class homeowners on how to specify lighting for their own homes with relative ease. Based upon research conducted by E.W. Commery, head of the Residential Lighting Section of General Electric's Engineering Division at Nela Park, the uniform recipes were intended not only to serve as a basis for "skilled specialists" but also for "the hundreds of thousands of homes which the skilled specialist can never meet or serve".[12]

Fig. 3

Light Conditioning Postwar Planned Communities

Looking to harness the popularity of model houses as sales tools for large middle class housing developments, G.E. also targeted builders and developers to help sell the Light Conditioning message to new homebuyers. Setting an impressive goal, G.E. called for 10,000 light-conditioned demonstration homes to be built across the country by the end of 1951. According to the company's research, this represented one demonstration home for every 4000 newly installed residential electric meters.[13]

With targeted marketing outreach initiatives, such as G.E.'s 1952 education program for Long Island builders, it is clear that the company understood well the power of numbers. A detailed account of the Long Island campaign published in "The Magazine of Light", described G.E.'s strategic infiltration of the region's flourishing residential construction market.[14] Focused on converting builders to the "Light Conditioning story", G.E. proposed that their lighting strategies could provide a critical marketplace point of difference attractive to buyers.

Collaborating with Central Queens Electric Supply, a Long Island electrical equipment provider, G.E. invited nineteen of the company's best residential construction clients to fly to Nela Park for a one-day education and training seminar – an extravagant and apparently persuasive measure. After arriving at G.E.'s research campus, the participants were given a series of Light Conditioning and "visual planning" demonstrations organized by E.W. Commery. According to accounts reproduced in

263

_Figure 3.
Lighting Recipes (in General Electric Company, Lamp Division, *See Your Home in a New Light. Tested Light-conditioning Recipes that Create Light for Living*, The Company, Cleveland, Ohio, 1955[4], pp. 32-33).

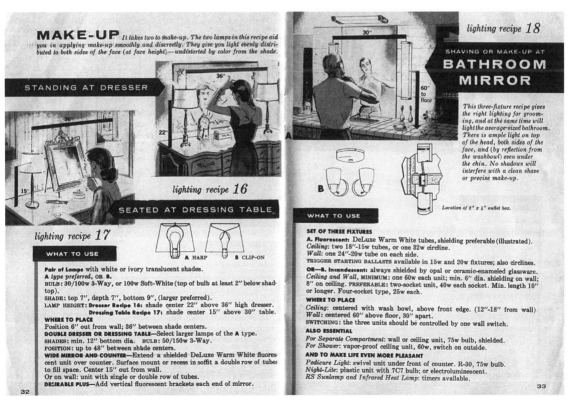

the article, the program was received very positively. Morris Weinberger, a partner in the Long Island housing development Seaford Oaks, wrote the seminar organizers to thank them for the experience, describing how it had changed his approach to his business. Enthusiastically he wrote: "I am not trying to sell houses today; I am selling lighting, and the response from the home buying public is sensational".[15]

Offering evidence of how the Light Conditioning message was further disseminated throughout the building trade, the article included testimonials from architects and decorators working with the builders who had been to Nela Park. Long Island decorator Peggy MacIntyre reported that "Light conditioning seems to help everybody. In bringing out the colors and textures of fabric and furniture, it is an aid to the decorator, and a sales help to the speculative builder; but most of all, it makes the home a more pleasant place for the family who lives in it".[16] MacIntyre's comments are indicative of much of the industry's marketing rhetoric in the second half of the decade. In the latter 1950s lighting was frequently linked to positive emotional responses, such as happiness – both personal and familial. As one of the new owners of a Long Island Light Conditioned house remarked, the lighting made "the whole house more cheerful … putting an end to gloomy days".[17]

264

Light for Living and the Electrified Postwar Lifestyle

Despite such unfettered enthusiasm for the Light Conditioning program at the outset of the 1950s, by mid-decade G.E. was rebranding its campaign under the new slogan, "Light for Living". With expanded emphasis on lifestyle benefits rather than improved visual acuity, the Light for Living campaign exemplified the industry's continuing efforts to drive up demand for electric lighting within the residential market. Developed in tandem with "Live Better Electrically", both campaigns were consolidated under the far-reaching Medallion Home program in 1958, supported by 180 electrical manufacturers and 300 utility companies across the country.[18] Again appealing to builders as the means through which to access consumers, the Medallion Home program awarded houses meeting specified standards of "electrical excellence" a special medallion "to be affixed permanently" to the home's facade. To obtain a "Gold Medallion" required "full house power", which included all major electrical appliances, electrical heating, and adherence to Light for Living recommendations (which essentially were the same "recipes" introduced with Light Conditioning). The program incentivized the inclusion of more electrical appliances, services and lighting by promising a significant market advantage for houses displaying a Medallion. Unlike previous marketing programs that assumed home buyers would recognize the "value added" by lighting, the Medallion Home program made it explicit and easily recognizable by embodying electrical excellence in a physical trademark.[19]

Fig. 4

Newspapers across the country featured stories on the Medallion Home program, many giving particular attention to the lifestyle improvements afforded by extensive electrification and illumination.[20] One such article, *The Right Light? This Home's Got 35 of 'em!* appearing in the "Chicago Daily Tribune" offered a comprehensive report on the number and type of lighting applications featured in a Gold

_Figure 4.
Advertisement *Gold
Medallion Home!* (in
"The Hartford Courant",
September 20, 1959, p. 9F).

265

Medallion home exhibited at the Chicago World Flower and Garden Show in the spring of 1959.[21] Planned by residential lighting experts from Commonwealth Edison, the General Electric Company and the Chicago Lighting Institute, nearly triple the standard number of lighting fixtures for a single family home were incorporated in the model Medallion home.[22]

Describing the psychological benefits of such comprehensive residential lighting schemes, Ted Cox, managing director of the American Home Lighting Institute, claimed that good lighting in the home would elicit positive emotional responses from household members and guests. Following Institute standards, Cox argued, would create luminous environments that "Radiate beauty and hospitality", guard "against nervousness and fatigue" and provide "emotional stimulation" by raising or lowering light levels.[23]

By approaching the postwar residential market in this way, the industry grew demand by generating desire for the lifestyle advantages afforded through increased electric lighting and by provoking fear of negative impacts on the home and emotional state of its inhabitants if the industry's residential lighting recommendations were not adopted. While General Electric took a significant leadership role in postwar efforts to increase the consumption of electric light in American households, their campaigns were supported across the industry, including such professional bodies as the Illuminating Engineering Society (IES). With far reaching control of the lighting industry and considerable influence within the residential construction industry, G.E. and its partners were able to keep significant pressure on residential consumers to add more and brighter electric illumination to their homes throughout the 1950s and 60s.[24]

Conclusion

Between 1945 and 1975, consumption of electric power doubled every ten years reaching levels eight times what they were at the end of World War II by 1975, and five-fold increases in illumination levels similarly were registered between 1948 and 1963.[25] Such remarkable increases would not have been possible without G.E.'s consistent and relentless development of the residential market. As they and the wider electrical industry had hoped at the outset of the postwar period, by the close of the 1950s they had successfully sold electric lighting as a vital element in the efficient daily management of the household and as a key mechanism for ensuring the emotional and physical well-being of family and friends. Cornice lighting, fluorescent lamps hidden behind valences, task lighting tailored to the demands of each activity or chore, lighting mounted in shelves and above cupboards, anywhere and everywhere bright electric illumination kept shadows at bay in American postwar homes.

As Tanizaki mused prophetically in the 1930s, "So benumbed are we nowadays by electric lights that we have become utterly insensitive to the evils of excessive illumination".[26] Certainly this was the case in the United States until the magnitude of the energy crises of the 1970s drove up utility rates to such an extent that Americans had to rethink their energy consumption practices. Even then (as before) the solution was to push for more efficient lighting rather than lower lighting levels. Instead of seeking the mystery and beauty of shadows, the American public had been so indoctrinated with the rhetoric uniting electric lighting with a higher standard of living that the notion of lowering light levels was not seriously considered. The majority of Americans in the mid 20th century would never think to ask, as Tanizaki had, if it might be possible to "push back into the shadows the things that come forward too clearly" and to "turn off the electric lights and see what it is like without them".[27]

_ 1. J. Tanizaki, *In Praise of Shadows*, Random House, New York 2001 (1933).

_ 2. *Ibidem*, p. 18.

_ 3. *Ibidem*, p. 18.

_ 4. L. Cohen, *A Consumers' Republic. The Politics of Mass Consumption in Postwar America*, Vintage Books, New York 2003, pp. 111-192.

_ 5. *Ibidem*, pp. 122-123.

_ 6. C. Winslow, *'Better Light, Better Sight', is New Slogan*, "Chicago Daily Tribune", Sept. 29, 1935, p. C5; *Eyesight Aids for Building More Popular. Painting and Decorating Stressed as Important to Lighting*, "The Washington Post", Sept. 8, 1935, p. R11. See also C. Goldstein, *From Service to Sales. Home Economics in Light and Power, 1920-1940*, "Technology and Culture", 38, 1997, n. 1, pp. 121-152.

_ 7. J. Guilfoyle, *General Electric Co., Is Six Industries in One; Makes 200,000 Products*, "The Wall Street Journal", April 14, 1947, p. 1.

_ 8. D. Loehwing, *Spreading Light. The Electrical Industry Finds Rewards in Vanquising Darkness*, "Barron's National Business and Financial Weekly", 36, 1956, n. 24, Jun. 11, p. 3.

_ 9. H.H. Green, *This is it!*, "The Magazine of Light", General Lamp Department, General Electric, 19, 1950, n. 4, Nov., p. 8.

_ 10. "The Magazine of Light", General Lamp Department, General Electric, 19, 1950, n. 4, Nov., pp. 3, 7.

_ 11. General Electric Company, Lamp Division, *See Your Home in a New Light. Tested Light-conditioning Recipes that Create Light for Living*, 4th edition, The Company, Cleveland OH 1955.

_ 12. E.W. Commery, *The Story Behind General Electric's New Concept in Home Lighting*, "The Magazine of Light", General Lamp Department, General Electric, 19, 1950, n. 4, Nov., pp. 9-11.

_ 13. *Ibidem*.

_ 14. *Look to Long Island*, "The Magazine of Light", General Lamp Department, General Electric, 21, 1952, n. 2, May, pp. 10-22.

_ 15. *Ibidem*, p. 19.

_ 16. *Ibidem*, p. 17.

_ 17. *Ibidem*, p. 18.

_ 18. *Country-wide Support Given to New Program*, "Los Angeles Times", Jun. 1, 1958, p. F7; see also R. Hirsch, *Technology and Transformation in the American Electric Utility Industry*, Cambridge University Press, Cambridge-New York 2003, pp. 51-60.

_ 19. *Ibidem*.

_ 20. See: *These Recipes are Different*, "The Washington Post", Sept. 8, 1956, p. H29; *Homes on Display Top 1958 Lighting Standards*, "The Hartford Courant", Sept. 21, 1958, p. 10C; *The Right Light? This Home's Got 35 of 'em!*, "Chicago Daily Tribune", Mar. 21, 1959, p. W_A2.

_ 21. *The Right Light?*, see footnote 20.

_ 22. The national standard in 1958 was 12.2 lights per residence. *Ibidem*.

_ 23. *Ibidem*.

_ 24. *Ibidem*.

_ 25. L. Schmidt, S. Marratto, *The End of Ethics in a Technological Society*, McGill-Queen's Press, Montreal 2008, p. 43; D. Loehwing, *New Age of Light? Dazzling Innovations Hold Bright Promise for the Illumination Industry*, "Barron's National Business and Financial Weekly", Dec. 6, 1963, p. 3.

_ 26. J. Tanizaki, *In Praise of Shadows*, see footnote 1, p. 36.

_ 27. *Ibidem*, p. 42.

267

Indice dei nomi

270

271

272

Indice dei luoghi

277

Silvana Editoriale
via Margherita De Vizzi, 86
20092 Cinisello Balsamo, Milano
tel. 02 61 83 63 37
fax 02 61 72 464
www.silvanaeditoriale.it

Stampato in Italia
nel mese di ottobre 2014